数智化时代会计专业

融合创新系列教材

Python开发与财务应用

第2版·微课版

吴晓霞　乔凯丽　蔡理强◎主编

潘上永◎主审

厦门网中网软件有限公司◎组编

人民邮电出版社

北　京

图书在版编目（CIP）数据

Python开发与财务应用：微课版 / 吴晓霞，乔凯丽，蔡理强主编. -- 2版. -- 北京：人民邮电出版社，2024.7

数智化时代会计专业融合创新系列教材

ISBN 978-7-115-63997-4

Ⅰ. ①P… Ⅱ. ①吴… ②乔… ③蔡… Ⅲ. ①软件工具－程序设计－应用－财务管理－教材 Ⅳ. ①F275

中国国家版本馆CIP数据核字(2024)第058044号

内 容 提 要

本书按照财务领域产业升级和数字化改造的要求，以培养"财会数智工匠"为核心目标，依托产教融合，共建丰富的实践场景，实现"业务+财务+技术"的有机融合。本书按照"基础认知—分析应用—综合实践"的数字化能力培养路径，将内容分为基础篇、应用篇和进阶篇：基础篇介绍 Python 的基础语法，帮助读者搭建入门知识体系；应用篇介绍数据采集、清洗、分析、可视化呈现和应用的完整链路，帮助读者建立数据分析的基本思路；进阶篇通过搭建财务会计模型、管理会计模型和综合分析案例，帮助读者建立系统的数据分析思维，全面掌握 Python 数据分析流程，实现知行合一。

本书坚持课程教学与思政教育同向同行，体系结构完整，内容循序渐进，旨在提升读者利用大数据技术解决财会实际问题的能力。本书适合作为应用型本科和高等职业院校财会类专业的教材，对于希望探究 Python 在财务领域应用的从业人员而言，本书也是一本简单易懂的参考书。

◆ 主　编　吴晓霞　乔凯丽　蔡理强

责任编辑　崔　伟

责任印制　王　郁　彭志环

◆ 人民邮电出版社出版发行　　北京市丰台区成寿寺路 11 号

邮编　100164　电子邮件　315@ptpress.com.cn

网址　https://www.ptpress.com.cn

北京鑫丰华彩印有限公司印刷

◆ 开本：787×1092　1/16

印张：14.25　　　　　　　　　2024 年 7 月第 2 版

字数：370 千字　　　　　　　　2025 年 7 月北京第 5 次印刷

定价：56.00 元

读者服务热线：(010)81055256　印装质量热线：(010)81055316

反盗版热线：(010)81055315

前　言

2021年3月12日，为贯彻《国家职业教育改革实施方案》，加强职业教育国家教学标准体系建设，落实职业教育专业动态更新要求，推动专业升级和数字化改造，教育部印发了《职业教育专业目录（2021年）》，响应"十四五"国家经济社会发展和2035年远景目标对职业教育的要求。2022年10月，党的二十大报告提出"加快建设制造强国、质量强国、航天强国、交通强国、网络强国、数字中国"，并对加快发展数字经济提出明确要求。在数字经济时代背景下，以大数据、人工智能、云计算、区块链等为代表的新技术，驱动财会产业链数字化升级，也对财会人员提出了新要求。掌握新技术新方法、深入挖掘数据价值、提升数据洞察能力，不仅是企业数字化转型的必经之路，也是财会人员转型的必然选择。

Python作为简洁、易学的开发语言，已经在Web开发、运维自动化、人工智能、数据分析等领域得到广泛应用。"Python开发与财务应用"作为大数据与会计、大数据与财务管理、大数据与审计等专业的一门专业核心课，以大数据及Python在财务中的应用为主要教学内容，帮助学生建立数字化思维，培养数字化能力。

本书以财务应用场景为主线，分为基础篇、应用篇和进阶篇三部分，用9个教学项目由浅入深地讲解Python基础、财务应用及综合实践的知识，旨在培养学生利用Python分析财务数据、提升财务决策的数字化分析思维和能力，为后续深入学习其他大数据课程夯实基础。

基础篇包括项目一"认知Python财务应用"、项目二"搭建Python财务应用语法基础"、项目三"搭建Python进阶语法体系"和项目四"利用pandas进行数据处理与分析"，这部分内容是学习Python财务数据分析和应用的基础。

应用篇包括项目五"采集与清洗数据，搭建分析基础"和项目六"利用第三方绘图库实现数据可视化"，主要讲述如何获取、清洗、加工和可视化呈现数据。

进阶篇包括项目七"利用Python创建财务会计模型"、项目八"利用Python创建管理会计模型"、项目九"Python综合应用，挖掘数据价值"，全面展示了数据分析的完整流程，帮助学生运用Python处理财务会计与管理会计问题，并利用数据分析结果为企业决策提供支持。

本书主要具有以下特点。

1. 对接财务业务场景，"岗课赛证"融通

本书"以学生为中心"，充分考虑财会专业学生的特点和知识储备，将Python编程与财务应用紧密结合，突出职业教育的特点，实现知行合一。在教学目标上，对接"1+X"职业技能等级证书考试大纲，实验实训与全国职业院校技能大赛结合；在技能要求上，对标财务核算、成本管理、财务大数据分析、会计信息管理四大典型财会岗位，用不同方式实现立体化、数字化的"岗

课赛证"融通。

2. 产教深度融合，促进职业能力培养

本书围绕"财会数智工匠"培养目标，校企协作创新教学项目，形成以企业人才需求为逻辑起点，以岗位需求为导向的立体化教学内容体系。熟悉工作情境的企业专家，负责引进企业资源、标准和案例，使内容契合职业岗位需求；熟悉学生特点的专任教师，将典型产业经验转换为教学资源，满足学习者需求，真正体现教材的真实性和产教融合，有利于职业能力的培养。

3. 模块化项目驱动，"教、学、做"融合

本书采用项目化方式编写，将工作项目转换为学习项目和学习任务，为学习者展现数字经济下财会岗位的典型工作任务和工作过程。本书按照"基础认知—分析应用—综合实践"的数字化能力培养路径，构建涉及财会工作的9个项目、37个任务，各项目采用模块化设计，通过项目、任务的合理划分和有序衔接，培养财会人员的数字化能力，体现了"教、学、做"融合，便于推行项目化、模块化、案例教学。

4. 学思践悟，打造有温度、有情怀的课堂

本书坚持学思践悟，注重知识传授、价值引领及能力培养的有机融合，培养"财会数智工匠"。书中每个项目都有拓展阅读，形成思政案例讨论，每个微课视频均融合思政元素，形成"大数据+课程思政"育人新模式，力求打造有温度、有情怀的课堂。

5. 打造立体化数智资源，持续动态更新

1套"纸数融合"教材，依托2个虚拟仿真实验平台（产教融合共建的"Python开发与财务应用综合教学"平台，编写团队自主研发的"乐学"平台），3个混合教学平台（智慧树、智慧职教、正保云课堂），实现财务核算、管理决策、综合分析等业务场景覆盖，支持零门槛学习和全流程教学，成为可听、可视、可练、可互动的立体化教材。

6. "AI+"教学创新，构建数智学习新生态

积极探索"AI+"教学的深度融合，实现资源数智化升级。同步开发的数字教材入选浙江省高职院校"十四五"重点教材建设项目。同时，编写团队在持续推进AI智慧课程建设（智慧树），引入AI学伴服务、AI编程智能体、数字人、知识图谱等数智资源，构建数智学习新生态。

本书是浙江省高职教育"十四五"教学改革项目（基于"提升数字素养，培育数字工匠"的财会实践课程体系构建，jg20230167）的重要成果之一，由吴晓霞、乔凯丽、蔡理强担任主编，孙斌、李国辉、何雨沁担任副主编，曾鹭辉、王木华参与编写。潘上永教授担任本书主审。在编写本书的过程中，编者得到了人民邮电出版社、厦门网中网软件有限公司的大力支持，在此一并表示感谢！由于编者水平有限，书中难免存在不足之处，恳请广大读者批评指正。

编者

2025年6月

目 录

基础篇

项目三　搭建Python进阶语法体系 ·········· 25

应用篇

进阶篇

项目九　Python综合应用，挖掘数据价值 ·················· 190

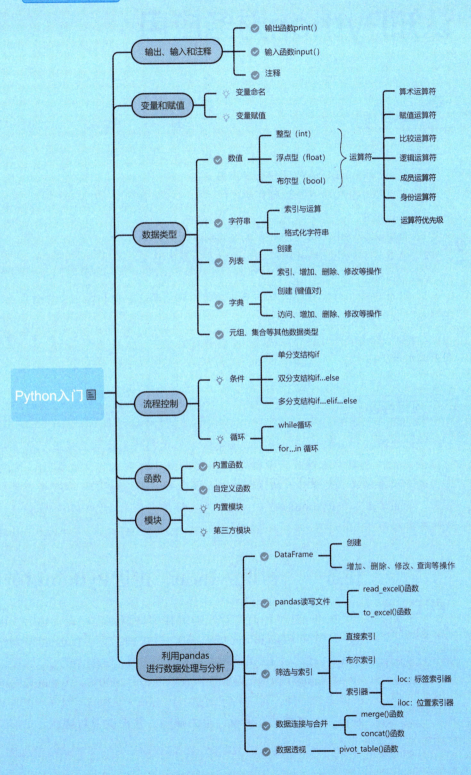

基础篇

思维导图

Python入门

输出、输入和注释
- 输出函数print()
- 输入函数input()
- 注释

变量和赋值
- 变量命名
- 变量赋值

数据类型
- 数值
  - 整型（int）
  - 浮点型（float）
  - 布尔型（bool）
  - 运算符
    - 算术运算符
    - 赋值运算符
    - 比较运算符
    - 逻辑运算符
    - 成员运算符
    - 身份运算符
    - 运算符优先级
- 字符串
  - 索引与运算
  - 格式化字符串
- 列表
  - 创建
  - 索引、增加、删除、修改等操作
- 字典
  - 创建（键值对）
  - 访问、增加、删除、修改等操作
- 元组、集合等其他数据类型

流程控制
- 条件
  - 单分支结构if
  - 双分支结构if...else
  - 多分支结构if...elif...else
- 循环
  - while循环
  - for...in 循环

函数
- 内置函数
- 自定义函数

模块
- 内置模块
- 第三方模块

利用pandas进行数据处理与分析
- DataFrame
  - 创建
  - 增加、删除、修改、查询等操作
- pandas读写文件
  - read_excel()函数
  - to_excel()函数
- 筛选与索引
  - 直接索引
  - 布尔索引
  - 索引器
    - loc：标签索引器
    - iloc：位置索引器
- 数据连接与合并
  - merge()函数
  - concat()函数
- 数据透视
  - pivot_table()函数

项目一

认知Python财务应用

 学习目标

【知识目标】

1. 了解Python在财务领域的基本应用。

2. 了解Python的特点及编程环境。

【能力目标】

1. 能够认知Python在提升财会工作效能方面的优势。

2. 能够理解Python编程对解决实际财务问题的意义。

【素养目标】

1. 结合会计工作实际，遵守"坚持自律，守法奉公；坚持准则，守信敬业；坚持学习，守正创新"的职业道德规范。

2. 面对数字经济时代的财会转型，树立终身学习理念，秉持专业精神，持续提升专业能力和专业水平。

 项目导读

以大数据、人工智能、云计算、区块链等为代表的新技术，促进了数字经济和实体经济的深度融合，也驱动着财务产业链的数字化升级。财务工作从电算化、信息化向智能化演进，逐步构建起以"大智移云物区"为特征的数字"新基建"①。本项目基于财务数字化转型背景，带领读者了解Python的特点和主要开发环境，并结合Python的优势，介绍其在财务领域的主要应用。

任务一 初识Python，走进Python财务应用

微课1-1

初识Python，走进Python财务应用

Python是一种面向对象的解释型计算机程序设计语言，由荷兰人吉多·范·罗苏姆（Guido van Rossum）于1989年发明。Python的设计理念是"简洁、明确、一致"，用Python编写的程序不需要预先编译就可以直接运行。

Python的第一个版本于1991年发布。2000年，Python 2发布，该版本引入了许多新特性，并进行了改进。Python 3于2008年发布，它与Python 2不完全兼容，但修复了许多设计上的缺陷，并提供了新特性。目前，Python已经成

---

① 数字新基建是由工业互联网、5G网络、人工智能等新一代信息技术融合而成的数字型基础设施建设。

为最受欢迎的程序设计语言之一，被广泛应用于Web开发、数据分析、人工智能、机器学习等领域。

一、了解Python语言的特点

Python因其快捷、简单的特点深受程序开发人员的欢迎，其主要特点如下。

（1）简单易学。Python的语法简单、代码结构清晰，用户易于学习。

（2）支持跨平台运行。Python可以在多种操作系统上运行，包括Windows、Linux和macOS等。

（3）面向对象。Python支持面向对象编程，因此其代码更易于维护和扩展。

（4）拥有丰富的模块。Python拥有大量的第三方模块，可以方便地实现各种功能，并且支持开发GUI（Graphical User Interface，图形用户界面）应用程序。

二、了解Python在财务领域的应用

在数字经济时代，数字财务产业链的业务、财务、税务等基础数据构成了一个巨大的跨领域、跨平台的数据生态体系。如何对这些海量数据进行有效分析与判断，挖掘出数据隐含的价值，是财务数据分析面临的较大挑战。Python作为开源、高效的动态语言，以其清晰的结构、简洁的语法和快速处理的能力，在财务领域有着广泛的应用，可以用来处理和分析财务数据、进行风险评估和预测，以及开发财务应用程序等。下面简要介绍Python在数据爬取、科学计算、可视化分析、人工智能等领域的应用。

1. 数据爬取

网络爬虫是获取数据的核心工具，以自动化、高智能、高效率地获取互联网上免费、开放的数据而被广泛推崇。Python是编写网络爬虫程序的主流编程语言之一。当需要获取各种财务数据（如财务报表、股票价格、行业数据等）时，传统做法是重复性地复制、粘贴、下载、保存，而使用网络爬虫，可以方便、快捷地从网页中提取所需的数据。例如，可使用Python的scrapy模块爬取财务报表数据，也可将Python与网页自动化工具Selenium结合使用，实现数据自动化抓取。图1-1所示为通过tushare接口爬取的某只股票的历史行情数据。

```
import tushare as ts
ts.set_token('a8a8e06b9d3bec1e66d28256cb7c07e8c1d9b458988016366b1da862')
pro = ts.pro_api()
df = pro.daily(ts_code='000001.SZ', start_date='20230101', end_date='20230930')
df
```

	ts_code	trade_date	open	high	low	close	pre_close	change	pct_chg	vol	amount
0	000001.SZ	20230928	11.19	11.24	11.18	11.20	11.17	0.03	0.2686	520696.78	583649.730
1	000001.SZ	20230927	11.15	11.22	11.15	11.17	11.16	0.01	0.0896	490310.61	547905.821
2	000001.SZ	20230926	11.22	11.26	11.14	11.16	11.22	-0.06	-0.5348	444980.35	497885.811
3	000001.SZ	20230925	11.24	11.32	11.19	11.22	11.24	-0.02	-0.1779	761211.25	856022.502
4	000001.SZ	20230922	11.03	11.25	11.03	11.24	11.05	0.19	1.7195	911484.30	1017137.922
...											
177	000001.SZ	20230109	14.75	14.88	14.52	14.80	14.62	0.18	1.2312	1057659.11	1561368.487
178	000001.SZ	20230106	14.74	14.72	14.48	14.62	14.48	0.14	0.9669	1195744.71	1747915.169
179	000001.SZ	20230105	14.40	14.74	14.37	14.48	14.32	0.16	1.1173	1665425.18	2417272.356
180	000001.SZ	20230104	13.71	14.42	13.63	14.32	13.77	0.55	3.9942	2189682.53	3110729.449
181	000001.SZ	20230103	13.20	13.85	13.05	13.77	13.16	0.61	4.6353	2194127.94	2971546.989

182 rows × 11 columns

图1-1 通过tushare接口爬取的某只股票的历史行情数据

2. 科学计算

利用Python的科学计算库可以进行高效的数值计算和数据分析。Python作为一门通用的程序设计语言，拥有众多程序模块，也支持用户自主开发模块。财务人员可以利用Python自行设计算法，解决财务分析模型中复杂的计算问题。例如，使用numpy模块，可以对多维数组进行复杂的计算，便于数据统计与分析；利用"pandas+Excel"模式，可以解决日常工作中的财务分析问题；连接数据库，可以便捷地访问企业ERP等信息系统数据库，建立基于业务、财务、税务等多维度、细粒度的数据体系；使用statsmodels模块，可以分析股票价格的时间序列数据，找出股票价格的波动规律和趋势等。图1-2所示为正弦函数散点图及numpy统计信息。

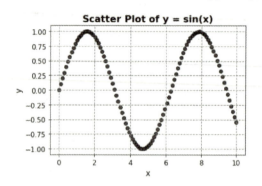

```
Mean: 0.17919314549243648
Standard Deviation: 0.6647188248156954
Max Value: 0.9996923408861117
Min Value: -0.9993845576124357
```

图1-2 正弦函数散点图及numpy统计信息

3. 可视化分析

在海量数据的基础上，结合科学计算、机器学习等技术，对数据进行清洗、去重、规范化和有针对性的分析是大数据行业的主要业务。Python作为数据分析的主流语言之一，有众多可视化模块，支持将处理、分析后的财务数据以"炫酷"图表的方式展示。例如，可以使用matplotlib模块绘制公司的收入、成本和利润的折线图或柱形图，以便对公司的经营状况进行分析和评价。图1-3所示为利用pyecharts模块绘制的词云图。

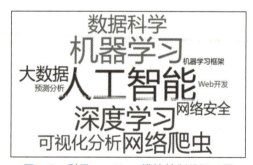

图1-3 利用pyecharts模块绘制的词云图

4. 人工智能

财务数据的价值挖掘，需要应用复杂的算法和模型，通过清洗、提炼、关联和融合等处理实现。Python是人工智能大范畴内机器学习、神经网络、深度学习等方面应用的主流编程语言。目前，利用光学字符阅读器（Optical Character Reader，OCR）技术扫描识别票据已经较为普遍，而深度学习、强化学习、自然语言处理等技术的应用，能实现对扫描获取的数据进行分析、提取、分类。机器学习也被广泛应用于预测分析，如金融机构根据对贷款人信用评分的预测决定是否发放贷款；审计机构利用数据分析法、分布式记账、机器人流程自动化（Robotic Process Automation，RPA）等技术检测异常数据，实现人机协作审计等。图1-4所示为使用K近邻分类器对鸢尾花的数据集进行预测得到的混淆矩阵。

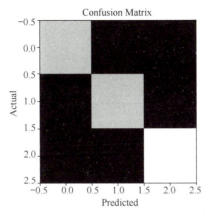

图1-4 鸢尾花数据集预测结果混淆矩阵

在数字经济时代，依靠数字"新基建"的算力支撑，提供准确、实时的业财数据，构建多主体数据资源跨平台、跨领域、跨系统、跨层级的整体应用，已经成为企业数字化转型的重要实践路径。未来，财务人员既要出具财务报表，还要以数据为核心展示客户画像、供应商网络，对企业、员工、供应商的行为进行分析，财务数据中心将逐渐向大数据中心转型，财务部门也将发展成大数据中心。在数字经济驱动财务转型的进程中，Python凭借其简单易学、可移植性强等特点，实现了与其他数据平台的无缝衔接，提升了数据的处理和操作效率，在财务数据的价值挖掘活动中被广泛应用。

任务二　了解Python学习模式，走进编程世界

微课 1-2

了解 Python
学习模式，
走进编程世界

一、在计算机上安装Python开发环境

如果希望在自己的计算机上安装Python开发环境，有Anaconda、PyCharm等多种环境可以选择。

1. Anaconda

Anaconda作为数据科学领域最流行的Python开发环境之一，安装与使用简单，对Python初学者极其友好。相比单独安装Python主程序，Anaconda预装了许多常用的Python模块，包括numpy、pandas等；同时，Anaconda捆绑了两个好用的交互式代码编辑器Spyder和Jupyter Notebook。Jupyter Notebook的优势在于交互性强，可以查看每段代码的运行结果[①]。此外，Anaconda还支持Windows、macOS、Linux等操作系统。

Anaconda官方下载页面如图1-5所示。

2. PyCharm

PyCharm是专门用于Python程序开发的跨平台集成开发环境（Integrated Development Environment，IDE），是JetBrains公司的产品。PyCharm具有一般IDE的功能，如使用编码语法、错误高亮、智能检测等，可实现代码快速补全，帮助用户轻松编写代码；自带HTML、CSS和JavaScript编辑器，用户可以快速通过Django框架进行Web开发；集成了单元测试，用户可在一个文件夹中进行文件、类、方法的调试等。

① 本书演示代码均使用Jupyter Notebook代码编辑器完成。

PyCharm有专业版（Professional）和社区版（Community）两个版本，官方下载页面如图1-6所示。

图1-5　Anaconda官方下载页面

图1-6　PyCharm官方下载页面

二、使用云学习平台

目前，很多第三方平台提供了Python的云编译环境，用户无须安装Python程序、编译环境和依赖的模块，直接登录云平台即可进行操作，缺点是其灵活性和自主性没有本地安装的好。

以厦门网中网软件有限公司开发的"Python开发与财务应用综合教学平台"（见图1-7）为例，其内嵌Jupyter Notebook，便于Python程序的创建，支持实时代码、可视化、MarkDown和共享程序文档等功能。

图1-7　Python开发与财务应用综合教学平台

 说明

Python的部分功能、函数与Python及其模块的版本有关。本书所使用的Python主程序和核心模块的版本分别为Python 3.6、pandas 0.23.0、matplotlib 2.2.2。读者在实际运行代码的过程中，若要安装Python开发环境，可根据版本特性进行适当调整。

任务三　"Hello,Python!"，开启Python学习之旅

在财务领域，Python已经成为财务人员分析数据、构建模型和处理业务的重要工具。在本书中，我们将从零开始，带领读者踏上Python学习之旅，为财务人员开启全新的数据科学应用之路。使用Python在财务领域开发应用时，很难事先判断哪种数据分析方法、数据分析模型是最合适的，

参照人工智能专家吴恩达建立机器学习模型的建议，可以参考以下流程对数据进行分析、处理。

（1）结合业务需求，明确数据分析目标，建立基本分析思路。

① 明确目标——确定数据分析的目标。例如，分析公司的销售数据，了解销售趋势和预测未来销售情况。

② 收集数据——根据不同目的，收集相关的财务数据。例如，可以从公司的销售系统中收集日销售额、销售数量、产品类型等数据。

③ 数据处理——对收集到的数据进行处理和分析。例如，可以使用Python中的pandas模块进行数据的清洗、筛选和转换。

④ 模型构建——根据处理后的数据，构建合适的数据分析模型。例如，可以使用线性回归模型预测未来销售情况。

⑤ 结果分析和应用——根据模型输出的结果，进行数据分析和解释，并将结果应用于业务决策中。

（2）编写Python代码，将数据分析的思路和想法付诸实践。

（3）根据代码运行结果，判断其是否满足业务需求。在此基础上，不断总结、优化、改进数据分析模型，最终为管理决策提供支持。

数据分析的关键是从简单的模型开始，然后根据业务需求不断地迭代、优化。下面我们从输出"Hello,Python!"开始，开启在财务领域的Python学习之旅。

动手实操

```
【In】    print('Hello,Python!')
【Out】   Hello,Python!
```

利用Python进行数据分析可以产生巨大的价值，然而，如果数据本身没有被准确记录、采集、维护和管理，就会产生不良结果。因此，在Python的财务应用中，关注数据质量至关重要。财务人员需要不断校验数据来源，确保数据的准确性和完整性；同时，还需要定期总结和迭代数据分析流程，以确保分析结果的准确性和可靠性，这样才能更好地为管理决策提供精准支持。

拓展思考

1. Python作为一种强大的编程语言和数据分析工具，给财务人员的角色和职责带来了哪些改变？财务人员应如何学习和运用Python以提高工作效率和质量，从而在数字化时代中发挥更大的价值？

2. 计算力作为数字经济时代的关键生产力，已经渗透到社会的方方面面。《2022—2023全球计算力指数评估报告》显示，我国计算力水平位居全球第二，算力产业蓬勃发展，融合应用深度不断拓展。请举例说明不断提升的计算力水平将给企业财务领域带来哪些变化。

3. 编写一个Python程序，使用print函数输出以下语句："今天公司的总收入是5 000元。"

阅读链接

我国计算力
水平位居全球
第二

项目二
搭建Python财务应用语法基础

学习目标

【知识目标】

1. 了解Python变量及基本数据类型，包括利用变量赋值、利用不同数据类型存储数据等。
2. 掌握Python中列表、字典等不同数据类型的用法。

【能力目标】

1. 能够使用Python编写简单程序来存储财务数据，并进行基本的数据处理。
2. 能够利用Python中的列表、字典等数据类型，解决实际的财务数据处理问题。

【素养目标】

1. 树立创新思维，不断更新知识和技能，适应数字化转型的需求；关注数据安全和隐私保护，确保数据使用合规。
2. 面对多源、多样的数据，能够结合宏观环境、行业发展和企业战略等因素，明确目标、做好规划，深入挖掘数据价值，为管理决策提供科学建议。

项目导读

掌握语法是编程的基础。通过对本项目的学习，读者可以掌握Python的基本语法，包括输出函数print()、输入函数input()和注释方法，Python变量的命名规则和赋值方法，列表、字典、元组等不同数据类型的定义和操作，以及数据类型的转换等内容，为读者学习Python的财务应用开发奠定基础。

微课2-1

利用输出、
输入和注释，
实现人机对话

任务一 利用输出、输入和注释，实现人机对话

学习一门编程语言，第一个程序往往是实现人机平等对话，也就是调用输出函数输出程序运行结果，让计算机能顺利接收我们输入的信息。在Python中，输出和输入主要通过输出函数print()和输入函数input()实现。

一、输出函数print()

Python通过调用内置的print()函数输出运行结果，输出内容不同，语法格式也不同，那么print()函数具体可以输出哪些内容？

业务场景2-1　项目账单输出

假设企业在项目竣工后，需要输出每个项目的账单信息，包含项目名称、项目起止时间、项目总收入、项目总支出、项目净收益、项目净收益率等。

1. 输出内容为数值

当输出内容为项目总收入、项目总支出等数值时，直接在括号内补充相应的数字即可，无须添加其他符号。

代码实现

【In】	print(100000)　　　　　# 输出项目总收入 print(80000)　　　　　# 输出项目总支出
【Out】	100000 80000

2. 输出内容为字符串

如果要输出的内容为项目名称、项目起止时间，即一串由数字、字母、汉字、特殊符号等组成的字符（称为"字符串"）时，需要在括号内的字符串两侧添加引号，如单引号、双引号、三单引号或三双引号。一般情况下，默认使用单引号。注意：引号应为英文格式。

代码实现

【In】	print('项目名称：数字化平台建设')　　　　　　　　　　　# 使用单引号 print("项目起止时间：2023年1月1日—2023年12月31日")　# 使用双引号 print(''' 项目名称：数字化平台建设''')　　　　　　　　　# 使用三单引号 print("""项目起止时间：2023年1月1日—2023年12月31日""") # 使用三双引号
【Out】	项目名称：数字化平台建设 项目起止时间：2023年1月1日—2023年12月31日 项目名称：数字化平台建设 项目起止时间：2023年1月1日—2023年12月31日

如果要输出的字符串里已经包含引号，括号内两侧的引号要与输出内容中包含的引号不一致；如果采用相同的引号，程序会报错。

【In】	print('项目名称：'数字化平台建设'')
【Out】	Input In [1] 　　print('项目名称：'数字化平台建设'') SyntaxError: invalid syntax

3. 输出内容为含运算符的表达式

如果要输出的内容是含有运算符（如+、-、*、/等）的表达式，程序会输出表达式的计算结果。例如，根据项目总收入和项目总支出计算项目净收益、项目净收益率等。

代码实现

【In】	print(100000-80000)　　　　　　　# 计算项目净收益 print((100000-80000)/100000)　　# 计算项目净收益率
【Out】	20000 0.2

4. 混合输出

当要混合输出数字、字符串、表达式时，可使用英文格式的"，"将它们隔开，输出结果中会用一个空格进行分隔。

代码实现

【In】	`print('项目总收入:',100000,'项目总支出:',80000,'项目净收益:',100000-80000,` `'项目净收益率:',(100000-80000)/100000)`
【Out】	项目总收入：100000 项目总支出：80000 项目净收益：20000 项目净收益率：0.2

二、输入函数input()

Python调用系统内置的input()函数可以接收用户输入的内容。无论用户输入的是什么内容，input()函数都是以字符串类型返回结果。在input()函数的括号内可以输入一些提示性文字，用来提示用户要做什么。

动手实操

【In】	`project_name = input('请输入项目名称: ')`
	`income = float(input('请输入项目总收入: '))`　　# 输入项目总收入金额，转换为浮点型
	`cost = float(input('请输入项目总支出: '))`　　# 输入项目总支出金额，转换为浮点型
	`profit = income-cost`　　　　　　　　　　# 根据收入与支出，计算项目收益
	`print('项目名称:',project_name,'项目总收入:',income,'项目总支出:',cost,`
	`'项目净收益:',profit,'项目净收益率:',profit/income)`

【Out】	请输入项目名称: 财务机器人开发项目 请输入项目总收入: 80000 请输入项目总支出: 60000 项目名称：财务机器人开发项目 项目总收入：80000.0 项目总支出：60000.0 项目净收益：20000.0 项目净收益率：0.25

用户输入相应的内容后，需要按"Enter"键进行确认，系统将输出键盘输入的内容。

三、注释

注释是代码中的辅助性文字，一般是程序员对代码的说明，可以理解为对代码加以解释的笔记。注释会被编译器或解释器略去，不会被计算机执行。

1. 单行注释

Python使用"#"表示单行注释。单行注释可以作为单独的一行放在被注释代码行之上，也可以放在语句或表达式之后。

动手实操

【In】	# 这是一个单行注释 `print('公司资产: ', 10000)`　　# 引号需要使用英文格式，字符串要加引号，数值不需要
【Out】	公司资产: 10000

从以上运行结果可以看出，"#"后面的内容，计算机不会执行。为增加代码的可读性，建议在"#"后添加空格，然后编写相应的说明文字。

2. 多行注释

当注释内容过多，使用单行注释无法显示时，就可以使用多行注释。Python中使用3个单引号或3个双引号标识多行注释。

动手实操

```
【In】    '''
         这是第1行代码的注释：先输出公司资产
         这是第2行代码的注释：再输出公司负债
         这是第3行代码的注释：最后计算出公司所有者权益
         '''
         print('资产为：',20000)
         print('负债为：',8888)
         print('所有者权益为：',20000-8888)
```

```
【Out】   资产为： 20000
         负债为： 8888
         所有者权益为： 11112
```

同样地，根据以上运行结果可知，计算机不会执行三单引号中的注释内容。注释可以增加代码的可读性，方便他人理解。

任务二　利用变量赋值，装载财务数据

微课 2-2

利用变量赋值，
装载财务数据

一、变量与赋值的定义

变量，可以理解为会变化的量，其值可以通过赋值方式修改。变量可以被看成一个小箱子，专门用来"装载"程序中的数据。

在编程语言中，将数据存入变量的过程叫作赋值。在Python中使用等号"="作为赋值运算符，如money表示变量名，100表示值，也就是要存储的数据。变量赋值示意如图2-1所示。

图2-1　变量赋值示意

在Python中，可以把任意数据类型的数据赋值给变量，同一个变量可以反复被赋值，并且可以转换为不同数据类型的变量。

🔍 业务场景2-2　企业信息赋值

某公司是一家中小型企业，现有员工275人。为了加快财务数字化转型，公司决定新增3名数据分析师。公司每月产生的管理费用，包括员工工资、办公场地租金等。财务人员须根据预算及时跟踪反馈，以优化管理费用的支出。

代码实现

```
【In】    num_employees = 275
         print(num_employees)
         num_employees = 275+3
         print(num_employees)
```

```
【Out】   275
         278
```

对同一变量进行多次赋值时，每一次赋值都会覆盖原来的值。如上例，第一次对num_employees进行赋值时，输出的结果是275；第二次对num_employees进行赋值时，输出的结果是278。

为了更好地表达以上数据的含义，下面对变量进行混合输出。当输出内容为单个变量时，直接在括号内输入变量；当输出内容为多个变量时，变量之间须用""（英文逗号）隔开，输出时各变量之间会用一个空格隔开。

代码实现

| 【In】 | ```
num_employees = 275
print('初始员工人数：',num_employees)
num_employees = 275+3
management_cost = 500000                # 假设当月管理费用预算为 50 万元
print('最新员工人数：',num_employees,'当月管理费用预算：',management_cost)
``` |
|---|---|
| 【Out】 | 初始员工人数： 275
最新员工人数： 278 当月管理费用预算： 500000 |

在Python中，我们也可以通过变量接收用户输入的数据，然后进行输出。

动手实操

| 【In】 | ```
department = input('请输入您的部门：')
management_cost = float(input('请输入部门管理费用预算：'))
# 将输入数据转换为浮点型
actual_cost = float(input('请输入部门实际管理费用：')) # 将输入数据转换为浮点型
print(department,'当月管理费用预算：',management_cost,'当月实际管理费用：',
actual_cost)
``` |
|---|---|
| 【Out】 | 请输入您的部门：财务部
请输入部门管理费用预算：10000
请输入部门实际管理费用：9898
财务部 当月管理费用预算：10000.0 当月实际管理费用：9898.0 |

二、变量命名规则

赋予变量或其他程序元素关联名称或标识符的过程称为命名。命名Python变量时一般要遵循以下规则。

◆ 变量名区分大小写，比如Python ≠ PYTHON。

◆ 变量通常采用字母、下画线、数字、汉字等字符及其组合进行命名，且变量名首字符不能是数字。

◆ 变量名有意义且易于理解，比如将"员工人数"命名为"num_employees"，但需要注意，变量名不可以使用以下Python关键字。

False	None	True	and	as	assert	async	await	break	class
continue	def	del	elif	else	except	finally	for	from	global
if	import	in	is	lambda	nonlocal	not	or	pass	raise
return	try	while	with	yield					

关于关键字的更多详细信息，可登录Python官网查阅。以下是一些命名示例。

➤ **合法命名**

```
Python_is_fun    # 小写字母与下画线组合
data             # 小写字母组合
Name             # 大、小写字母组合
Python_3         # 大写字母、小写字母、下画线与数字组合
```

➢ **非法命名**

```
Python is fun          # 中间使用空格
5data                  # 首字符使用数字
```

 提示

在Python中，变量名没有长度限制，从编程习惯和兼容性角度考虑，一般不建议用中文命名变量。

任务三　利用不同数据类型，存储财务数据

微课2-3

利用不同数据
类型，存储
财务数据

在财务会计领域，常常需要与数字打交道，比如日常收付款、工资发放等。那么，这类数字在Python中是以什么类型存储和处理的？除了数字以外，对财务人员来说必不可少的会计科目、报表项目等又是以什么类型存储的？不同的数据，在计算机中的存储类型和存储空间可能也不同。

Python中常见的数据类型有数值、字符串、列表、字典、元组、集合等，数值和字符串是两种基本数据类型，列表、字典、元组、集合等属于高级数据类型。

一、利用数值存储数字数据

1. 数值的分类

Python中常见的数值类型包括整型（int）、浮点型（float）和布尔型（bool）。

（1）整型。整型数值与数学意义上的整数对应，包括正整数和负整数，如1、-3等，可用于处理不同字节长度的整数。

（2）浮点型。浮点型数值与数学中的小数对应，在财务数据中的应用最为普遍，如88.96。

（3）布尔型。布尔型数值只有两个值，即True（真）和False（假），它们可以理解为特殊的整型数值（True = 1，False = 0）。如2>1是正确的，在Python中用True表示；而4<3显然是错误的，在Python中用False表示。

🔊 **业务场景2-3　财务数据存储**

某公司现有员工30人，在支付宝、微信、中国银行、中国工商银行均开设了账户。每个账户都有不同的余额和交易记录。公司领导层需要了解各个账户的余额和交易记录，以便进行财务分析和决策。

代码实现

```
【In】   num_employees = 30          # 定义员工数量（整型）
        alipay_balance = 21378.5    # 定义支付宝余额（浮点型）
        limit=alipay_balance>20000  # 判断支付宝余额是否超过20000元，超过则转出
        print(num_employees,type(num_employees)) # 使用type()函数查看数据类型
        print(alipay_balance,type(alipay_balance))
        print(limit,type(limit))
```

```
【Out】  30 <class 'int'>
        21378.5 <class 'float'>
        True <class 'bool'>
```

2. 运算符

数学中数值可以进行加、减、乘、除等运算，Python也支持数值的运算，并提供了一系列的运算符。运算符是Python中进行不同运算所用的符号，主要包括算术运算符、赋值运算符、比较运算符、逻辑运算符、成员运算符和身份运算符等。

（1）算术运算符。算术运算符用于两个对象间的基本算术运算，如表2-1所示，其运算结果为一个数值。

表2-1　　　　　　　　　　　　　　　Python算术运算符

算术运算符	描述	示例（x = 8，y = 3）
+	加	x + y输出结果11
−	减	x − y输出结果5
*	乘	x * y输出结果24
**	乘方	x ** y输出结果512
/	除	x / y输出结果2.6666666666666665
//	整除	x // y输出结果2
%	取余	x % y输出结果2

（2）赋值运算符。赋值运算符用于对象的赋值，比如前文讲解的"money = 100"，就是将运算符"="右边的值"100"赋给左边的"money"。赋值运算符还可以与算术运算符组合成复合赋值运算符，如表2-2所示。

表2-2　　　　　　　　　　　　　　　Python复合赋值运算符

复合赋值运算符	描述	示例
+=	加法赋值运算符	x += y，等效于x = x + y
−=	减法赋值运算符	x −= y，等效于x = x − y
*=	乘法赋值运算符	x *= y，等效于x = x * y
/=	除法赋值运算符	x /= y，等效于x = x / y
//=	整除赋值运算符	x //= y，等效于x = x // y
%=	取余赋值运算符	x %= y，等效于x = x % y
**=	求幂赋值运算符	x **= y，等效于x = x ** y

动手实操

```
【In】   balance = 18900       # 银行账户余额为18900元
        deposit = 5000        # 存入现金5000元
        balance += deposit    # 等效于balance = balance + deposit
        print(balance)
```

```
【Out】  23900
```

（3）比较运算符。比较运算符用于两个对象间的比较运算，如表2-3所示，其比较结果为True或False。

表2-3　Python比较运算符

比较运算符	描述	示例（x = 8，y = 3）
>	大于	x > y，返回True
>=	大于等于	x >= y，返回True
<	小于	x < y，返回False
<=	小于等于	x <= y，返回False
==	等于	x == y，返回False
!=	不等于	x != y，返回True

（4）逻辑运算符。逻辑运算符用于两个对象间的逻辑运算，如表2-4所示。

表2-4　Python逻辑运算符

逻辑运算符	逻辑表达式	描述	示例（x = True，y = False）
and	x and y	逻辑"与"，只有x和y都为True，才返回True，否则返回False	x and y，返回False
or	x or y	逻辑"或"，只要x和y任意一个为True，就返回True，否则返回False	x or y，返回True
not	not x	逻辑"非"，如果x为True，返回False，否则返回True	not(x and y)，返回True

（5）成员运算符与身份运算符。除以上运算符外，Python中还有两类特殊的运算符——成员运算符与身份运算符。成员运算符用于判断某个值是否为某个序列的成员，如表2-5所示。身份运算符则用于判断两个变量是否引自同一个对象，如表2-6所示。

表2-5　Python成员运算符

成员运算符	描述
in	如果在指定序列中找到某个值，就返回True，否则返回False
not in	如果在指定序列中没有找到某个值，就返回True，否则返回False

表2-6　Python身份运算符

身份运算符	描述
is	判断两个变量是否引自同一个对象，如果是，就返回True，否则返回False
is not	判断两个变量是否引自不同对象，如果是，就返回True，否则返回False

动手实操

```
【In】  course1 = 'Python 在财务中的应用 '
        course2 = 'Python 在会计中的应用 '
        isin = ' 财务会计 ' in course1
        isnot = course1 is not course2
        print(isin)   # course1 中不包含"财务会计"，输出结果为 False
        print(isnot)  # 这两门课程不同，输出结果为 True

【Out】  False
        True
```

（6）运算符优先级。数学中的数值运算具有优先级，比如"先乘除，后加减"，即乘法和除法的优先级要高于加法和减法。Python中各种运算符也有一定的优先级，如表2-7所示。

简单来说，Python运算符的优先级顺序可以概括为："从左往右看，括号优先算，先乘除，后加减，再比较，再逻辑。"

> **提示**
>
> 可以通过圆括号"()"提升运算符的优先级。

表2-7 　　　　　　　　　　　　Python常用运算符优先级

运算符	描述	优先级（由低到高）
or	逻辑运算符"或"	1
and	逻辑运算符"与"	2
not x	逻辑运算符"非"	3
in、not in	成员运算符	4
is、is not	身份运算符	5
<、<=、>、>=、!=、==	比较运算符	6
+、-	加和减	7
*、/、//、%	乘、除、整除取余	8
**	求幂（乘方）	9
()	小括号	10

二、利用字符串存储文本数据

1. 字符串的定义

字符串由字母、数字、符号等一系列字符组成，是用来表示文本的一种数据类型。字符串根据其内容的多少，可以分为单行字符串和多行字符串。单行字符串可以用单引号"'"或者双引号"""创建，两者作用相同，但前后必须保持一致，即以单引号开始的字符串，须以单引号结束。多行字符串可以用三单引号"'''"或者三双引号""""""创建，同样须前后保持一致。

动手实操

```
【In】    print('支付宝')        # 以单引号创建的单行字符串，等价于print("支付宝")
         print("""公司开立的账户包括：
         支付宝、微信、中国银行、中国工商银行
         """)                   # 以三双引号创建的多行字符串

【Out】   支付宝
         公司开立的账户包括：
         支付宝、微信、中国银行、中国工商银行
```

2. 字符串的常规操作

（1）字符串的索引。字符串中每个元素都有一个位置标识，称为索引。这好比是给字符串中的每个元素编号，通过编号我们就可以迅速找到对应元素。

索引分正索引和负索引。正索引从左往右编号，默认从0开始，最右侧元素的索引为字符串长度减1；负索引从右往左编号，默认从-1开始，最左侧元素的索引为字符串长度的相反数。以字符串"Python"为例，其各个元素对应的正、负索引如表2-8所示。

表2-8 　　　　　　　字符串"Python"中各个元素对应的正、负索引

字符串元素	P	y	t	h	o	n
正索引	0	1	2	3	4	5
负索引	-6	-5	-4	-3	-2	-1

（2）字符串的操作。字符串是Python中常见的数据类型之一，应用十分广泛。常见的字符串操作符如表2-9所示。

表2-9 常见的字符串操作符

操作符	描述	示例（x = '现金'，y = '银行存款'）	结果
+	字符串拼接（注意：只能将字符串与字符串拼接）	x + y	'现金银行存款'
*	重复输出字符串	x * 2	'现金现金'
[]	通过索引获取字符串中的元素	x[1]	'金'
[:]	切片（即根据索引截取字符串中的一部分）	y[0:2]	'银行'

动手实操

【In】
```
course= 'Python 在财务中的应用 '
suitto= '适用于大数据与会计等专业学生 '
print(course[0:6])
print(course+suitto)
print(course*2)
```

【Out】
```
Python
Python 在财务中的应用适用于大数据与会计等专业学生
Python 在财务中的应用 Python 在财务中的应用
```

使用字符串索引获取元素时，最大索引不能超出"字符串长度-1"，如x = '现金'，索引的最大值为1（字符串长度2减去1）。若通过索引获取x[2]，运行时程序会报错。

动手实操

【In】
```
course = 'Python 在财务中的应用 '
print(course[16])
```

【Out】
```
IndexError                    Traceback (most recent call last)
Input In [38], in <cell line: 2>()
    1 course = 'Python在财务中的应用'
——> 2 print(course[16])

IndexError: string index out of range
```

字符串切片时，截取区间为左闭右开，即包含初始位置的元素，不包含结束位置的元素。以y[0:2]为例，截取的元素包括索引为0、1的元素，但不包括索引为2的元素。

（3）格式化字符串。格式化字符串是指使用含有占位符的字符串模板，根据需要为这些占位符赋予不同的值，从而控制输出文本的格式和内容。通过格式化字符串，程序可以重复生成格式统一但内容各异的文本。

Python提供了两种格式化字符串的方法，一种是使用%占位符，另一种是使用format()函数。

① Python使用%占位符，可以为输出结果设置多种格式。常见的占位符如表2-10所示。

表2-10 Python中常见的占位符

占位符	描述
%s	在字符串中表示任意字符
%d	整数占位符
%f	浮点数占位符

动手实操

【In】
```
alipay_balance = 21378.5      # 定义支付宝账户余额
wechat_balance = 1568.7       # 定义微信账户余额
boc_balance = 45003.9         # 定义中国银行账户余额
```

```
icbc_balance = 35089.6        # 定义中国工商银行账户余额
total_balance = alipay_balance + wechat_balance + boc_balance + icbc_
balance                       # 计算总余额
alipay_percent = (alipay_balance / total_balance) * 100
# 计算支付宝账户余额占总余额的百分比
print('%s账户余额：%.2f元'%('支付宝',alipay_balance))
# 使用%占位符格式化字符串，保留 2 位小数
print('{}账户余额：{:.2f}元'.format('微信',wechat_balance))
# 使用format()函数格式化字符串，保留 2 位小数
print('支付宝账户余额占总余额的百分比：{:.4f}%'.format(alipay_percent))
# 使用format()函数格式化字符串，保留 4 位小数
```

【Out】支付宝账户余额：21378.50 元

微信账户余额：1568.70 元

支付宝账户余额占总余额的百分比：20.7476%

② format()函数与%占位符的作用类似，只是使用"{}"和":"替换了%占位符。与使用%占位符相比，format()函数支持更多功能，在格式化时可以指定参数名、索引、数字等。

微课 2-4

利用列表存储
有序数据

三、利用列表存储有序数据

Python除提供数值、字符串等基本数据类型外，还提供了列表、字典、元组、集合等高级数据类型，用于表示现实世界中更为复杂的数据。与数值、字符串不同，列表可以看作一个存储数据的容器，里面可以存放数值、字符串等基本数据类型的数据，也可以存放列表、字典等高级数据类型的数据，是Python中普遍使用的复合型数据类型。

1. 创建列表

列表使用方括号"[]"创建，方括号里面的元素以英文逗号分隔。列表具有如下特征。

（1）列表中的元素按顺序排列，每个元素的位置是确定的。用户可以通过索引访问每个元素。

（2）列表可以存储任意数据类型的数据，且列表中的元素可以重复。

（3）列表是可变序列，可以对元素进行增加、修改、删除等操作。

动手实操

```
【In】 account=['支付宝','微信','中国银行','中国工商银行']        # 列表元素是字符串
      balance=[21378.5, 1568.7, 45003.9, 35089.6]              # 列表元素是数值
      account_balance=['支付宝', 21378.5, ['微信','中国银行','中国工商银行'],
      [1568.7, 45003.9, 35089.6]]
                                    # 列表元素包含字符串、数值和列表
      print(account,len(account))                # 输出列表及其包含的元素个数
      print(balance,len(balance))
      print(account_balance,len(account_balance))
```

【Out】 ['支付宝','微信','中国银行','中国工商银行'] 4

[21378.5, 1568.7, 45003.9, 35089.6] 4

['支付宝', 21378.5, ['微信','中国银行','中国工商银行'], [1568.7, 45003.9, 35089.6]] 4

2. 访问列表

与字符串类似，列表中的每个元素也有索引，且默认索引也是从0开始，如图2-2所示。列表中的元素可以通过索引或切片访问。

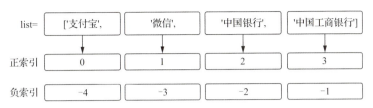

图2-2　列表索引

（1）利用索引可以访问列表中的单个元素。

动手实操

【In】	account=['支付宝'，'微信'，'中国银行'，'中国工商银行'] print(account[1])　　　# 访问列表account中索引为1的元素
【Out】	微信

（2）利用切片可以访问列表中的多个元素。

动手实操

【In】	account=['支付宝'，'微信'，'中国银行'，'中国工商银行'] print(account[0:2])　　　# 访问列表account中索引区间为[0:2]的元素
【Out】	['支付宝'，'微信']

与字符串切片类似，列表切片时，取值区间同样是"左闭右开"的，即包含初始位置的元素，不包含结束位置的元素。

3. 修改列表

列表是可变序列，用户可以直接通过索引对列表中的元素进行修改。

动手实操

【In】	account=['支付宝'，'微信'，'中国银行'，'中国工商银行'] account[3]='ICBC'　　# 将列表account中索引为3的元素更新为"ICBC" print(account)
【Out】	['支付宝'，'微信'，'中国银行'，'ICBC']

4. 列表计算

列表的计算方式主要有两种，一种是拼接列表，另一种是重复输出列表，如表2-11所示。

表2-11　　　　　　　　　　　　　　　Python列表计算

操作符	描述
+	拼接列表，即将多个列表组合在一起
*	重复输出列表

动手实操

【In】	account=['支付宝'，'微信'，'中国银行'，'中国工商银行'] balance=[21378.5, 1568.7, 45003.9, 35089.6] print(account + balance)　　# 使用"+"拼接列表 print(account * 2)　　　# 使用"*"重复输出列表
【Out】	['支付宝'，'微信'，'中国银行'，'中国工商银行'，21378.5, 1568.7, 45003.9, 35089.6] ['支付宝'，'微信'，'中国银行'，'中国工商银行'，'支付宝'，'微信'，'中国银行'，'中国工商银行']

5. 列表的增、删、改等操作

Python 支持对列表中的元素进行增、删、改、排序等操作。其主要操作方法如表2-12所示。

表2-12　　　　　　　　　　　　　Python列表的主要操作方法

操作方法	描述
append()	在列表末尾添加元素
insert()	在指定位置插入元素
extend()	将另一个列表的元素添加到当前列表末尾
pop()	删除指定位置的元素
remove()	删除指定元素
sort()	对列表中的元素进行排序，默认按升序排列
reverse()	反向排列

（1）append()方法用于在列表末尾添加新的元素。

动手实操

```
【In】    account=['支付宝', '微信', '中国银行', '中国工商银行']
         account.append('中国建设银行')              # 新开设中国建设银行账户
         print(account)
【Out】   ['支付宝', '微信', '中国银行', '中国工商银行', '中国建设银行']
```

（2）insert()方法用于将元素插入列表中指定的位置。它有两个参数，第一个参数表示要插入的索引位置，第二个参数表示要插入的元素。

动手实操

```
【In】    account=['支付宝', '微信', '中国银行', '中国工商银行']
         account.insert(0, '库存现金')        # 在索引为 0 的位置插入新元素"库存现金"
         print(account)
【Out】   ['库存现金', '支付宝', '微信', '中国银行', '中国工商银行']
```

（3）与用append()方法每次只能在列表末尾添加一个元素不同，用extend()方法可以在列表末尾添加另一个列表中的所有元素。

动手实操

```
【In】    account=['支付宝', '微信', '中国银行', '中国工商银行']
         balance=[21378.5, 1568.7, 45003.9, 35089.6]
         account.extend(balance)        # 在列表 account 后添加列表 balance 中的元素
         print(account)
【Out】   ['支付宝', '微信', '中国银行', '中国工商银行', 21378.5, 1568.7, 45003.9,
         35089.6]
```

（4）pop()方法默认删除列表中的最后一个元素。如果要删除指定位置的元素，只需在pop()方法的参数中输入对应元素的索引即可。

动手实操

```
【In】    account=['支付宝', '微信', '中国银行', '中国银行外币', '中国工商银行']
         account.pop(3)              # "中国银行外币"账户注销，删除索引为 3 的元素
         print(account)
【Out】   ['支付宝', '微信', '中国银行', '中国工商银行']
```

（5）remove()方法用于删除列表中的指定元素。

动手实操

【In】	account=['支付宝', '微信', '中国银行', '中国银行外币', '中国工商银行'] account.remove('中国银行外币')　　　　# "中国银行外币"账户注销，删除该元素 print(account)
【Out】	['支付宝', '微信', '中国银行', '中国工商银行']

（6）sort()方法用于对列表元素进行排序，且只能对相同数据类型的元素进行排序。sort()方法默认按照元素的升序进行排列，如果要按降序排列，可以设置参数reverse=True。

动手实操

【In】	balance=[21378.5, 1568.7, 45003.9, 35089.6] balance.sort()　　　　　　　　　# 默认按升序排列 print('升序排列：',balance) balance.sort(reverse = True)　　　# 修改 reverse = True，按降序排列 print('降序排列：',balance)
【Out】	升序排列：[1568.7, 21378.5, 35089.6, 45003.9] 降序排列：[45003.9, 35089.6, 21378.5, 1568.7]

（7）reverse()方法用于将列表中的元素反向排列，也称为逆置。

动手实操

【In】	account=['支付宝', '微信', '中国银行', '中国工商银行'] account.reverse()　　　　　　　　　# 使用 reverse()方法将元素逆置 print(account)
【Out】	['中国工商银行', '中国银行', '微信', '支付宝']

四、利用字典存储键值标签数据

微课2-5

利用字典存储
键值标签数据

财务数据之间通常存在关联，比如会计信息系统账套中，会计科目编码和会计科目名称是一一对应的。Python使用字典表示这种具有映射关系的数据。字典通过键和值将一对数据联系在一起，键就好比是一个人的身份证号码，值则是姓名等信息，键值组合后，通过身份证号码（键）就可以了解姓名（值）等信息。字典具有如下特征。

① 字典中的元素必须包含键和值。

② 键是唯一的，值可以重复。相同的键，字典只会识别最后一次设置的值。

③ 键是不可变对象，不能进行修改；而值是可变的，可以进行修改。

1. 创建字典

字典通过花括号{}创建，里面包含多个键值对，成对的键和值使用英文冒号分隔，不同键值对之间使用英文逗号区分。字典组成如图2-3所示。

dic= {key1: value1,　　key2:　　value2}

键值对　　　键　　　值

图2-3　字典组成

动手实操

【In】	account_balance={'支付宝':21378.5, '微信':1568.7, '中国银行':45003.9, '中国工商银行':35089.6} print(account_balance)

【Out】　{'支付宝':21378.5, '微信':1568.7, '中国银行':45003.9, '中国工商银行':35089.6}

2．字典的常规操作

字典的常规操作主要包括增、删、改、查等，其主要操作方法如表2-13所示。

表2-13　　　　　　　　　　　　Python中字典的主要操作方法

操作方法	描述
dic[key]	使用键访问字典里的值
dic[key]=	修改值或添加新的键值对
del dic[key]	删除键值对
del dic	删除字典
keys()	以列表形式返回所有键
values()	以列表形式返回所有值
items()	返回所有键值对

（1）使用键访问字典里的值。

动手实操

```
【In】    account_balance={'支付宝':21378.5, '微信':1568.7, '中国银行':45003.9,
         '中国工商银行':35089.6}
         print(account_balance['支付宝'])        # 通过键"支付宝"访问对应的账户余额
```

【Out】　21378.5

（2）使用键修改字典里的值。

动手实操

```
【In】    account_balance={'支付宝':21378.5, '微信':1568.7, '中国银行':45003.9,
         '中国工商银行':35089.6}
         account_balance['微信']=1568.7+8000
         # 微信新增一笔收入，通过键"微信"修改对应的值
         print(account_balance)
```

【Out】　{'支付宝':21378.5, '微信':9568.7, '中国银行':45003.9, '中国工商银行':35089.6}

（3）定义新键值，在字典最后添加新的键值对。

动手实操

```
【In】    account_balance={'支付宝':21378.5, '微信':1568.7, '中国银行':45003.9,
         '中国工商银行':35089.6}
         account_balance['中国建设银行']=1000     # 新开中国建设银行账户，存入1000元
         print(account_balance)
```

【Out】　{'支付宝':21378.5, '微信':1568.7, '中国银行':45003.9, '中国工商银行':35089.6,
　　　　　'中国建设银行':1000}

（4）使用del直接删除键值对。

动手实操

```
【In】    account_balance={'支付宝':21378.5, '微信':1568.7, '中国银行':45003.9,
         '中国工商银行':35089.6,'库存现金':16500}
         del account_balance['库存现金']          # 删除键"库存现金"及其对应的值16500
         print(account_balance)
```

【Out】　{'支付宝':21378.5, '微信':1568.7, '中国银行':45003.9, '中国工商银行':35089.6}

（5）使用del可以删除字典。删除字典后，如果再输出该字典，程序会报错，提示字典未定义。

动手实操

【In】
```
account_balance={'支付宝':21378.5, '微信':1568.7, '中国银行':45003.9,
'中国工商银行':35089.6, '库存现金':16500}
del account_balance                    # 删除整个字典
print(account_balance)
```

【Out】
```
NameError                              Traceback (most recent call last)
Cell In[4], line 3
      1 account_balance={'支付宝':21378.5, '微信':1568.7, '中国银行':45003.9,'中国工商银行':35089.6, '库存现金':16500}
      2 del account_balance            # 删除整个字典
----> 3 print(account_balance)

NameError: name 'account_balance' is not defined
```

（6）使用keys()、values()、items()方法可以返回字典的键、值、键值对。

动手实操

【In】
```
account_balance={'支付宝':21378.5, '微信':1568.7, '中国银行':45003.9,
'中国工商银行':35089.6}
print(account_balance.keys())                  # 输出字典的键
print(account_balance.values())                # 输出字典的值
print(account_balance.items())                 # 输出字典的键值对
total_balance = sum(account_balance.values())  # 取值并计算总余额
print('账户总余额: ', round(total_balance,1))    # 使用 round() 函数保留 1 位小数
```

【Out】
```
dict_keys(['支付宝', '微信', '中国银行', '中国工商银行'])
dict_values([21378.5, 1568.7, 45003.9, 35089.6])
dict_items([('支付宝', 21378.5), ('微信', 1568.7), ('中国银行', 45003.9),
('中国工商银行', 35089.6)])
账户总余额:  103040.7
```

小贴士

列表和字典最大的区别在于：列表是有序的，可以通过索引获取对应位置的元素；而字典是无序的，需要通过键获取对应的值。

知识拓展2-1

元组、集合等
其他数据类型

五、数据类型的转换

在实际业务处理中，单一数据类型往往不能满足数据处理的要求，比如字符串不能进行数值计算。这时候需要进行数据类型的转换。

动手实操

【In】
```
asset = input('请输入资产金额')      # 创建变量 asset 接收资产金额
credit = input('请输入负债金额')      # 创建变量 credit 接收负债金额
equity = asset - credit              # 创建变量 equity 计算所有者权益
print('所有者权益',equity)
```

【Out】
```
请输入资产金额100000
请输入负债金额45000

TypeError                              Traceback (most recent call last)
Cell In[3], line 3
      1 asset = input('请输入资产金额')      # 创建asset变量接收资产金额
      2 credit = input('请输入负债金额')      # 创建credit变量接收负债金额
----> 3 equity = asset - credit            # 创建equity变量计算所有者权益
      4 print('所有者权益',equity)

TypeError: unsupported operand type(s) for -: 'str' and 'str'
```

input()函数接收的变量，返回值是字符串类型的，无法直接计算，因此需要利用float()函数

进行数据类型转换，否则运行时程序会报错。常见的数据类型主要通过以数据类型命名的函数进行转换，如表2-14所示。

表2-14　　　　　　　　　　　　Python数据类型转换

函数	描述
int()	转换为整型
float()	转换为浮点型
str()	转换为字符串型
list()	转换为列表
tuple()	转换为元组
dict()	转换为字典，但传入的必须是（key,value）形式的元组

将前文代码中input()函数接收的字符串型数据转换为浮点型数据。

动手实操

```
【In】    asset = float(input('请输入资产金额'))  # 创建变量 asset 接收资产金额并转换数据类型
         credit = float(input('请输入负债金额'))
         # 创建变量 credit 接收负债金额并转换数据类型
         equity = asset - credit                    # 创建变量 equity 计算所有者权益
         print('所有者权益',equity)
```

```
【Out】   请输入资产金额 100000
         请输入负债金额 45000
         所有者权益 55000.0
```

小贴士

数值和字符串是Python中通用的两种基本数据类型。列表、字典等高级数据类型是由基本数据类型组成的，虽然样式看起来很相似，但其定义、创建、运算和操作方式却不同。在财务数据的处理过程中，需要结合业务场景需求，同时依据数据本身的特征，以及数据计算、数据建模的具体要求，选择合适的数据类型进行存储，为数据分析和挖掘提供支持。

拓展思考

1. 在数字经济的发展中，数据安全的重要性毋庸置疑，作为个体，我们也应该关注国家和社会在数据安全方面的法律法规和政策措施，共同维护数据安全和社会稳定。你认为应该如何提升自己的数据安全意识？

2. 数字素养是财会人员在数字化时代应具备的核心能力，不仅包括对数字技术工具的应用，还包括对数字信息的理解和分析，能够运用数字技术解决财务问题，同时具备信息安全和数据隐私保护的意识。你是如何理解数字素养的？你认为财会人员应该如何提升自身的数字素养？

3. 假设你是一家小微企业的财务分析师，请编写一个简单的Python程序来生成财务报告的摘要，包括总收入、总支出和净利润，并以货币格式展示这些数据。

项目三

搭建Python进阶语法体系

 学习目标

【知识目标】

1. 掌握Python中程序控制语句的用法。
2. 掌握常见内置函数的用法，以及自定义函数的基本语法。
3. 掌握常用内置模块和第三方模块的导入方法及基本函数，了解自定义模块。

【能力目标】

1. 能够根据财务场景，使用Python条件控制和循环控制实现业务问题的逻辑处理。
2. 能够根据业务需求，使用Python模块和自定义函数等实现程序的模块化设计。

【素养目标】

1. 在程序设计过程中，培养批判性思维和创新精神，灵活运用所学知识解决问题。
2. 坚守诚信服务、德法兼修的职业素养，通过关注行业动态、了解市场趋势，尝试从多个角度分析、解决问题，全面、客观、真实、准确地识别和解读数据，从中提取关键信息并制定有效的程序解决策略。

项目导读

在实际业务处理过程中，往往需要根据数据进行选择和决策，比如根据价格选择购买A产品还是B产品，资金盈余时选择银行储蓄、投资理财还是消费等。程序源自现实生活，所以选择也常被用于程序的流程控制中。通过学习本项目，读者可以掌握Python条件分支流程，包括单分支、双分支和多分支的判断逻辑，if、if…else和if…elif…else语句的规则，以及if嵌套语句的应用；可以掌握循环控制流程，包括while循环、for…in循环、嵌套循环，以及break、continue等跳转语句的应用；可以了解Python内置函数，以及自定义函数的方法；可以掌握Python内置模块、自定义模块和第三方模块的应用。

任务一　利用条件分支，掌握合理判断逻辑

在日常生活或企业经营中，经常会面临决策场景。比如，根据《财政部 税务总局关于个人

微课3-1

利用条件分支，
掌握合理判断
逻辑

所得税法修改后有关优惠政策衔接问题的通知》（财税〔2018〕164号），2021年12月31日前①居民个人取得全年一次性奖金，选择并入当年综合所得还是选择单独计算个人所得税；企业在做投资决策时，选择高收益、高风险的项目A，还是选择收益不高但更稳健的项目B等。计算机辅助决策涉及流程控制程序，常见的有单分支结构、双分支结构和多分支结构。

一、单分支结构——if

单分支结构使用if语句进行描述，其中文语义是"如果……，那么……"。比如"如果A公司的利润率比B公司的高，那么投资A公司"，就可以用单分支结构的if语句描述。if语句的语法格式如下。

```
if 条件：
    代码块                        # 即满足条件时要执行的代码
```

 业务场景3-1 单分支决策

某公司根据设备的单价进行固定资产管理：如果设备单价大于2 000元/台，认定为固定资产；如果单价小于等于2 000元/台，则分类为低值易耗品。

假设新购进一台设备，价格为5 000元。使用单分支结构判断其是否为固定资产。

代码实现

```
【In】    price = 5000                    # 定义设备单价变量 price 并赋值
         if price > 2000:                # 判断设备单价是否大于 2000 元
             print(' 设备应分类为固定资产 ')   # 输出"设备应分类为固定资产"
【Out】   设备应分类为固定资产
```

由于新购进设备的单价大于2 000元/台，满足判断条件，因此输出"设备应分类为固定资产"。如果将设备单价改为800元/台，执行如下代码。

代码实现

```
【In】    price = 800
         if price > 2000:
             print(' 设备应分类为固定资产 ')
```

代码运行后，没有任何输出。可见，使用单分支结构时，如果不满足条件，则不执行任何操作。

业务总结

Python采用缩进来控制程序的层次结构，缩进字符的长短没有严格规定，但代码块所有语句的缩进字符数必须相同，一般为4个英文状态下的空格。使用"Tab"键可对缩进内容进行统一调整。另外，注意条件语句后面需要输入英文格式的冒号，否则程序会报错。

二、双分支结构——if...else

双分支结构是一种非A即B的判断语句的结构，通俗地说，就是"如果满足条件，就执行代码块A；如果不满足，就执行代码块B"，如图3-1所示。

---

① 为进一步减轻纳税人负担，2023年8月18日，财政部、国家税务总局发布公告，将全年一次性奖金单独计税优惠政策执行期限延长至2027年12月31日。

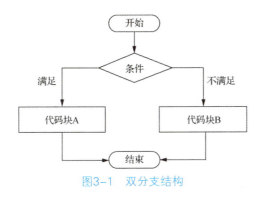

图3-1 双分支结构

Python中采用if...else语句来描述双分支结构，语法格式如下。

```
if 条件：
    代码块 A                              # 即满足判断条件时要执行的代码
else:
    代码块 B                              # 即不满足判断条件时要执行的代码
```

 业务场景3-2 双分支决策

使用双分支结构判断业务场景3-1中的设备是否为固定资产。

代码实现

【In】	# 满足判断条件进入的分支
	```price = 5000``` # 定义设备单价变量 price 并赋值
	```if price > 2000:``` # 如果设备单价大于 2000 元
	``` print('设备应分类为固定资产')``` # 输出"设备应分类为固定资产"
	```else:``` # 如果设备单价小于等于 2000 元
	``` print('设备应分类为低值易耗品')``` # 输出"设备应分类为低值易耗品"

【Out】 设备应分类为固定资产

由于新购设备单价大于2 000元/台，满足第一个判断条件，所以输出"设备应分类为固定资产"。如果将设备单价改为800元/台，则执行结果如下。

代码实现

【In】	# 不满足判断条件进入的分支
	```price = 800```
	```if price > 2000:```
	``` print('设备应分类为固定资产')```
	```else:```
	``` print('设备应分类为低值易耗品')```

【Out】 设备应分类为低值易耗品

代码执行后输出"设备应分类为低值易耗品"。这是因为else语句定义了不满足判断条件时执行的代码。

业务总结

Python的if...else语句中，如果if语句的判断条件为True，就执行if语句后的代码块；如果判断条件为False，则执行else语句后的代码块。同样，在if语句和else语句后，都需要输入英文格式的冒号，否则程序会报错。

三、多分支结构——if...elif...else

实际业务往往面临更多的选择，多分支结构是应用更加广泛的一种分支结构，如图3-2所示。比如对销售人员采用五级制的业绩评定：月销售额大于100 000元评定为A级，奖金为销售额的10%；80 001～100 000元为B级，奖金为销售额的8%；50 001～80 000元为C级，奖金为销售额的5%；20 001～50 000元为D级，奖金为销售额的3%；20 000元及以下为E级，无奖金。

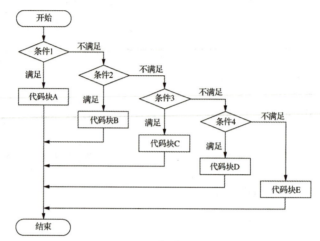

图3-2 多分支结构

在Python中，采用if...elif...else语句描述多分支结构：如果if的条件不满足，就按顺序看是否满足elif的条件；如果不满足elif的条件，就执行else下的代码。如果判断条件超过3个，中间的多个条件都可以使用elif。if...elif...else语句的语法格式如下。

```
if 条件 1:
    代码块 A        # 即满足条件 1 时要执行的代码
elif 条件 2:
    代码块 B        # 即满足条件 2 时要执行的代码
elif 条件 3:
    代码块 C        # 即满足条件 3 时要执行的代码
else:
    代码块 D        # 即不满足以上条件时要执行的代码
```

 业务场景3-3　多分支决策

某公司要购进一台设备，价格为50 000元，资产类型为生产设备。该公司采用直线法计提折旧，其固定资产折旧规定如表3-1所示。

表3-1　　　　　　　　　　　固定资产折旧规定

资产类型	折旧年限/年	残值率/%
房屋建筑物	50	5
生产设备	10	5
办公设备	3	3
其他设备	5	3

思路分析

该公司根据资产类型计算固定资产月折旧额。固定资产有4种类型，可以采用if...elif...else语句进行判断。

```
定义固定资产价格变量并赋值
定义资产类型变量并赋值
如果资产类型为房屋建筑物：
    折旧年限为 50 年
    残值率为 0.05
如果资产类型为生产设备：
    折旧年限为 10 年
    残值率为 0.05
如果资产类型为办公设备：
    折旧年限为 3 年
    残值率为 0.03
否则：
    折旧年限为 5 年
    残值率为 0.03
月折旧额 = 固定资产价格 ×（1 - 残值率）/（折旧年限 ×12）
输出固定资产月折旧额
```

代码实现

```
【In】    # 用多分支结构判断
         price = 50000
         FAtype='生产设备'
         if FAtype == '房屋建筑物':
             year = 50
             rate = 0.05
         elif FAtype == '生产设备':
             year = 10
             rate = 0.05
         elif FAtype == '办公设备':
             year = 3
             rate = 0.03
         else:
             year = 5
             rate = 0.03
         dep=round(price*(1-rate)/(year*12),2)
         print('资产月折旧额为: ',dep)
```

```
【Out】   资产月折旧额为:  395.83
```

业务总结

Python的if...elif....else语句是自上而下执行的。如果满足某个条件，执行该条件对应的代码块后，就不会再执行剩下的代码块。

四、if嵌套语句

实际工作中，可能还会遇到这样的情形，即只有当某个条件成立了，才会进行另外一个条件的判断。举个例子，某购物网站订单结算时，系统会根据会员身份判断订单折扣：如果不是会员，不给予折扣；如果是会员，则根据会员级别，如黄金会员、铂金会员、钻石会员等，给予不同的折扣。也就是说，只有满足会员的条件才会根据会员级别确定折扣。如果用程序描述流程，则需要使用if嵌套语句。if嵌套语句就是将if、if...else、if...elif...else语句相互嵌套，其结构如图3-3所示。

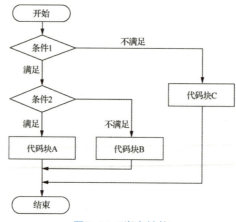

图3-3　if嵌套结构

if嵌套结构的语法格式如下。

```
if 条件 1:
    if 条件 2:
        代码块 A                # 即满足条件 1 且满足条件 2 时要执行的代码
    elif 条件 3:
        代码块 B                # 即满足条件 1 且满足条件 3 时要执行的代码
    else:
        代码块 C                # 即满足条件 1 但不满足条件 2、3 时要执行的代码
else:
    代码块 D                    # 即不满足条件 1 时要执行的代码
```

 业务场景3-4　if嵌套决策

为了给会员提供更多的优惠，某购物网站根据会员身份确定订单的折扣。普通客户无法享受折扣优惠，而会员则可以根据会员级别（如黄金会员、铂金会员、钻石会员等）获得不同的折扣，如表3-2所示。

表3-2　　　　　　　　　　　　　　　　　　会员折扣

会员级别	折扣比例
黄金会员	0.95
铂金会员	0.9
钻石会员	0.85

代码实现

```
【In】    ismember= '会员'                      # 是否会员
         member_type = '黄金会员'              # 会员等级
         order = 1888.00                      # 订单消费金额
         # 利用 if 嵌套判断和计算
         if ismember == '会员':
```

```
    if member_type == '黄金会员':
        discount = order*(1-0.95)
    elif member_type == '铂金会员':
        discount = order*(1-0.9)
    elif member_type == '钻石会员':
        discount = order*(1-0.85)
else:
    discount = 0                              # 如果非会员，不享受折扣
print('消费金额：%.2f元；折扣金额：%.2f元；应付金额：%.2f元'%(order,
discount,(order-discount)))
```

【Out】　消费金额：1888.00元；折扣金额：94.40元；应付金额：1793.60元

业务总结

【业务场景3-4】使用if嵌套语句处理不同条件的逻辑判断。注意区分Python的if...elif...else多分支结构与if嵌套语句的执行逻辑。对于多分支结构，只有在前面的条件不满足时，才进入下一个语句的条件判断；而if嵌套语句则是在外部的if条件满足时，才会执行内部的if语句。

任务二　利用while和for...in，厘清循环业务逻辑

微课3-2

利用 while 和 for...in，厘清循环业务逻辑

程序设计中另一个重要的流程控制结构是循环。现实世界中，循环现象比比皆是，如春夏秋冬四季变换，每周七天循环往复，太阳东升西落等。财务工作中，也有很多循环问题，比如每个月末要结账，每个月都要计算员工薪酬，每个月都要计算应缴税额等。利用循环语句，可以在一定程度上减少重复性工作，提高效率。Python中常见的循环语句有两种：一是while循环，二是for...in循环。循环结构如图3-4所示。

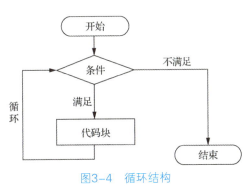

图3-4　循环结构

一、while循环

while循环的语法格式与单分支结构中的if语句类似，都需要检查是否满足条件。只不过if语句只判断一次，满足判断条件时就执行下面的代码块。而while语句在满足循环条件并执行下面的代码块后，会再次返回条件判断语句所在的位置进行条件判断，满足条件则再次执行下面的代码块，如此循环往复，直到不满足条件时才结束循环。其语法格式如下。

```
while 条件：
    代码块    # 即满足条件时要执行的代码
```

while循环可采用标准的4步循环法构造，过程如图3-5所示。

初始化变量 → 条件判断 → 条件满足时执行的代码块 → 更新变量

图3-5　用4步循环法构造while循环的过程

动手实操

```
【In】    # 计算1～10自然数的和
         i = 1
         sum = 0
         while i < 11:
             sum += i
             i += 1
         print('1～10自然数的和为', sum)
【Out】   1～10自然数的和为 55
```

小贴士

如果while循环中因循环条件设定不当导致判断条件始终满足，那么循环就会无限执行下去，也就是出现死循环。这时我们可以使用"Ctrl+C"组合键来中断循环，或者强制结束Python进程。

二、for...in循环

与while循环类似，for...in循环也可用于在满足既定条件时重复执行同一段代码。不同的是，while循环次数取决于循环条件何时不满足，而for...in循环次数取决于列表中包含的元素个数。for...in循环的语法格式如下。

```
for 变量 in 列表：         # in 表示从列表中依次取值，又称为遍历
    代码块               # 即满足条件时要执行的代码
```

动手实操

```
【In】    # 计算1～10自然数的和
         sum = 0
         for i in range(11):
             sum += i
         print('1～10自然数的和为', sum)
【Out】   1～10自然数的和为 55
```

小贴士

使用range()函数可以生成整数列表。range(start, stop, step)返回的列表由3个参数决定：参数start表示列表开始的值，默认值为0；参数stop表示列表结束的值，该参数不可缺少；参数step表示步长，即每次递增或递减的值，默认值为1。如range(1,10,1)表示返回1～9的整数列表（不包含结束值）。

在实际业务中，for...in循环常用于遍历字符串、列表、元组、字典等数据结构，其执行顺序是遍历这些数据结构里的每一个元素。while循环的特点是当循环条件不满足时结束循环，而for...in循环的特点是遍历完数据结构中的所有元素后结束循环。

三、嵌套循环

与if嵌套一样，while循环和for...in循环也可以相互嵌套。既可以在while循环中嵌套while循环，在for...in循环中嵌套for...in循环，也可以使while循环和for...in循环相互嵌套。

嵌套循环的语法格式如下。

```
while  条件1：                # 外层循环
    ……
    for 变量 in 序列：         # 内层循环
        代码块 A
    ……
```

 ## 业务场景3-5　管理费用预算

某公司各子公司2023年的管理费用预算如表3-3所示，各季度管理费用预算分配比例如表3-4所示。请计算各子公司2023年各季度管理费用预算。

表3-3　　　　　　　　　　　　各子公司2023年管理费用预算　　　　　　　　　　　　单位：万元

子公司	甲	乙	丙
年度管理费用预算	20	30	50

表3-4　　　　　　　　　　　2023年各季度管理费用预算分配比例

季度	第一季度	第二季度	第三季度	第四季度
分配比例	0.3	0.2	0.2	0.3

思路分析

先读取甲、乙、丙公司的管理费用预算，以及每个季度管理费用的预算分配比例，再分别计算每个公司每个季度的预算。

代码实现

```
【In】   budget = { '甲':20,'乙':30,'丙':50}
        ratio = [0.3,0.2,0.2,0.3]
        for key in budget.keys():
            budexp_quarter=[]
            j = 0
            while j < 4:
                j = j + 1
                budexp_quarter.append(budget[key]*ratio[j-1])
            print(key,'公司各季度管理费用预算为：',budexp_quarter)
【Out】  甲 公司各季度管理费用预算为： [6.0, 4.0, 4.0, 6.0]
        乙 公司各季度管理费用预算为： [9.0, 6.0, 6.0, 9.0]
        丙 公司各季度管理费用预算为： [15.0, 10.0, 10.0, 15.0]
```

业务总结

以while循环嵌套为例，循环嵌套需要先对外层循环条件进行判断。当外层循环条件为True时，执行外层循环结构中的循环体后，进入内层循环。当内层循环条件为True时，执行内层循环的循环体，直到内层循环条件为False；然后跳出内层循环，继续执行外层循环体，直到外层循环的循环条件为False。只有当内层循环的循环条件为False，且外层循环的循环条件也为False，整个嵌套循环才算执行完毕。

四、break、continue语句

在使用while或for...in循环时，有两个常用的跳转语句，分别是break和continue。当循环满足一定条件时，可以中断程序执行，使用break或continue语句离开循环。

1. break语句

break语句可以在执行循环的过程中直接退出循环。比如，企业想了解近5年的销售数据中月销售额超过10万元的第一个月份。如果在程序中不设置跳转，那么在找到满足条件的第一个月份后，程序还会继续执行，直到循环60次（5年共60个月），这会增加计算机的运行负担。因此，可以对程序进行优化，在找到满足条件的月份后，使用break语句结束循环。

break语句在for...in循环中的语法格式如下。

```
for 变量 in 序列：
    if 条件：
        break    # 满足条件时跳出循环
```

break语句同样可以在while循环中使用，语法格式如下。

```
while 条件1：
    代码块
    if 条件2：
        break    # 满足条件2时跳出循环
```

2. continue语句

continue语句可以在循环运行过程中跳过当前的循环，直接开始下一次循环。比如我们希望输出1～100的偶数，那么需要跳过1～100的奇数，这时可以使用continue语句，使程序遇到奇数时跳过不输出。

使用continue语句跳过循环的语法格式如下。

```
for 变量 in 序列：
    if 条件：
        continue    # 满足条件时跳过本次循环，直接开始下次循环
```

continue语句同样可以在while循环中使用。需要注意的是，使用continue语句时，更新变量的表达式要写在continue语句前面，否则continue语句会跳过更新变量的表达式，造成死循环。具体语法格式如下。

```
while 条件1：
    代码块
    if 条件2：
        continue    # 满足条件2时跳过本次循环，继续下次循环
```

业务场景3-6　工资数据筛选

销售部某员工1—6月的工资分别为8 000元、11 000元、7 600元、9 200元、13 500元、12 000元，筛选出该员工工资超过10 000元的第一个月份和所有月份。

代码实现

【In】
```
# 使用 for...in 循环和 break 语句筛选出工资超过 10000 元的第一个月份
salary = {'1月':8000, '2月':11000, '3月':7600, '4月':9200, '5月':
13500,'6月':12000}
for key in salary:
    if salary[key] >10000:
        print('第一个工资超过 10000 元的月份: ',key,'工资为: ',salary[key])
        break
```

【Out】　第一个工资超过 10000 元的月份:　2 月 工资为:　11000

代码实现

【In】
```
# 使用 for...in 循环和 continue 语句筛选出工资超过 10000 元的所有月份
salary = {'1月':8000, '2月':11000, '3月':7600, '4月':9200, '5月':
13500,'6月':12000}
for key in salary:
    if salary[key] < 10000:
        continue                        # 跳出当次循环
    print('超过 10000 元的月份: ',key,'工资为: ',salary[key])
```

【Out】
```
超过 10000 元的月份:　2 月 工资为:　11000
超过 10000 元的月份:　5 月 工资为:　13500
超过 10000 元的月份:　6 月 工资为:　12000
```

业务总结

break语句、continue语句是Python实现流程控制的重要语句，可以用于改变原有循环的流程。通常情况下，循环遍历要执行到循环条件为False时才终止。通过break语句、continue语句与while和for...in循环的组合，可以构造更加灵活的循环程序。break语句和continue语句的区别是：break语句用于终止整个循环；continue语句则用于跳过本次循环，继续下一次循环。

任务三　利用函数提升业务处理效率

函数是一个组织好的、可重复使用的、用来实现某些功能的代码段。前文已经使用过很多函数，比如print()、input()等，就是Python中使用频率特别高的函数。

Python函数分为内置函数和自定义函数两种。内置函数是指Python自带的函数，系统可以直接调用。在解决实际问题时，内置函数无法满足需求功能，而这个功能又需要多次调用，如计算个人所得税等，这时便可通过自定义函数提高代码编写效率。

微课 3-3

利用内置函数，
发挥工具大用途

一、利用内置函数，发挥工具大用途

Python提供了大量可以直接使用的内置函数。除了前文介绍的print()、input()等，还包括以下常用的内置函数，如表3-5所示。更多内置函数可查阅官方文档。

表3-5   Python常用内置函数

函数名	函数功能	函数名	函数功能
abs()	返回一个数的绝对值	len()	返回对象的长度
all()	判断参数中是否所有元素都为真值	issubclass()	判断一个类是否为另一个类的子类
any()	判断参数中是否存在一个为真值的元素	list()	构造列表数据
bin()	将十进制数转换为二进制数	max()	返回给定元素中的最大值
bool()	将参数转换为布尔型数据	map()	将参数中的所有数据用指定的函数遍历
bytes()	将参数转换为字节型数据	memoryview()	返回给定参数的内存查看对象
chr()	返回参数对应的ASCII字符	min()	返回给定元素中的最小值
complex()	创建一个复数	next()	返回迭代对象中的下一项
delattr()	删除对象的属性	oct()	将十进制数转换为八进制数
dict()	创建一个空的字典类型的数据	open()	打开文件
dir()	没有参数时，返回当前范围内的变量、方法和定义的类型列表；带参数时，返回参数的属性和方法列表	ord()	求参数字符的Unicode整数值
divmod()	分别求商与余数	pow()	幂函数
enumerate()	返回一个可以枚举的对象	print()	输出函数
eval()	计算字符串参数中表达式的值	range()	返回符合范围的整数序列对象
float()	将参数转换为浮点型数据	reversed()	反转、逆序对象
format()	格式化输出字符串	round()	对参数进行四舍五入
frozenset()	创建一个不可修改的集合	set()	创建一个集合类型的数据
getattr()	获取对象的属性值	setattr()	设置对象的属性
global()	声明全局变量	sorted()	对参数进行排序
hasattr()	判断对象是否具有特定的属性	str()	构造字符串类型的数据
hash()	获得一个对象的哈希值	sum()	求和函数
hex()	将十进制数转换为十六进制数	super()	调用父类的方法
id()	返回对象的内存地址	tuple()	构造元组类型的数据
input()	获取用户输入的内容	type()	显示对象所属的数据类型
int()	将参数转换成整型数据	zip()	将两个可迭代对象中的数据逐一配对
isinstance()	检查对象是否为类的实例	_import()_	用于动态加载类和函数

 业务场景3-7 借助函数处理财务业务

　　某公司2023年上半年销售额和成本数据如表3-6所示。下面举例说明几个常用函数的具体用法，财务人员可借助这些函数提升业务处理效率。

表3-6   2023年上半年销售额和成本数据   单位：万元

月份	1月	2月	3月	4月	5月	6月
销售额	50	60	55	70	80	65
成本	20	25	22	28	30	24

　　（1）max()函数和min()函数。max()函数可以返回给定参数的最大值，min()函数可以返回给定参数的最小值。

　　代码实现

【In】	# 参数为多个元素时求其最大值
	# 找出最大销售额
	print(max(50,60,55,70,80,65))

【Out】	80

代码实现

【In】	`# 参数为序列时求其最大值`
	`# 找出最大销售额`
	`print(max((50,60,55,70,80,65)))`　　　`# （ ）代表元组`
	`print(max([50,60,55,70,80,65]))`　　　`# [ ]代表列表`
	`print(max({50,60,55,70,80,65}))`　　　`# { }代表集合`

【Out】	80 80 80

以上3种表达式的最大值都是80。min()函数的用法同max()函数的一致，此处不赘述。

（2）round()函数。round(x,n)函数可以返回浮点数x四舍五入后的值，n代表该浮点数保留几位小数。

代码实现

【In】	`# 求 1 月份日均销售额，并保留 2 位小数` `print(round(50/31,2))`
【Out】	1.61

小贴士

① 当参数n不存在时，round()函数输出整数。

`print(round(520.1314))`　　　　　　　`#结果为 520`

② 当参数n存在时，即使为0，round()函数也会输出一个浮点数。

`print(round(520.1314,0))`　　　　　　`#结果为 520.0`

③ 当参数n是负数时，表示在整数位四舍五入，输出的结果仍是浮点数。

`print(round(520.1314,-2))`　　　　　`#结果为 500.0`
`print(round(550.1314,-2))`　　　　　`#结果为 600.0`

（3）pow()函数。pow(x,n)函数可以返回x的n次方的值。参数n可以为正数，也可以为负数。假设公司的成本是按日计息的年利率为20%的贷款，且每月贷款在下月的第一天还清。可以用pow()函数计算1月份成本的复利终值系数（结果保留4位小数）。

代码实现

【In】	`# 求 1 月份成本的复利终值系数` `print(round(pow(1+0.2/12/31,31),4))`
【Out】	1.0168

（4）sum()函数。sum(iterable[, start])函数可以对序列进行求和计算。参数iterable为可迭代对象，可以是列表[1,2,3]、元组(1,2,3)、集合{1,2,3}；参数start指定与序列相加的参数，如果没有指定这个参数，默认为0。

代码实现

【In】	`# 未指定参数对所有销售额列表求和` `print(sum([50,60,55,70,80,65]))`　　`# 未指定参数 start，对列表求和`
【Out】	380

计算列表总和，默认的start为0，即380+0，最终结果为380。

代码实现

【In】	# 指定参数对所有销售额列表求和，假设预售额为 90 万元 print(sum([50,60,55,70,80,65],90))　　# 指定参数 start，对列表求和
【Out】	470

计算列表总和，指定start为90，即380+90，最终结果为470。

（5）format()函数。format()函数使用"{ }"和":"来实现字符串的格式化操作。其参数个数不受限制，且参数可以不按顺序排列。更多细节在项目二中已有详细描述，此处不赘述。

代码实现

【In】	# 格式化字符串，保留 2 位小数
	print('{}月份{}日销售额为{:.2f}万元。'.format(1,'共 31 天，',50/31))

【Out】	1 月份共 31 天，日销售额为 1.61 万元。

（6）list()函数。list()函数是对象迭代器，用于将元组、集合、字符串等对象转换为列表，返回的结果为用方括号"[]"标识的列表。

代码实现

【In】	# 用 list() 函数将以其他对象形式出现的月销售额数据转换为列表 print(list((50,60,55,70,80,65)))　　　　# 将元组转换为列表 print(list({50,60,55,70,80,65}))　　　　# 将集合转换为列表 print(list('1月份共 31 天，日销售额为 1.61 万元。'))　# 将字符串转换为列表
【Out】	[50, 60, 55, 70, 80, 65] [80, 65, 50, 70, 55, 60] ['1', '月', '份', '共', '3', '1', '天', '，', '日', '销', '售', '额', '为', '1', '.', '6', '1', '万', '元', '。']

（7）range()函数。range(start, stop[, step])函数中，参数start表示计数从start开始，默认从0开始；参数stop表示计数到stop结束，但不包括stop；参数step表示步长，默认值为1。

range()函数返回的是一个可迭代对象，所以输出的是一个对象。该对象可通过list()函数将其转换为列表。

代码实现

【In】	# 当传入参数为 1 个时 print(list(range(6)))　　　　# 返回 0～6 的列表，不包括 6
【Out】	[0, 1, 2, 3, 4, 5]

range(6)等价于range(0, 6)。

代码实现

【In】	# 当传入参数为 2 个时 print(list(range(1,6)))　　　# 返回 1～6 的列表，不包括 6，默认步长为 1
【Out】	[1, 2, 3, 4, 5]

range（1,6）等价于 range(1,6,1)。

代码实现

【In】	# 当传入参数为 3 个时 print(list(range(1,6,2)))　　　# 返回 1～6 的列表，不包括 6，步长为 2
【Out】	[1, 3, 5]

（8）int()函数。int(x,base)函数用于将一个字符串或数字转换为整数。参数x可以是数字，也

可以是字符串。参数base表示x的进制，默认为十进制。

代码实现

【In】	# 当 x 为数字时，求 1 月份日均销售额
	print(int(50/31))

【Out】	1

参数x为数字时，不传入base。若传入base，则程序会报错。

代码实现

【In】	# 当 x 为数字时，传入 base 报错
	print(int(50/31,2))
| 【Out】 | ```
-----------------------------------------------------------------------
TypeError                              Traceback (most recent call last)
Input In [7], in <cell line: 2>()
      1 # 当x为数字时，传入base报错
----> 2 print(int(50/31,2))

TypeError: int() can't convert non-string with explicit base
``` |

参数x为字符串时，base可传可不传，默认是十进制。若是其他进制数转为十进制数，则需传入base。下面的例子将十六进制数0xc转换成十进制整数，得到结果12。

代码实现

【In】	# 当 x 为字符串时
	print(int('0xc',16))

【Out】	12

（9）float()函数。float()函数用于将整数和字符串转换成浮点数。

代码实现

【In】	print(float(31),type(float(31)))　　　　　# 31 为整数 print(float('50'),type(float('50')))　　　# '50' 为字符串 print(float(50/31),type(float(50/31)))　　# 计算后转换成浮点数
【Out】	31.0 <class 'float'> 50.0 <class 'float'> 1.6129032258064515 <class

（10）map()函数。map(function, iterable)函数可以对序列中的每个元素进行指定操作，并将所有结果集合成一个新的序列输出。参数function代表某个功能函数，参数iterable代表一个或多个序列。

代码实现

【In】	# 用 map() 函数实现函数映射
	# 自定义一个函数 lambda()，参数为 x、y，计算 x-y，求该公司上半年的毛利润
	list(map(lambda x,y:x-y,[50,60,55,70,80,65],[20,25,22,28,30,24]))

【Out】	[30, 35, 33, 42, 50, 41]

（11）sorted()函数。sorted()函数可对所有可迭代的对象进行排序操作（默认升序）。

代码实现

【In】	# 将销售额列表元素按升序排列
	print(sorted([50,60,55,70,80,65]))

【Out】	[50, 55, 60, 65, 70, 80]
```

微课 3-4

利用自定义
函数，灵活
调用提高效率

二、利用自定义函数，灵活调用提高效率

1. 自定义函数的格式

Python中除了有可以直接使用的内置函数外，还支持自定义函数，即将一段有规律的、可重复使用的代码定义成函数，达到一次编写、多次调用的目的。

自定义函数的语法格式如下。

```
def 函数名（参数列表）：
    函数体
    [return 返回值列表]
```

 小贴士

① 圆括号中的参数可为空。

② 函数体相对关键字必须保持一定的缩进（一般是4个英文空格符）。

③ 函数是否有返回值，需根据函数实现的功能而定。有返回值就要编写return语句，没有返回值则不用。

2. 参数传递

参数传递是指在程序运行过程中，实际参数将参数值传递给相应的形式参数，然后在函数中实现数据处理和返回的过程。其中，形式参数是指定义函数时使用的参数，实际参数是指调用函数时使用的参数。形式参数和实际参数的说明如下。

```
#（1）定义函数
def func(a,b):              #  a和b为形式参数
    c = a + b
    return c
#（2）调用函数
func(10,20)                 #  10和20为实际参数
```

Python调用函数时，将实际参数传给函数，这个过程叫作传参。Python可通过以下方式传参。

（1）位置参数。位置参数是指必须按照正确顺序将实际参数传到函数中，即传入实际参数的数量、位置须和定义函数时完全一致。

 业务场景3-8　计算贷款到期还款额

假设公司有一笔贷款，金额为10 000元，年利率为5%，借款期限为5年。请计算该笔贷款的到期总还款额。

代码实现

```
【In】    def func(principal, rate, time):  # 自定义复利计算函数
            amount = principal * (1 + rate)**time
            return amount
        round(func(10000,0.05,5),2)         # 调用函数
```

```
【Out】   12762.82
```

小贴士

自定义函数的传参数量，须与指定的形式参数数量一致。多传或者少传，程序都会报错。举例如下。

```
【In】    def func(principal, rate, time):        # 自定义复利计算函数
             amount = principal * (1 + rate)**time
             return amount
         round(func(10000,0.05),2)                # 少传一个参数
```

```
【Out】   --------------------------------------------------------------------
         TypeError                          Traceback (most recent call last)
         Input In [12], in <cell line: 4>()
             2     amount = principal * (1 + rate)**time
             3     return amount
         ----> 4 round(func(10000,0.05),2)

         TypeError: func() missing 1 required positional argument: 'time'
```

（2）默认参数值。定义参数时，可以为参数指定默认值。如果在传参的时候，参数的值没有传入，则会用默认值替代；如果已传入参数，则该默认值不起作用。

动手实操

```
【In】    def func(principal, rate, time=5):      # 设置 time 默认参数值为 5
             # 复利计算公式
             amount = principal * (1 + rate)**time
             return amount
         round(func(10000,0.05),2)               # 没有传入参数 time，默认值为 5
```

```
【Out】   12762.82
```

```
【In】    round(func(10000,0.05,10),2)            # 传入参数 time=10
```

```
【Out】   16288.95
```

func()函数中参数time的默认值是5，如果调用时，没有传入参数time，就会使用5替代；如果传入参数time，例如在这个例子中time为10，则会进行相应的赋值计算。

小贴士

有默认值的参数一定要放在没有默认值的参数后面，否则程序会报错。

动手实操

```
【In】    # 有默认值的参数应放最后
         def func(principal, rate=0.05, time):
             amount = principal * (1 + rate)**time
             return amount
         round(func(10000,5),2)
```

```
【Out】   File "/var/folders/cr/51jp73x13vd645111qc13t_r0000gn/T/ipykernel_48166/1990708835.py", line 2
             def func(principal, rate=0.05, time):
                                            ^
         SyntaxError: non-default argument follows default argument
```

（3）关键字参数。关键字参数通过"参数名=值"的形式传参，无须按照参数的指定顺序，这样可以让函数更加清晰、易用。

动手实操

【In】	`# 根据参数名传参`
	`def func(principal, rate, time):`
	`    amount = principal * (1 + rate)**time`
	`    return amount`
	`round(func(principal=10000,time=5,rate=0.05),2)`

【Out】	`12762.82`

上述例子在调用函数时，并没有按照参数顺序传参，而是用参数名传参。这样的方式更加灵活，也让函数调用者更加明确每个参数所传的具体值。需要注意的是，采用这种方式调用函数时，每个参数的参数名都必须写上，不能遗漏，否则系统会提示错误。

（4）可变位置参数。在定义函数时，如果传入的参数个数不定，可以使用可变位置参数，即在参数前面添加*。

 ## 业务场景3-9　银行账户管理

假设某公司的存款分别存在中国工商银行、中国建设银行和中国农业银行。

代码实现

【In】	`# 用可变位置参数传参`
	`def account(*accounts):`
	`    for account in accounts:`
	`        print(account)`
	`account('银行存款－工行','银行存款－建行','银行存款－农行')`

【Out】	`银行存款－工行`
	`银行存款－建行`
	`银行存款－农行`

（5）可变关键字参数。可变位置参数虽可提供任意数量的参数，但参数是以元组形式存在。如果需要提供任意数量的键值对类型参数，可在形式参数名前面加两个星号，即"**形参名"，使其变为可变关键字参数。

动手实操

【In】	`# 用可变关键字参数传参`
	`def account(**accounts):`
	`    for key, value in accounts.items():`
	`        print(key+':'+value)`
	`account(账户1 = '银行存款－工行', 账户2 = '银行存款－建行', 账户3 = '银行存款－农行')`

【Out】	`账户1：银行存款－工行`
	`账户2：银行存款－建行`
	`账户3：银行存款－农行`

 小贴士

Python采用不同方式传参时，位置参数必须放在关键字参数之前，关键字参数必须放在带一个星号"*"的可变位置参数之前，带一个星号的可变位置参数必须放在带两个星号"**"的可变关键字参数之前。

3. 函数返回值

函数返回值是指通过return语句传递给调用者的值。当函数没有return语句时，即没有给出要返回的值时，Python会返回值None。None是程序中的特殊类型数据，代表"无"。

动手实操

```
【In】    # 定义没有形式参数和 return 语句的函数
          def data():
              print(10000)
```

该函数的功能是在控制台输出数字10 000，该函数只完成相应的输出操作，并没有返回值。

动手实操

```
【In】    # 定义没有形式参数但有 return 语句的函数
          def data():
              return
```

该函数虽然有return语句，但没有形式参数和返回值。

动手实操

```
【In】    # 定义有形式参数和 return 语句的函数
          def func(principal, rate, time):
              amount = principal * (1 + rate)**time
              return amount
          round(func(10000,0.05,5),2)
```
```
【Out】   12762.82
```

该函数的功能是计算本金principal为10 000、年利率rate为5%、贷款期限time为5的复利金额amount，并利用return语句返回。执行return语句意味着终止程序。

4. 变量的作用域

Python的变量按照作用域的不同，可分为全局变量和局部变量。全局变量在整个Python文件中声明，全局范围内可以使用；局部变量在某个函数内部声明，只能在函数内部使用。

（1）局部变量。在函数内部定义的变量是局部变量，如果超出使用范围（函数外部），则程序会报错，下面沿用【业务场景3-8】的数据计算还款额。

动手实操

```
【In】    # 局部变量只能内部调用
          def func(principal, rate):
              time=5
              amount = principal * (1 + rate)**time
              print(amount)
          round(func(10000,0.05),2)
          e=10*time
          print(e)
```
```
【Out】   ------------------------------------------------
          ---
          NameError                        Traceback (most recent call last)
          Cell In[4], line 7
              5     return amount
              6 round(func(10000,0.05),2)
          ----> 7 e=10*time
              8 print(e)

          NameError: name 'time' is not defined
          ------------------------------------------------
```

程序运行后，系统报错"time找不到"。这是因为func()函数定义的time是局部变量，在自定义函数func()内部可以使用，但是离开func()后就不能被使用。所以，运行到第7行"e = 10*time"时，程序会报错。

 小贴士

如果局部变量要作用于全局，可以在函数体内使用global进行修改。

动手实操

```
【In】    # 用global在函数内部声明全局变量
         def func(principal, rate):
             global time
             time=5
             amount = principal * (1 + rate)**time
             print(amount)
         func(10000,0.05)
         e=10*time
         print(e)
【Out】   12762.815625000003
         50
```

（2）全局变量。在函数外部定义的变量是全局变量，可以被程序中的所有语句调用。

动手实操

```
【In】    # 函数外部定义全局变量
         def func(principal, rate):
             amount = principal * (1 + rate)**time
             print(amount)
         func(10000,0.05)
         time=5
         e=10*time
         print(e)
【Out】   12762.815625000003
         50
```

程序中的time是全局变量，因此在任何位置都可以使用。在func()函数中，也可以使用变量time来计算amount。

 小贴士

在实际工作中，有大量需要重复进行的工作，比如财务指标的计算、个人所得税的计算等；也有很多需要重复执行的操作，比如批量读取文件、批量修改格式等。这些都可以通过内置函数和自定义函数的灵活组合实现，从而提高代码编写效率和数据处理与分析效率。

任务四　利用模块封装，提升代码灵活性

在程序中定义一个函数后，就可以多次调用该函数，无须重复编写实现同一功能的代码。如果

需要在不同程序中使用这个函数，可以使用模块实现。一个模块里可以包含多个函数，还可以包含类、语句等。导入模块，就可以访问模块里的函数、变量等。

Python中的模块分为内置模块、自定义模块和第三方模块3种，如表3-7所示。

微课 3-5

利用模块封装，提升代码灵活性

表3-7 　　　　　　　　　　Python模块分类及描述

模块分类	描述
内置模块	Python自带标准库中的模块，可以直接导入并使用
自定义模块	用户自己编写的模块，可以用作其他人的第三方模块
第三方模块	Python的开源库，是由来自世界各地的开发者贡献的模块，使用前需先安装并导入

一、导入模块

使用模块前须先将其导入系统，其原理是在指定范围内搜索对应的Python文件或者包，并执行语句获取其中的函数和方法。Python中提供了两种导入方式，分别是使用import导入和使用from...import...导入。

1. 使用import导入

可以直接使用import导入模块。其语法格式如下。

```
import 模块名
```

如果导入的模块的名称较长，为方便后续引用模块中的函数和方法，可以用as为模块指定一个别名，语法格式如下。

```
import 模块名 as 别名
```

动手实操

```
【In】    # 导入需要使用的模块
         import random              # 导入 random 模块
         import random as rd        # 导入 random 模块，并为其指定一个别名为 rd
```

2. 使用from...import...导入

可以只导入模块中需要调用的函数和方法，语法格式如下。

```
from 模块名 import 方法
```

同样，也可以为模块或模块中的方法指定别名，语法格式如下。

```
from 模块名 import 方法 as 别名
```

使用import和from...import...都可以导入模块，二者的区别在于：使用前者导入模块，调用模块中的方法时须添加前缀"模块名."；而使用后者导入模块，调用模块中的方法时无须添加模块名。

动手实操

```
【In】    # 从模块中导入方法
         from random import random      # 导入 random 模块中的 random 方法
         from random import random as rd # 导入 random 模块中的 random 方法，并指定别名为 rd
```

二、内置模块

Python提供了丰富的内置模块，无须安装即可直接使用。常用的内置模块有random模块、datetime模块等。

1. random模块

random模块是用于生成随机数的内置模块。random模块中的主要函数如表3-8所示。

表3-8　　　　　　　　　　　　　random模块中的主要函数

函数名	描述
random()	生成一个0～1的随机浮点数
randint(a, b)	返回a～b的整数
randrange(start, end, step)	类似于range()函数，返回区间内的整数
choice(seq)	从序列seq中随机读取一个元素

动手实操

```
【In】    # 使用random()函数生成0～1的随机数
         import random as rd
         rd.random()
```

```
【Out】   0.8540180940961173
```

random()是Python中最常见的随机函数，无须传入参数。

动手实操

```
【In】    # 使用randint(a, b)函数生成随机整数
         import random as rd
         rd.randint(1, 8)      # 生成1～8的随机整数
```

```
【Out】   7
```

2. datetime模块

datetime模块是Python中对日期和时间进行处理的模块。datetime模块中常用的函数如表3-9所示。

表3-9　　　　　　　　　　　　　datetime模块中常用的函数

函数名	描述
now()	获取当前的日期和时间
date()	获取指定日期和时间
today()	获取当前日期
strptime()	按指定时间格式将字符串格式化为时间数据
strftime()	将给定的时间数据格式化为字符串

动手实操

```
【In】    # 使用now()函数获取当前的日期和时间
         import datetime as dt
         print(dt.datetime.now())
```

```
【Out】   2023-11-13 21:11:44.402629
```

strptime()函数的作用是给定一个时间格式的字符串，返回一个时间数据。

动手实操

```
【In】    # 使用strptime()函数将字符串格式化为指定时间格式的数据
         import datetime as dt
         print(dt.datetime.strptime('2023/11/13', '%Y/%m/%d'))
```

```
【Out】   2023-11-13 00:00:00
```

strftime()函数可以将时间数据格式化为字符串。

动手实操

```
【In】    # 使用strftime()函数将时间数据格式化为字符串
          import datetime as dt
          dt.datetime.now().strftime('%Y-%m-%d')
```

```
【Out】  '2023-11-13'
```

三、第三方模块

尽管Python内置库和标准库（内置模块）提供了丰富的功能，但总体来说只是基础和通用的功能。Python社区针对数据分析与挖掘、网络爬虫、机器学习等特定领域提供并分享了大量功能强大的第三方模块。使用第三方模块前需要先安装并导入该模块。Python开发与财务应用综合教学平台使用Anaconda集成环境，已经集成了大多数常用的第三方模块，因此在平台中使用已安装模块时只需导入模块。

财务中常用的第三方模块如图3-6所示。接下来对numpy、pandas、matplotlib、pyecharts等模块做简单介绍。

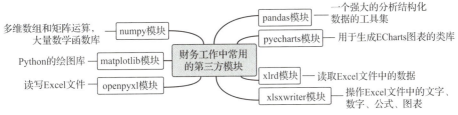

图3-6　财务中常用的第三方模块

1. numpy模块

numpy模块是一个开源的Python扩展库，用于处理数据类型相同的多维数组（简称"数组"），还可以用来存储和处理大型矩阵，比Python提供的列表结构要高效得多。numpy提供了许多高级的数值编程工具，如矩阵运算、矢量处理、N维数据变换等。

（1）模块的导入。使用numpy模块前应先将其导入，语法格式如下。

```
import numpy as np
```

（2）数组。数组是numpy模块处理的基本数据对象，由相同类型的元素组成。创建数组可以使用array()函数。它可以将输入的数据（元组、列表、数组或其他序列的对象）转换成多维数组ndarray，默认直接复制输入的数据，产生一个新的多维数组ndarray。

动手实操

```
【In】    # 创建多维数组
          import numpy as np
          arr1 = np.array([1, 2, 3, 4])                    # 一维数组
          arr2 = np.array([[1, 2, 3, 4],[5, 6, 7, 8]])     # 二维数组
          arr3 = np.random.rand(5)                         # 随机生成一个长度为5的数组
          print('arr1:', arr1)
          print('arr2:\n', arr2)
          print('arr3:', arr3)
```

```
【Out】  arr1: [1 2 3 4]
          arr2:
           [[1 2 3 4]
           [5 6 7 8]]
          arr3: [0.78148899 0.0981454  0.21313267 0.66498646 0.33298201]
```

（3）数组的属性。创建数组后，可以查看数组的属性。numpy数组的基本属性如表3-10所示。

表3-10 numpy数组的基本属性

属性	描述
dtype	数组中元素的数据类型
ndim	数组的维数
shape	数组的尺寸，对于n行m列的矩阵，shape的值为(n, m)
size	数组中元素的个数，即shape中$n \times m$的值

动手实操

```
【In】   # 查看数组属性
        print(arr2.dtype)
        print(arr2.ndim)
        print(arr2.shape)
        print(arr2.size)
【Out】  int32
        2
        (2,4)
        8
```

2. pandas模块

pandas模块是基于numpy模块构建的含有更高级的数据结构和工具的第三方模块。它是一个强大的分析结构化数据的工具集，支持从CSV、JSON、SQL、Excel等文件中导入数据，并对各种数据进行运算或操作，比如合并连接、筛选，以及数据清洗和数据加工等。此外，pandas模块集成了matplotlib模块，可以便捷地进行数据可视化。关于pandas模块的具体介绍将在项目四中展开。

3. matplotlib模块

大数据时代，数据的重要性不言而喻，而数据可视化对挖掘数据的潜在信息具有重要意义。matplotlib模块是一个二维绘图库，包含丰富的数学绘图函数，可以绘制折线图、直方图、散点图、饼图、箱形图、极坐标图等。matplotlib模块还有很多扩展包，如basemap、mplot3d等，可以实现3D绘图功能。关于matplotlib模块的详细介绍将在项目六中展开。

4. pyecharts模块

Python是一门富有表达力的语言，非常适用于数据处理。当数据分析遇上数据可视化时，pyecharts模块便诞生了。pyecharts模块具有很多优势特性，囊括了日历图、漏斗图、仪表图、关系图、雷达图、词云图等常见图表；具有高度灵活的配置项，可轻松搭配出精美的图表；支持地理坐标系、百度地图等地理图表，可以为地理数据可视化提供强有力的支持。关于pyecharts模块的详细介绍将在项目六中展开。

5. 自定义模块

自定义模块是指用户自己编写的模块，它也可以作为其他人的第三方模块。当有一系列函数或者方法需要被反复调用时，用户可以自行创建模块，对程序进行打包，这样可以在使用时直接导入，保证代码更加简洁、高效。

小贴士

Python是一种功能强大的编程语言，其丰富的内置模块和实用的第三方模块为开发人员提供了许多实用的工具，从而大大提高了Python代码的可用性和简洁性。这些模块涵盖了数据处理、网络编程、自动化测试、机器学习等多种功能。例如，os模块提供了与操作系统交互的功能，使开发人员能够执行诸如创建文件、读取目录结构等任务；scikit-learn模块提供了大量的机器学习算法和工具，使得处理机器学习任务变得更加容易。第三方模块为Python开发人员提供了便利的功能扩展，使得Python在各个领域的应用更加广泛。

Python的模块化结构使得代码更加简洁和易于维护。通过将功能分解为独立的模块，开发人员可以更加清晰地组织代码，避免代码冗余和混乱。这不仅提高了代码的可读性，还有助于提高代码的可维护性和可重用性。更多细节可查阅Python官网。

拓展思考

1. 在数字化时代，数据已经成为企业决策的关键要素之一。企业应重视数据的收集、分析和应用，充分发挥数据的价值，提升财务决策与管理的准确性和效果。你认为数据要素的价值主要体现在哪里？请结合具体的财务场景举例说明。

2. 随着人工智能、大数据等新技术的快速发展，财会人员面临着新的机遇和挑战。从历史角度来看，每一次技术的进步都会带来工作的变革。你认为随着ChatGPT等应用的不断创新，财会人员会不会被新技术取代？

3. 在财务管理中，经常需要计算一定金额在特定年利率下的未来价值。假设本金为10 000元，年利率为5%，本金不进行复投。请使用Python内置函数pow编写一个简单的程序，要求输入本金和年利率，可计算并输出该本金一年后的价值。

项目四

利用pandas进行数据处理与分析

 学习目标

【知识目标】

1. 掌握利用DataFrame对表格数据进行增、删、改、查等操作的方法。

2. 掌握利用pandas读写文件、筛选与索引数据、连接与合并数据的方法，以及进行数据透视的方法。

【能力目标】

1. 能够理解DataFrame数据结构在财务数据管理中的意义。

2. 能够利用pandas对财务数据进行处理与分析。

【素养目标】

1. 树立数据伦理和数字责任意识，尊重数据的原始来源，培养敏锐的洞察力。

2. 面对复杂的财务数据和信息，培养批判性思维和综合分析问题的能力。

 项目导读

　　pandas是Python中重要的数据处理模块，可以快速、高效地处理大规模的数据，同时提供了一系列的函数和方法，可以进行数据清洗、数据转换和数据分析，因此，成为财务领域数据处理和分析的必备工具之一。通过对本项目的学习，读者可掌握如何使用pandas的DataFrame数据结构管理和存储数据，如何读写Excel等文件中的数据，并能够根据业务需求进行索引与筛选、连接与合并以及数据透视等操作，进而深入地挖掘数据中的信息，为财务决策提供准确的数据支持。

任务一　利用DataFrame完成对表格数据的基本操作

微课4-1

利用 DataFrame
完成对表格数据
的基本操作

　　在财务分析过程中，通常会涉及表格数据的分析及结论的精准呈现。作为Python的第三方数据处理模块，pandas专为解决数据管理、处理和分析等问题而设计。它能够高效地采集、处理、分析、展示及应用结构化数据，大大提升了财务工作的效率与准确性。

一、导入pandas模块

　　Python使用语句import pandas导入pandas模块。为方便后续调用，一般会为

pandas模块设置一个别名"pd"。

动手实操

```
【In】   import pandas as pd        # 为pandas设置别名"pd"
```

首次成功导入pandas后，后续调用相关函数时，只需在函数名前加上
"pd."即可。pandas包含两种主要的数据结构：一维数据结构Series和二维数据结构DataFrame。其中，DataFrame是财务数据的最佳存储方式，本任务重点讲解DataFrame。

知识拓展4-1

Series 数据结构的创建和基本操作

二、利用DataFrame存储表格数据

DataFrame是pandas中的表格型数据结构，包含一组有序的列，每列可以是不同类型（数值型、字符串型、布尔型等）的数据。DataFrame既有行索引，也有列索引。简单来说，DataFrame相当于Excel表格。DataFrame数据结构如图4-1所示。

	科目代码	科目名称	期初余额	本期发生额
0	1001	库存现金	11394	1000
1	1002	银行存款	259990.2	2000
2	1121	应收票据	54240	3000
3	2204	合同负债	10000	4000
4	2221	应交税费	111055	5000

图4-1　DataFrame数据结构

业务场景4-1　会计科目管理

某企业在进行会计信息系统升级时，利用Python进行数据的迁移，并完成数据的相关校对和验证。系统维护人员借助pandas进行会计科目余额明细表（见图4-1）的存储和相关处理，包括对会计科目明细表的创建、增加、删除、修改、查询等操作。

1. 创建DataFrame，存储数据基本信息

DataFrame可以使用同名函数DataFrame()创建，该函数包含3个参数。

（1）data：数据参数，是一组数据的集合。

（2）columns：列索引，是纵向索引的集合；如果不指定，则默认参数值为从0开始的正整数序列。

（3）index：行索引，是横向索引的集合；如果不指定，则默认参数值为从0开始的正整数序列。

代码实现

```
【In】  # 通过列表创建 DataFrame
       import pandas as pd
```

```
df=pd.DataFrame([['库存现金',11394.0,1000,'借'],
                 ['银行存款',259990.2,2000,'借'],
                 ['应收票据',54240.0,3000,'借'],
                 ['合同负债',10000.0,4000,'贷'],
                 ['应交税费',111055.0,5000,'贷']],
            columns=['科目名称','期初余额','本期发生额','方向'],
            index=['1001','1002','1121','2204','2221'])
df
```

【Out】

	科目名称	期初余额	本期发生额	方向
1001	库存现金	11394.0	1000	借
1002	银行存款	259990.2	2000	借
1121	应收票据	54240.0	3000	借
2204	合同负债	10000.0	4000	贷
2221	应交税费	111055.0	5000	贷

以上表格通过字典创建的话，也可以得到同样的结果。

代码实现

【In】
```
# 通过字典创建 DataFrame
import pandas as pd
df=pd.DataFrame({'科目名称':['库存现金','银行存款','应收票据','合同负债',
'应交税费'],
                 '期初余额':[11394.0,259990.2,54240.0,10000.0,111055.0],
                 '本期发生额':[1000,2000,3000,4000,5000],
                 '方向':['借','借','借','贷','贷']},
            index=['1001','1002','1121','2204','2221'])
df
```

【Out】

	科目名称	期初余额	本期发生额	方向
1001	库存现金	11394.0	1000	借
1002	银行存款	259990.2	2000	借
1121	应收票据	54240.0	0000	借
2204	合同负债	10000.0	4000	贷
2221	应交税费	111055.0	5000	贷

小贴士

通过字典创建的DataFrame数据，字典的键会被当作列索引输出，无须再设置columns参数。行索引没有设置参数，默认从0开始排序。想要修改行索引，可通过index参数设置。

2. DataFrame的基本操作

DataFrame的基本操作主要包括增加、删除、修改、查询等，常见的操作方法如表4-1所示。

表4-1 　　　　　　　　　　　　　DataFrame常见的操作方法

操作方法	描述
df[ ]	访问DataFrame中的值
df[ ]=	增加或修改DataFrame中的值

续表

操作方法	描述
head(i)	查看前 i 行数据
tail(i)	查看后 i 行数据
describe()	描述性统计，查看数据分布情况
del df [ ]	删除 DataFrame 中行或列的值
del df	删除 DataFrame

（1）增加、修改列数据：可以通过指定列名并为其赋值增加列数据，如df['期末余额']=[12394.0,261990.2,57240.0,14000.0,116055.0]，也可以通过四则运算增加列数据。如果需要修改列数据，对该列重新赋值即可。

代码实现

```
【In】    # 通过四则运算在 DataFrame 中增加列数据
          df['期末余额']=df['期初余额']+df['本期发生额']
          df
```

【Out】	科目名称	期初余额	本期发生额	方向	期末余额
1001	库存现金	11394.0	1000	借	12394.0
1002	银行存款	259990.2	2000	借	261990.2
1121	应收票据	54240.0	3000	借	57240.0
2204	合同负债	10000.0	4000	贷	14000.0
2221	应交税费	111055.0	5000	贷	116055.0

（2）增加、修改行数据：通过loc添加行索引，然后对该行数据赋值可增加行数据。如果需要修改行数据，对该行重新赋值即可。

代码实现

```
【In】    # 在 DataFrame 中增加行数据
          df.loc['1122']=['应收账款',135600.0,6000,'借',136200.0]
          df
```

【Out】	科目名称	期初余额	本期发生额	方向	期末余额
1001	库存现金	11394.0	1000	借	12394.0
1002	银行存款	259990.2	2000	借	261990.2
1121	应收票据	54240.0	3000	借	57240.0
2204	合同负债	10000.0	4000	贷	14000.0
2221	应交税费	111055.0	5000	贷	116055.0
1122	应收账款	135600.0	6000	借	136200.0

（3）查看数据：head(i)和tail(i)分别用于查看前 i 行数据和后 i 行数据。

代码实现

```
【In】    # 查看前 3 行数据
          df.head(3)
```

【Out】	科目名称	期初余额	本期发生额	方向	期末余额
1001	库存现金	11394.0	1000	借	12394.0
1002	银行存款	259990.2	2000	借	261990.2
1121	应收票据	54240.0	3000	借	57240.0

（4）描述性统计：describe()函数用于显示数据的均值、中位数、标准差等统计指标，帮助初步了解数据的集中趋势和离散程度。

代码实现

【In】	# 调用 describe() 函数查看数据分布情况
	df.describe()

【Out】		期初余额	本期发生额	期末余额
	count	6.000000	6.000000	6.000000
	mean	97046.533333	3500.000000	99646.533333
	std	94846.296886	1870.828693	94559.512610
	min	10000.000000	1000.000000	12394.000000
	25%	22105.500000	2250.000000	24810.000000
	50%	82647.500000	3500.000000	86647.500000
	75%	129463.750000	4750.000000	131163.750000
	max	259990.200000	6000.000000	261990.200000

（5）删除数据：可以通过drop()函数和del两种方式实现。

代码实现

【In】	# 调用 drop() 函数删除数据
	df.drop('1122')

【Out】		科目名称	期初余额	本期发生额	方向	期末余额
	1001	库存现金	11394.0	1000	借	12394.0
	1002	银行存款	259990.2	2000	借	261990.2
	1121	应收票据	54240.0	3000	借	57240.0
	2204	合同负债	10000.0	4000	贷	14000.0
	2221	应交税费	111055.0	5000	贷	116055.0

小贴士

调用drop()函数删除数据时，默认是删除行，即默认参数axis=0；如果要删除列，则设置axis=1。

调用drop()函数删除数据时，默认返回删除数据后的DataFrame，不修改原数据；如果要修改原数据，需要设置参数inplace=True。

代码实现

【In】	# 使用 del 删除列数据 del df['本期发生额'] df

【Out】		科目名称	期初余额	方向	期末余额
	1001	库存现金	11394.0	借	12394.0
	1002	银行存款	259990.2	借	261990.2
	1121	应收票据	54240.0	借	57240.0
	2204	合同负债	10000.0	贷	14000.0
	2221	应交税费	111055.0	贷	116055.0
	1122	应收账款	135600.0	借	136200.0

小贴士

使用del加变量名索引某列，即可删除该列数据；如果要删除整个DataFrame，直接使用del加变量名即可。删除整个DataFrame之后，再读取数据，程序会报错。举例如下。

【In】 # 删除整个 DataFrame
        del df
        df

【Out】
```
NameError                                   Traceback (most recent call last)
Input In [45], in <cell line: 3>()
      1 # 删除整个DataFrame
      2 del df
----> 3 df

NameError: name 'df' is not defined
```

（6）DataFrame转置：为了在数据处理过程中更充分地利用行、列的关系，可对原数据的行、列进行互换。pandas提供了df.T操作实现DataFrame的数据转置。

代码实现

【In】 # DataFrame 转置
        df.T

【Out】

	1001	1002	1121	2204	2221	1122
科目名称	库存现金	银行存款	应收票据	合同负债	应交税费	应收账款
期初余额	11394.0	259990.2	54240.0	10000.0	111055.0	135600.0
本期发生额	1000	2000	3000	4000	5000	6000
方向	借	借	借	贷	贷	借
期末余额	12394.0	261990.2	57240.0	14000.0	116055.0	136200.0

在Python中，DataFrame是通用的基础数据结构，被广泛应用于许多模块中。它允许用户灵活设置行（index）和列（columns），为数据处理提供了极大的便利。从形式上看，DataFrame与Excel表格相似，其功能却比Excel更加强大。具体来说，DataFrame得益于pandas模块强大的计算、处理能力，可以对数据进行清洗、计算、建模等操作。对于大规模数据的处理和复杂模型的构建，DataFrame的表现优于Excel。这些将在后续的财务应用案例中进一步讲解。

任务二 利用pandas读写文件，从不同数据源中获取数据

在实际应用中，往往需要从已有数据源中读取数据，而pandas模块提供了丰富的函数用于读取不同格式的数据文件，形成DataFrame，便于后续的数据处理与分析。这些函数包括read_csv()、read_excel()、read_sql()等，如表4-2所示。

微课4-2

利用 pandas
读写文件，
从不同数据源
中获取数据

表4-2　　　　　　　　　　　pandas常见的读取与写入函数

数据源	读取函数	写入函数
Excel	read_excel()	to_excel()
CSV	read_csv()	to_csv()
JSON	read_json()	to_json()
HTML	read_html()	to_html()
SQL	read_sql()	to_sql()
Clipboard	read_clipboard()	to_clipboard()
SAS	read_sas()	—
Python Pickle	read_pickle()	to_pickle()
Msgpack	read_msgpack()	to_msgpack()
Stata	read_stata()	to_stata()
HDF5	read_hdf()	to_hdf()

需要注意的是，在使用这些函数时，要确保数据源的正确性和可读性。对于一些特殊的数据格式，可能需要使用特定的函数或参数进行正确的读取。

一、读取Excel文件

利用pandas读取Excel文件的语法格式如下。

```
pd.read_excel(io, sheet_name=0, header=0, names=None, index_col=None,
usecols=None, converters=None )
```

read_excel()函数涉及的参数较多，下面以读取存放在"D:\python"目录中的"4-2 会计科目明细表1.xlsx"[①]文件为例，对常见参数的用法进行介绍。实际操作时，用户可根据自己的文件存放位置，修改代码路径。

1. 参数io

参数io表示读取文件的路径，其中"r"加在字符串前面，是为了防止字符转义。如果文件路径中使用了反斜线"\"，那么字符串最前面要加"r"；如果使用的是斜线"/"，那么字符串最前面不用加"r"。

动手实操

```
【In】    # 使用绝对路径读取文件，需要完整的文件路径
         import pandas as pd
         df=pd.read_excel(r'D:\python\4-2 会计科目明细表1.xlsx')
         df
```

```
【Out】
```

	科目代码	科目名称	期初余额	本期发生额	方向
0	1001	库存现金	11394.0	1000	借
1	1002	银行存款	259990.2	2000	借
2	1121	应收票据	54240.0	3000	借
3	2204	合同负债	10000.0	4000	贷
4	2221	应交税费	111055.0	5000	贷

 小贴士

读取Excel文件之前，须导入pandas模块。当只设置io参数而不设置其他参数时，程序使用默认参数进行输出。数据文件与Python程序存放在同一目录下时，可使用相对路径，直接通过文件名读取。

---

① 本书中需要读取的数据文件均可从配套的教学资源包中获取，以下不再逐一说明。

2. 参数sheet_name

参数sheet_name表示要读取的工作表，有以下两种形式。

（1）sheet_name = 0（系统默认值），即系统直接读取第一个工作表。

（2）sheet_name = '表名'，即系统直接读取指定名称的工作表。如sheet_name = 'Sheet2'，表示系统将读取名为"Sheet2"的工作表。

3. 参数header

参数header表示将哪一行设置为列名，系统默认为0，即将第一行设为列名。如果所需列索引不在Excel表的第一行，则需要更改参数header的值。

动手实操

```
【In】    # 使用相对路径读取文件，将第二个工作表中的第二行作为列索引
         import pandas as pd
         df=pd.read_excel('4-2 会计科目明细表1.xlsx',sheet_name=1,header=1)
         df
```

【Out】

	kmdm	kmmc	qcye	bqfse	fx
0	1001	库存现金	11394.0	1000	借
1	1002	银行存款	259990.2	2000	借
2	1121	应收票据	54240.0	3000	借
3	2204	合同负债	10000.0	4000	贷
4	2221	应交税费	111055.0	5000	贷

💡 **小贴士**

如果将参数header的值设为[0,1]，则表示将前两行设为多重列名。

4. 参数names

参数names表示自定义列名，系统默认为None，即不设置，直接引用导入数据的列名。如果重新定义列名，新列名将替代原表的列名。参数names的长度必须和Excel列的长度一致，否则程序会报错。

动手实操

```
【In】    # 自定义列名
         import pandas as pd
         df=pd.read_excel('4-2 会计科目明细表1.xlsx',names=['Code','Name','Qc',
         'Bq','Cr'])
         df
```

【Out】

	Code	Name	Qc	Bq	Cr
0	1001	库存现金	11394.0	1000	借
1	1002	银行存款	259990.2	2000	借
2	1121	应收票据	54240.0	3000	借
3	2204	合同负债	10000.0	4000	贷
4	2221	应交税费	111055.0	5000	贷

5. 参数index_col

参数index_col表示用作行索引的列，默认不带行索引。index_col = 0，表示将第一列作为行索引。

动手实操

```
【In】    # 将科目代码作为行索引
         import pandas as pd
         df=pd.read_excel('4-2 会计科目明细表1.xlsx',index_col='科目代码')
         df
```

【Out】

科目代码	科目名称	期初余额	本期发生额	方向
1001	库存现金	11394.0	1000	借
1002	银行存款	259990.2	2000	借
1121	应收票据	54240.0	3000	借
2204	合同负债	10000.0	4000	贷
2221	应交税费	111055.0	5000	贷

小贴士

当行索引只有一个时，其值可以设置为整型数值，也可以设置为列名称，如index_col = 0 与index_col ='科目代码'等效。

当行索引有多个时，只能通过整型列表进行设置，比如可以设置index_col =[0,1]，不能设置index_col=['科目代码','科目名称']，否则程序会报错。

6. 参数usecols

参数usecols表示需要读取哪些列，它的值可以是整型，从0开始，如[0,2,3]；也可以是定义的列名，注意两边都要包括在内。参数usecols可以按需求选择特定数据，减少系统资源浪费。

动手实操

```
【In】    # 获取列索引为1和4的数据
         import pandas as pd
         df=pd.read_excel('4-2 会计科目明细表1.xlsx',usecols=[1,4])
         df
```

【Out】

	科目名称	方向
0	库存现金	借
1	银行存款	借
2	应收票据	借
3	合同负债	贷
4	应交税费	贷

7. 参数converters

参数converters可以强制转换指定列的数据类型。如converters ={'科目代码':str}表示将"科目代码"列的数据强制转换为字符串型。

动手实操

【In】
```
# 将整型的科目代码转换为字符串型
import pandas as pd
df=pd.read_excel('4-2 会计科目明细表1.xlsx',converters={'科目代码':str})
df
```

【Out】

	科目代码	科目名称	期初余额	本期发生额	方向
0	1001	库存现金	11394.0	1000	借
1	1002	银行存款	259990.2	2000	借
2	1121	应收票据	54240.0	3000	借
3	2204	合同负债	10000.0	4000	贷
4	2221	应交税费	111055.0	5000	贷

二、写入Excel文件

pandas支持将数据写入单个或多个Excel工作表。写入函数to_excel()和读取函数read_excel()的参数设置比较类似，to_excel()函数写入单个工作表的常用参数如表4-3所示。to_excel()函数的语法规则如下。

```
df.to_excel (excel_writer, sheet_name='Sheet1', index=True)
```

表4-3　　　　　　　　　　to_excel()函数的常用参数

参数	描述	备注
excel_writer	文件储存路径	—
sheet_name	写入的工作表名称	① 默认工作表名称是"Sheet1"； ② sheet_name='表名'，表示将数据写入指定名称的工作表
index	是否显示索引	① index=True，默认值，显示索引； ② index=False，不显示索引

动手实操

【In】
```
# 将生成的 DataFrame 格式数据 df 输出到当前程序目录下的 Excel 文件中
import pandas as pd
data=[['1001','库存现金',11394.0,1000,'借'],
      ['1002','银行存款',259990.2,2000,'借'],
      ['1121','应收票据',54240.0,3000,'借'],
      ['2204','合同负债',10000.0,4000,'贷'],
      ['2221','应交税费',111055.0,5000,'贷']]
df = pd.DataFrame(data,columns=['科目代码','科目名称','期初余额','本期发生额','方向'])                # 创建 DataFrame
df.to_excel('4-2 会计科目明细表2.xlsx')
```

【Out】

	A	B	C	D	E	F
1		科目代码	科目名称	期初余额	本期发生额	方向
2	0	1001	库存现金	11394	1000	借
3	1	1002	银行存款	259990.2	2000	借
4	2	1121	应收票据	54240	3000	借
5	3	2204	合同负债	10000	4000	贷
6	4	2221	应交税费	111055	5000	贷

💡 小贴士

　　写入Excel文件时，输出路径下若不存在指定文件，系统会默认创建一个新文件；如果指定文件存在，则会覆盖该文件；如果原有的文件已经打开，程序会报错。要想将数据正常写入Excel文件，须先将文件关闭。

　　Python读取Excel文件时，需要预先安装xlrd和xlwt模块。Python读写CSV等文件，与读写Excel文件的方法相似。Python读取文件数据后会默认将其存储为DataFrame，便于后续的处理分析。

微课4-3

利用 pandas
筛选与索引，
按需选取数据

任务三　利用pandas筛选与索引，按需选取数据

　　pandas可以读取不同格式的文件，并将这些文件中的数据存储到DataFrame中。实践中，往往只需要使用其中的部分数据进行分析。类似于Excel的数据筛选功能，pandas也支持通过索引的方式选取指定行或列的数据。

一、直接索引

　　下面以"4-2 会计科目明细表1.xlsx"的数据df为例，讲解通过直接索引选取行或列数据的方法。首先从Excel中读入原始数据。

动手实操

```
【In】  import pandas as pd
        df=pd.read_excel('4-2 会计科目明细表1.xlsx')
        df
```

	科目代码	科目名称	期初余额	本期发生额	方向
0	1001	库存现金	11394.0	1000	借
1	1002	银行存款	259990.2	2000	借
2	1121	应收票据	54240.0	3000	借
3	2204	合同负债	10000.0	4000	贷
4	2221	应交税费	111055.0	5000	贷

1. 选取单列数据

可以通过直接索引列名，选取所在列的数据。其语法格式如下。

```
df['列名1']
```

动手实操

```
【In】  # 选取列名为"科目名称"的数据
        df['科目名称']
```

```
【Out】  0    库存现金
        1    银行存款
        2    应收票据
        3    合同负债
        4    应交税费
        Name: 科目名称, dtype: object
```

2. 选取多列数据

选取多列数据时，需要将多个列名用英文格式的逗号"，"隔开，并在内部用方括号标识。其语法格式如下。

```
df[['列名1','列名2']]
```

动手实操

【In】 # 选取列名为"科目代码"和"科目名称"的数据
df[['科目代码','科目名称']]

【Out】

	科目代码	科目名称
0	1001	库存现金
1	1002	银行存款
2	1121	应收票据
3	2204	合同负债
4	2221	应交税费

3. 选取连续行数据

选取连续行数据，需要将两个行索引用英文格式的冒号"："隔开。直接索引同样遵循"左闭右开"原则，其语法格式如下。

```
df[起始行索引:结束行索引]
```

动手实操

【In】 # 选取行索引为1～3的数据
df[1:4]

【Out】

	科目代码	科目名称	期初余额	本期发生额	方向
1	1002	银行存款	259990.2	2000	借
2	1121	应收票据	54240.0	3000	借
3	2204	合同负债	10000.0	4000	贷

二、布尔索引

实际应用中，直接索引往往满足不了对数据进行筛选和过滤的需求，比如选取某列中满足特定条件的行，就需要用到布尔索引。布尔索引是带条件判断的索引。

1. 选取满足单个条件的数据

Python支持直接在括号中写入条件，但条件为字符串时，须添加引号。其语法格式如下。

```
df[df['列名']==条件]
```

动手实操

【In】 # 选取方向为"借"的数据
df[df['方向']=='借']

【Out】

	科目代码	科目名称	期初余额	本期发生额	方向
0	1001	库存现金	11394.0	1000	借
1	1002	银行存款	259990.2	2000	借
2	1121	应收票据	54240.0	3000	借

2. 选取满足多个条件的数据

当需要筛选的条件多于一个时，可用"&"连接多个条件。其语法格式如下。

```
df[(df['列名1']==条件1)&(df['列名2']<=条件2)]
```

动手实操

【In】	# 选取方向为"借"和期初余额小于100000的数据 df[(df['方向']=='借')&(df['期初余额']<100000)]

【Out】

	科目代码	科目名称	期初余额	本期发生额	方向
0	1001	库存现金	11394.0	1000	借
2	1121	应收票据	54240.0	3000	借

> 💡 **小贴士**
>
> ① 有多个条件要判断时，每个条件代码块都要用英文圆括号"()"标识。
>
> ② 有多个条件要连接时，应使用"&"（并且）、"|"（或者）操作符，不可用"and"或"or"代替。
>
> ③ 表示两者相等的时候，应用两个等号"=="。

三、loc和iloc索引器

当直接索引和布尔索引都不能满足数据筛选需求时，需要引入索引器进行数据选取。pandas中有两种索引器：loc索引器和iloc索引器，可以快速定位想选取的行、列数据。

一般情况下，loc是标签索引器，使用的是自定义索引，如果数据中没有自定义索引，则使用原始索引。原始索引，即不设置行标签或列标签，取默认从0开始的序列号。iloc始终使用原始索引。图4-2所示为loc和iloc的常用方法举例。

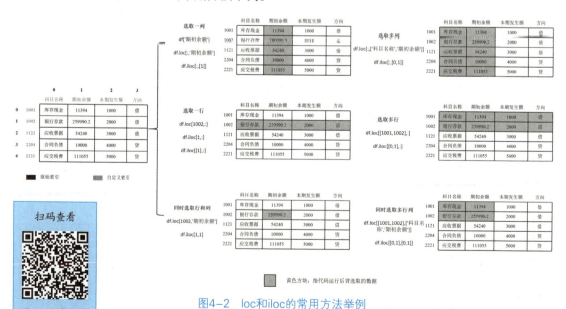

扫码查看

图4-2彩色效果

图4-2 loc和iloc的常用方法举例

1. loc 索引器

仍以"4-2 会计科目明细表1.xlsx"的数据df为例，介绍使用loc索引器选取数据的方法。

（1）选取一行数据的语法格式如下。

```
df.loc['行名']
```

动手实操

【In】	# 选取行名为"1002"的数据
	df=pd.read_excel('4-2 会计科目明细表1.xlsx',index_col=0)
	df.loc[1002]

【Out】	科目名称　　　银行存款 期初余额　　259990.2 本期发生额　　　2000 方向　　　　　　借 Name: 1002, dtype: object

（2）选取行、列组合数据的语法格式如下。

```
df.loc[['行名1','行名2'],['列名1','列名2']]
```

动手实操

【In】	# 选取行名是"1001"和"1002"、列名是"科目名称"和"期初余额"的数据 df.loc[[1001,1002],['科目名称','期初余额']]
【Out】	

科目代码	科目名称	期初余额
1001	库存现金	11394.0
1002	银行存款	259990.2

小贴士

① 单行、单列进行组合时，行、列之间须用英文格式的逗号","分隔。

② 多行或多列组合时，须用方括号"[]"标识，即参数为多行组成的列表或多列组成的列表。

（3）通过列名选取满足一定条件的行，其语法格式如下。

```
df.loc[df['列名']>条件]
```

动手实操

【In】	# 选取期初余额小于100000的数据 df.loc[df['期初余额']<100000]
【Out】	

科目代码	科目名称	期初余额	本期发生额	方向
1001	库存现金	11394.0	1000	借
1121	应收票据	54240.0	3000	借
2204	合同负债	10000.0	4000	贷

（4）若要选取的行、列比较多且都是连续的，通过前述的行、列组合操作虽然也可以实现，但是比较耗时，且容易出错，可使用更简洁的方式选取并显示符合条件的数据，其语法格式如下。

```
df.loc['行名1':'行名N','列名1':'列名N']
```

如果要选取所有行，行参数用 ":" 表示即可。

动手实操

【In】　# 选取列名从 " 科目名称 " 到 " 本期发生额 " 的所有行数据
　　　　df.loc[:,'科目名称':'本期发生额']

【Out】

科目代码	科目名称	期初余额	本期发生额
1001	库存现金	11394.0	1000
1002	银行存款	259990.2	2000
1121	应收票据	54240.0	3000
2204	合同负债	10000.0	4000
2221	应交税费	111055.0	5000

小贴士

① 行、列参数之间须用英文格式的逗号 "," 分隔。

② 连续行和连续列组合时，用英文格式的冒号 ":" 表示连续。冒号左右两侧代表起始与终止。如果冒号左边为空，默认从第一个行或列开始取值；如果冒号右侧为空，表示取值到最后一个行或列。

③ 使用自定义索引的切片范围为闭区间，即始末数据都包含在内。

2. iloc 索引器

iloc 索引器是按位置选取数据，只接收整型数值，即使用默认索引，用法与 loc 索引器类似。其语法格式如下。

```
df.iloc[起始行:终止行,起始列:终止列]
```

动手实操

【In】　# 获取行索引为 1、2 且列索引为 0、1、2 的数据
　　　　df=pd.read_excel('4-2 会计科目明细表1.xlsx',index_col=0)
　　　　df.iloc[1:3,0:3]

【Out】

科目代码	科目名称	期初余额	本期发生额
1002	银行存款	259990.2	2000
1121	应收票据	54240.0	3000

通过前面的学习，我们可以看到默认索引和自定义索引同时存在。本例虽然已设置自定义索引，但使用 iloc 索引器时，还可以使用默认索引。因默认索引的切片范围为 "左闭右开"，本例的行参数是 1:3，表示取到的是行索引为 1、2 的数据；列参数是 0:3，表示取到的是列索引为 0、1、2 的数据。具体内容如图 4-3 所示。

	0	1	2	3
	科目名称	期初余额	本期发生额	方向
0	1001	库存现金	11394	1000	借
1	1002	银行存款	259990.2	2000	借
2	1121	应收票据	54240	3000	借
3	2204	合同负债	10000	4000	贷
4	2221	应交税费	111055	5000	贷

图4-3　iloc索引器应用示例

通过直接索引、布尔索引和索引器3种方式，分析人员可以从海量数据中选取所需的数据，将更多的时间用于数据内在价值的挖掘。

任务四　利用数据连接与合并，整合业财税数据

微课 4-4

利用数据连接与合并，整合业财税数据

在日常业务处理过程中，财务人员可能需要从不同的信息系统（如ERP和客户关系管理系统等）导出数据，或者对不同销售门店的数据进行汇总等，这些往往需要按照特定规则，进行数据的合并和连接，以便做进一步的数据分析。pandas提供了merge()函数和concat()函数分别实现数据的连接与合并操作。

一、数据连接

merge()函数可以根据公共列，将两个或多个DataFrame对象的数据连接在一起，连接示例如图4-4所示。

表1 客户信息

客户编码	客户名称	客户类别
1001	A	重点客户
1002	B	一般客户
1003	C	重点客户
1004	D	重点客户

表2 销售收入

客户名称	销售收入
A	10 000
B	20 000
C	30 000

表1&表2

客户编码	客户名称	客户类别	销售收入
1001	A	重点客户	10 000
1002	B	一般客户	20 000
1003	C	重点客户	30 000

图4-4　merge()函数连接示例

1. 数据的连接方式

在实际应用中，需要连接的两张表格的数据可能存在不完全匹配的情况。例如，表1中的客户包括A、B、C、D，而表2中的客户只有A、B、C。因此，如何连接两张表会直接影响最终的数据结果。merge()函数提供了内连接、外连接、左连接和右连接4种连接方式，可以根据实际的业务需求选择最合适的方式。

（1）内连接。内连接是merge()函数默认的连接方式，会根据两张表公共列的交集进行连接。以图4-5为例，内连接基于两张表中都存在的客户A进行连接操作。

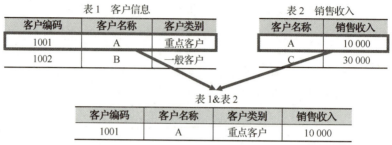

图4-5　内连接示例

（2）外连接。外连接是根据两张表公共列的并集进行连接。以图4-6为例，外连接基于两张表中的所有客户A、B、C进行连接操作。

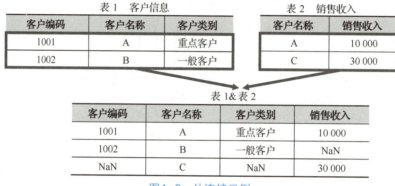

图4-6　外连接示例

（3）左连接。merge()函数连接的两张表分别为左表和右表。左连接是以左表中公共列的值为标准进行连接。以图4-7为例，表1为左表，表2为右表，若选择左连接，则基于表1中的所有客户A、B进行连接。表1中的客户B在表2中找不到对应的销售收入，则以NaN表示。

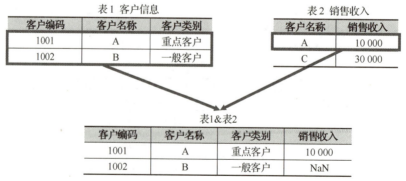

图4-7　左连接示例

（4）右连接。与左连接相反，右连接是以右表中公共列的值为标准进行连接。以图4-8为例，若选择右连接，则基于表2中的所有客户A、C进行连接。表2中的客户C在表1中找不到对应的客户编码和客户类别，则以NaN表示。

表1　客户信息

客户编码	客户名称	客户类别
1001	A	重点客户
1002	B	一般客户

表2　销售收入

客户名称	销售收入
A	10 000
C	30 000

表1&表2

客户编码	客户名称	客户类别	销售收入
1001	A	重点客户	10 000
NaN	C	NaN	30 000

图4-8　右连接示例

2. merge()函数的具体用法

merge()函数支持多种数据连接方式，常用参数如表4-4所示。其语法格式如下。

```
pandas.merge(left,right,how='inner', on=None, left_on=None, right_on=None,
left_index=False, right_index=False, sort=True, suffixes=('_x', '_y'))
```

表4-4　　　　　　　　　　　　　　　　merge()函数常用参数

参数	描述
left和right	表示要进行连接的两个不同的DataFrame
how	表示连接方式，有inner（内连接）、left（左连接）、right（右连接）、outer（外连接）4种，默认为内连接
on	指的是用于连接的列索引名称，必须存在于左、右两个DataFrame中。如果没有指定列索引名称且其他参数也没有指定，则以两个DataFrame列名交集作为连接键
left_on	左侧DataFrame中作为连接键的列名。当左、右列名不同但代表的含义相同时，可以使用该参数
right_on	右侧DataFrame中作为连接键的列名
left_index	使用左侧DataFrame中的行索引作为连接键
right_index	使用右侧DataFrame中的行索引作为连接键
sort	默认为True，对合并的数据进行排序
suffixes	字符串值组成的元组，用于指定当左、右DataFrame存在相同列名时在列名后面附加的后缀名称，默认为('_x', '_y')

业务场景4-2　会计科目合并——左连接

某企业在进行新老系统的会计信息系统数据迁移时，导出了表4-5所示的期初余额表1和表4-6所示的本期发生额表1。现要将表4-5和表4-6连接在一起，以便财务人员做进一步的分析。

表4-5　　　　　　　　　　　　　　　　期初余额表1　　　　　　　　　　　　　　　　单位：元

科目代码	科目名称	期初余额
1001	库存现金	11 394.00
1002	银行存款	259 990.20
1121	应收票据	54 240.00
2204	合同负债	10 000.00

表4-6　　　　　　　　　　　　　　　　　　本期发生额表1　　　　　　　　　　　　　　　　　　单位：元

科目代码	科目名称	本期发生额
1001	库存现金	4 444.00
1002	银行存款	3 333.00
1121	应收票据	2 222.00
2221	应交税费	1 111.00

代码实现

```
【In】    # 将期初余额表1与本期发生额表1根据"科目代码"和"科目名称"进行左连接
         import pandas as pd                        # 导入pandas模块
         # 分别读取期初余额表1和本期发生额表1
         df1 = pd.read_excel('4-4 期初余额表1.xlsx', converters = {'科目代码':str})
         df2 = pd.read_excel('4-4 本期发生额表1.xlsx', converters = {'科目代码':str})
         # 将两张表连接在一起
         df3 = pd.merge(df1, df2, how = 'left', on = ['科目代码','科目名称'])
         # 查看连接后的DataFrame
         df3
```

```
【Out】
        科目代码   科目名称    期初余额    本期发生额
    0    1001   库存现金    11394.0    4444.0
    1    1002   银行存款   259990.2    3333.0
    2    1121   应收票据    54240.0    2222.0
    3    2204   合同负债    10000.0      NaN
```

 业务场景4-3　会计科目合并——外连接

　　某企业在进行会计信息系统升级时，导出了表4-7所示的期初余额表2和表4-8所示的本期发生额表2。现要将两张表连接在一起，但两张表存在命名不一致的情况。

表4-7　　　　　　　　　　　　　　　　　　期初余额表2　　　　　　　　　　　　　　　　　　单位：元

科目代码	科目名称	期初余额
1101	短期投资	15 000.00
1131	应收股利	30 000.00
1601	固定资产	500 000.00
2001	短期借款	300 000.00

表4-8　　　　　　　　　　　　　　　　　　本期发生额表2　　　　　　　　　　　　　　　　　　单位：元

名称	本期发生额
应收利息	7 986.00
应收股利	12 000.00
短期投资	200 000.00
固定资产	580 000.00

　　可以看出，表4-7所示的"科目名称"和表4-8所示的"名称"实际含义相同，因此，可以使用merge()函数中的参数left_on和right_on将两张表中含义相同的列作为连接键。

代码实现

```
【In】    # 以期初余额表 2 的"科目名称"与本期发生额表 2 的"名称"为连接键进行外连接
          import pandas as pd
          # 分别读取期初余额表 2 和本期发生额表 2
          df1 = pd.read_excel('4-4  期初余额表2.xlsx', converters = {'科目代码':str})
          df2 = pd.read_excel('4-4  本期发生额表2.xlsx')
          # 将两张表连接在一起
          df3 = pd.merge(df1, df2, how = 'outer', left_on='科目名称', right_
          on='名称')
          # 查看连接后的 DataFrame
          df3
```

	科目代码	科目名称	期初余额	名称	本期发生额
0	1101	短期投资	15000.0	短期投资	200000.0
1	1131	应收股利	30000.0	应收股利	12000.0
2	1601	固定资产	500000.0	固定资产	580000.0
3	2001	短期借款	300000.0	NaN	NaN
4	NaN	NaN	NaN	应收利息	7986.0

二、数据合并

利用merge()函数可以根据连接键横向连接两张不同的表，但如果遇到需要将不同门店的营业数据合并的情况，也就是将多张结构相同但内容不同的表格进行纵向合并，该怎么办呢？pandas提供了concat()函数，用于实现表格的简单拼接。

1. 数据合并方式

根据轴向不同，concat()函数有上下合并和左右合并两种不同的合并方式。

（1）上下合并。上下合并是concat()函数默认的合并方式，可以将多张表以纵向拼接方式合并在一起。以图4-9为例，使用此种合并方式，表1和表2按顺序纵向拼接在一起，各自表中没有的数据均以NaN表示。

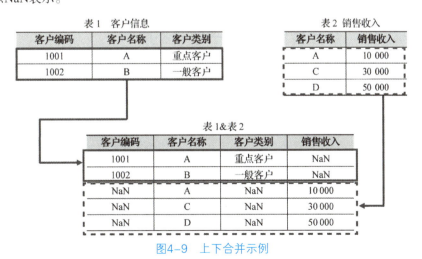

图4-9　上下合并示例

（2）左右合并。左右合并是将多张表以横向拼接方式合并在一起。以图4-10为例，使用此种合并方式，表1和表2按顺序横向拼接在一起，各自表中没有的数据均以NaN表示。与merge()函数根据连接键进行连接不同，concat()函数的左右合并只是简单地将表1和表2拼接在一起，所以拼接后的表会出现既有客户B的信息，又有客户C的销售收入这样的情况。

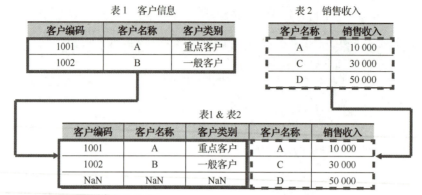

图4-10　左右合并示例

2. concat()函数的具体用法

concat()函数支持多种数据合并方式，常用参数如表4-9所示。其语法格式如下。

```
pandas.concat(objs, axis=0,join='outer',join_axes=None, ignore_index=False,
keys=None,levels=None,names=None,verify_integrity=False,sort=True,copy=True)
```

表4-9　　　　　　　　　　　　　　　concat()函数的常用参数

参数	描述
objs	连接对象，如[df1, df2,...]
axis	轴向，0代表上下合并（纵向拼接），1代表左右合并（横向拼接），默认值为0
join	连接方式，分inner（内连接）、outer（外连接）两种，默认为外连接
ignore_index	默认值为False。如果参数值为True，表示清除现有索引并重置索引值
sort	默认值为True，将合并的数据进行排序

 业务场景4-4　会计科目合并——上下合并

某企业在进行会计信息系统升级时，导出表4-10和表4-11所示的两张会计科目明细表，使用上下合并方式合并两表。

表4-10　　　　　　　　　　会计科目明细表1　　　　　　　　　　　　单位：元

科目代码	科目名称	期初余额	本期发生额	方向
1221	其他应收款	19 560.00	150 000.00	借
1604	在建工程	300 000.00	20 000.00	借
2501	长期借款	260 000.00	50 000.00	贷

表4-11　　　　　　　　　　会计科目明细表2　　　　　　　　　　　　单位：元

科目代码	科目名称	期初余额	本期发生额	方向
1101	短期投资	15 000.00	180 000.00	借
1131	应收股利	30 000.00	12 000.00	借
1601	固定资产	500 000.00	580 000.00	借
2001	短期借款	300 000.00	30 000.00	贷

代码实现

```
【In】    # 上下合并两张会计科目明细表数据
         # 导入 pandas 模块
         import pandas as pd
         # 分别读取会计科目明细表 1 和会计科目明细表 2
         df1 = pd.read_excel('4-4  会计科目明细表1.xlsx')
         df2 = pd.read_excel('4-4  会计科目明细表2.xlsx')
         # 纵向拼接
         df3 = pd.concat([df1, df2], axis = 0, ignore_index = True, sort = False)
         # 查看合并后的 DataFrame
         df3
```

【Out】

	科目代码	科目名称	期初余额	本期发生额	方向
0	1221	其他应收款	19560	150000	借
1	1604	在建工程	300000	20000	借
2	2501	长期借款	260000	50000	贷
3	1101	短期投资	15000	180000	借
4	1131	应收股利	30000	12000	借
5	1601	固定资产	500000	580000	借
6	2001	短期借款	300000	30000	贷

 小贴士

　　merge()函数只能以横向方式连接两张表,而concat()函数可以采用横向或纵向方式合并多张表。

业务总结

　　实际业务中,数据来源往往不同,导致数据格式、数据描述、数据类型不一致。财务人员需要根据数据分析目标的要求,灵活利用数据索引、数据连接与合并等方式,完成数据的提取、聚合和清洗等工作,为下一步的数据分析和价值挖掘做准备。

任务五　利用数据透视,挖掘数据价值

微课4-5

利用数据透视,
挖掘数据价值

　　数据透视表是进行多维数据分析的工具,可以快速处理、汇总大量的数据,是财务人员在日常数据分析中必不可少的利器。比如,现有一张门店销售收入表,其中包括100家门店一个月中每天的销售明细数据。要想知道每个门店一个月中每天的销售收入合计,可以使用数据透视功能迅速得到结果,效果如图4-11所示。

　　pandas提供了数据透视函数pivot_table(),可以快速对数据进行多维度分析。不同的是,Excel中只需要通过拖曳即可生成数据透视表,而使用pivot_table()函数需要指定行、列、值、值计算类型等,但pivot_table()函数可以生成更灵活的数据透视表。pivot_table()函数的常用参数如表4-12所示。其语法格式如下。

```
pd.pivot_table(dataframe, index=None, columns=None, values=None, aggfunc=
'mean', fill_value=None, margins=False, dropna=True, margins_name='All',
observed=False)
```

门店	日期	产品	……	收入
1 号店	8-1	A	……	100
1 号店	8-1	B	……	200
1 号店	8-1	A	……	50
……	……	……	……	……
1 号店	8-2	C	……	40
1 号店	8-2	F	……	80
……	……	……	……	……
2 号店	8-1	D	……	120
2 号店	8-1	C	……	80
……	……	……	……	……
2 号店	8-2	B	……	12
3 号店	8-1	A	……	300
……	……	……	……	……

门店	日期	收入
1 号店	8-1	8 000
……	8-2	12 000
……	8-3	8 000
……	……	……
2 号店	8-1	16 000
……	8-3	20 000
……	……	……
3 号店	8-1	30 000
……	……	……
……	……	……

图4-11   数据透视表示例效果

表4-12   pivot_table()函数的常用参数

参数	描述	示例
dataframe	要进行数据透视的表	df1
index	数据透视表的行	index = ['门店']
columns	数据透视表的列	columns = ['日期']
values	数据透视表的值	values = ['收入']
aggfunc	值计算方式，默认值是 "mean"	aggfunc = 'sum'
fill_value	默认值是None，表示不填充NaN	fill_value = 0表示用0填充NaN
margins	默认值是False，表示不汇总	margins = True表示汇总
margins_name	汇总栏命名	margins_name = '合计'

 业务场景4-5　管理费用透视分析

某企业8月份各部门提供的管理费用（部分）数据如表4-13所示。请使用pivot_table()函数分析该企业不同科目的支出情况。

表4-13   某企业8月份各部门管理费用（部分）明细表   单位：元

部门	科目	费用
行政部门	基本工资	80 000
	奖金	20 000
	津贴	5 000
	退休金	5 000

续表

部门	科目	费用
研发部门	基本工资	125 000
	奖金	33 000
	津贴	10 000
	加班工资	25 400
销售部门	基本工资	70 000
	奖金	60 000
	津贴	10 000

代码实现

【In】
```
# 使用 pivot_table() 函数分析数据
# 导入 pandas
import pandas as pd
df = pd.read_excel('4-5 某企业 8 月份各部门管理费用（部分）明细表 .xlsx')
# 使用 pivot_table() 函数获取各部门 8 月份管理费用支出
df_pivot = pd.pivot_table(df, index = '部门', values = '费用', aggfunc = 'sum')
# 查看数据透视表
df_pivot
```

【Out】

	费用
部门	
研发部门	193400
行政部门	110000
销售部门	140000

下面通过修改参数调整数据透视表。

（1）columns参数。如果想要了解不同部门不同科目的管理费用支出情况，可以使用columns参数。

【In】
```
# pivot_table() 函数中 columns 参数的应用
# 在上面 pivot_table() 函数的基础上，补充 " 科目 " 列
df_pivot = pd.pivot_table(df, index = '部门', columns = '科目', values = '费用', aggfunc = 'sum')
# 查看数据透视表
df_pivot
```

【Out】

科目	加班工资	基本工资	奖金	津贴	退休金
部门					
研发部门	25400.0	125000.0	33000.0	10000.0	NaN
行政部门	NaN	80000.0	20000.0	5000.0	5000.0
销售部门	NaN	70000.0	60000.0	10000.0	NaN

（2）fill_value参数。在上一步的运行结果中，有部分数据是NaN。如果想移除它们，可以使用fill_value参数将其填充为0。

【In】
```
# pivot_table() 函数中 fill_value 参数的应用
# 在上一步 pivot_table() 函数的基础上，将 NaN 填充为 0
df_pivot = pd.pivot_table(df, index = '部门', columns = '科目', values = '费用', aggfunc = 'sum', fill_value = 0)
# 查看数据透视表
df_pivot
```

【Out】

科目 部门	加班工资	基本工资	奖金	津贴	退休金
研发部门	25400	125000	33000	10000	0
行政部门	0	80000	20000	5000	5000
销售部门	0	70000	60000	10000	0

（3）margins参数和margins_name参数。如果要查看合计数据，可以使用margins和margins_name参数。这时，可将margins参数的值设置为True，并将margins_name参数的值设置为"合计"。

【In】
```
# pivot_table() 函数中 margins 和 margins_name 参数的应用
# 在上一步 pivot_table() 函数的基础上，补充 "合计" 栏
df_pivot = pd.pivot_table(df, index = '部门', columns = '科目', values = '费用', aggfunc = 'sum', fill_value = 0, margins = True, margins_name = '合计')
# 查看数据透视表
df_pivot
```

【Out】

科目 部门	加班工资	基本工资	奖金	津贴	退休金	合计
研发部门	25400	125000	33000	10000	0	193400
行政部门	0	80000	20000	5000	5000	110000
销售部门	0	70000	60000	10000	0	140000
合计	25400	275000	113000	25000	5000	443400

 小贴士

使用数据透视函数pivot_table()时，既可以调用pandas，用pandas.pivot_table(dataframe, index=None, ...)进行数据透视，也可以直接用dataframe.pivot_table (index=None, ...)进行数据透视，二者实现的效果是一样的。

业务总结

pandas模块中内置了大量函数及数据模型，提供了高效操作大型数据集所需的工具。本项目只介绍了pandas基础的数据结构和应用，除了DataFrame数据结构，还有Panel等数据结构，更多拓展应用可以查看pandas官方文档。熟练掌握pandas，有助于读者更好地完成后续的数据分析任务，满足财务人员不同场景的应用需求。

拓展思考

1. 在数据分析的"海洋"中，pandas无疑是一把利器，可以从原始数据中提取出有用的信息，从而帮助我们更好地理解和洞察财务指标的特征、趋势和关联。请结合财务场景，说明如何利用pandas的数据分析功能，为财务决策提供更有力的支持。

2. 在数字经济的浪潮下，数据安全的重要性日益凸显，提升个人的数据安全意识势在必行。请分别从国家、企业和个人角度，举例说明数据安全的重要性，以及应该如何提升数据安全意识，防范数据安全风险。

3. 假设你是一家小微企业的会计人员，需要记录企业在一周内每天的收入情况。请使用Python的pandas模块创建一个DataFrame，其中包含两列，分别用来存储日期（Date）和收入金额（Income）信息。假设2024年8月1日到8月7日每天的收入金额分别为1 000元、1 200元、1 500元、1 300元、1 400元、1 600元和1 700元。请编写一个Python程序，要求向DataFrame中添加一周内每天的收入记录，输出完整的DataFrame，并显示每天的日期和对应的收入金额。

应
用
篇

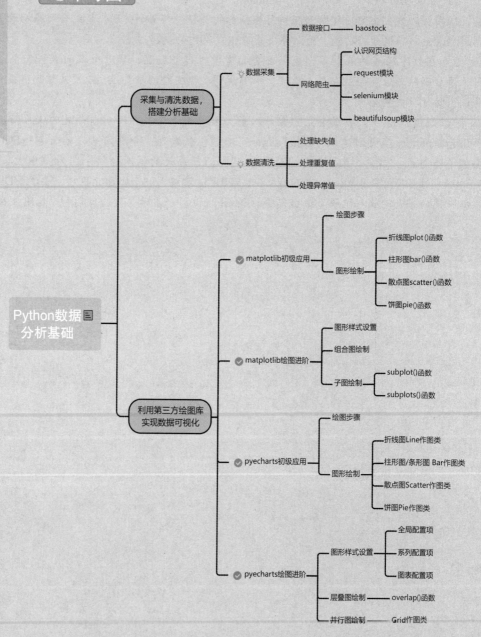

- Python数据 分析基础
  - 采集与清洗数据，搭建分析基础
    - 数据采集
      - 数据接口 —— baostock
      - 网络爬虫
        - 认识网页结构
        - request模块
        - selenium模块
        - beautifulsoup模块
    - 数据清洗
      - 处理缺失值
      - 处理重复值
      - 处理异常值
  - 利用第三方绘图库 实现数据可视化
    - matplotlib初级应用
      - 绘图步骤
      - 图形绘制
        - 折线图plot()函数
        - 柱形图bar()函数
        - 散点图scatter()函数
        - 饼图pie()函数
    - matplotlib绘图进阶
      - 图形样式设置
      - 组合图绘制
      - 子图绘制
        - subplot()函数
        - subplots()函数
    - pyecharts初级应用
      - 绘图步骤
      - 图形绘制
        - 折线图Line作图类
        - 柱形图/条形图 Bar作图类
        - 散点图Scatter作图类
        - 饼图Pie作图类
    - pyecharts绘图进阶
      - 图形样式设置
        - 全局配置项
        - 系列配置项
        - 图表配置项
      - 层叠图绘制 —— overlap()函数
      - 并行图绘制 —— Grid作图类

项目五

采集与清洗数据，搭建分析基础

 学习目标

【知识目标】

1. 掌握利用数据接口获取数据的操作方法。

2. 了解网络爬虫的概念，掌握利用网络爬虫爬取静态和动态数据的操作方法。

【能力目标】

1. 能够根据业务需求，利用数据接口、网络爬虫等实现完整的外部数据采集。

2. 能够分析网页结构，实现基于requests等模块的静态网页数据爬取，以及基于selenium等模块的动态网页数据爬取。

3. 能够根据业务需求，对缺失、重复、异常值进行清洗和初步加工。

【素养目标】

1. 提升数字素养，注意保护数据隐私，培养社会公德和职业道德。

2. 通过修改和迭代程序，培养创新思维和批判性思维。

 项目导读

数字经济时代，产生了海量数据。无论是商业决策、科学研究，还是社会治理，都需要对数据进行采集、分析和利用。高质量的数据分析，可以总结数据规律、挖掘数据价值、预测数据趋势，为制定决策提供支持。完整的数据分析过程包括数据的采集、加工、分析和应用等。数据采集是数据生命周期的起点，在这一过程中，采集人员不仅要关注数据的质量，如数据的真实性、准确性、完整性和时效性等，还必须严格遵守相关法律法规，尊重知识产权，避免侵犯他人的合法权益。在实际业务中，采集到的数据往往存在缺失、重复、错误等情况，需要通过清洗、加工等方式进行处理。通过对本项目的学习，读者将了解利用Python采集数据的不同方法，以及清洗数据的常用途径，为数据统计和数据挖掘等准备高质量的数据"原料"。

任务一　采集数据，获取分析"原料"

数字经济时代，获取数据是进行数据分析、机器学习的基础。数据采集一般有3种途径，即数据库、数据接口和网络爬虫。通过数据库获取数据受限较大，要有数据库访问权限才行，基于数据安全考量，一般人员很难拥有数据库访问权限。因此，本任务重点介绍通过数据接口和网络爬虫获取数据。

一、数据接口

微课 5-1

用数据接口
采集数据

在数据科学领域，数据接口特指"数据平台或其他数据提供方面向数据需求方提供的获取数据的规范与方法"。数据接口通常对数据的格式、标准、规则等进行了统一规定，提高了数据的可读性、可访问性和可维护性，同时保证了数据的质量和准确性。数据用户须在保护数据隐私、尊重知识产权、遵守法律法规的前提下，获取数据平台或其他数据提供方提供的指定数据。

日常生活中，数据接口应用广泛。以常见的天气查询为例，通过百度或专门的天气查询App获取天气信息，这些数据并非百度或App自身采集，而是通过与各气象网站的数据接口对接，实时或定时获取最新天气数据。同样，使用支付宝等App查看网购商品的物流动态，也是通过与各大物流企业的数据接口对接，实时或定时获取最新的物流信息。开源的数据接口提供了获取数据的方法，为用户使用数据提供了便利。

下面以证券宝数据平台http://baostock.com为例，介绍如何通过数据接口获取数据。证券宝是一个免费、开源的证券数据平台，支持通过Python应用程序接口（Application Program Interface，API）获取证券数据信息。从证券宝数据平台获取的数据是DataFrame格式的，可以直接用于数据分析和可视化。目前该平台只支持Python 3.5及以上版本（暂不支持Python 2.x），首次使用时，需要通过"pip install baostock"命令进行安装。

（1）通过数据接口获取数据，须先了解接口的规则。

证券宝提供了季频盈利能力query_profit_ data()、季频营运能力query_operation_data()、季频成长能力query_growth_data()、季频偿债能力query_balance_data()、季频现金流量query_cash_flow_data()、季频杜邦指数query_dupont_data()等接口查询企业的季频财务数据信息。若要获取上市公司的季频盈利能力信息，可以点击页面左侧的"季频盈利能力"链接，获取query_profit_data()接口的相关说明，以及系统提供的Python示范代码，如图5-1所示。更多细节可查阅证券宝官方网站。

图5-1 证券宝季频盈利能力数据接口

（2）使用网站提供的示范代码，了解数据接口的运行情况。

动手实操

【In】
```
# 利用query_profit_data()接口获取季频盈利能力数据
import baostock as bs
import pandas as pd
# 登录系统
lg = bs.login()
# 查看季频盈利能力数据
profit_list = []
rs_profit = bs.query_profit_data(code='sh.600000', year=2017, quarter=2)
while (rs_profit.error_code == '0') & rs_profit.next():
    profit_list.append(rs_profit.get_row_data())
result_profit = pd.DataFrame(profit_list, columns=rs_profit.fields)
# 以DataFrame格式输出数据
result_profit
```

【Out】

	code	pubDate	statDate	roeAvg	npMargin	gpMargin	netProfit	epsTTM	MBRevenue	totalShare	liqaShare
0	sh.600000	2017-08-30	2017-06-30	0.074617	0.342179		28522000000.000000	1.939029	83354000000.000000	28103763899.00	28103763899.00

根据运行结果，我们可以看到股票代码为sh.600000的上市公司的部分数据，通过query_profit_data()接口返回给用户。通过DataFrame可以清晰地看到，数据接口返回的是股票代码为sh.600000的上市公司在2017年第二季度的季频盈利能力数据。如果用户要了解返回结果中英文索引的含义，可参考表5-1所示的参数描述及算法说明。

表5-1　　　　query_profit_data()参数描述及算法说明

参数名称	参数描述	算法说明
code	证券代码	
pubDate	公司发布财报的日期	
statDate	财报统计季度的最后一天，比如2024-03-31、2024-06-30	
roeAvg	净资产收益率（平均）	归属母公司股东净利润/[(期初归属母公司股东的权益+期末归属母公司股东的权益)/2]×100%
npMargin	销售净利率	净利润/营业收入×100%
gpMargin	销售毛利率	毛利/营业收入×100%=（营业收入-营业成本）/营业收入×100%
netProfit	净利润	
epsTTM	每股收益	归属母公司股东净利润/最新总股本
MBRevenue	主营业务收入	
totalShare	总股本	
liqaShare	流通股本	

（3）修改代码，按需获取其他数据。

为了获取不同上市公司不同时期的季频盈利能力数据，可以调整代码中的可变参数，如表5-2所示。

表5-2   query_profit_data()的可变参数

参数名称	参数描述	算法说明
code	股票代码	sh.或sz.与6位数字的组合，如sh.601398。sh表示上海，sz表示深圳。此参数不可为空
year	统计年份	为空时默认当年
quarter	统计季度	为空时默认当前季度，不为空时只有4个取值：1、2、3、4

动手实操

```
【In】  # 获取不同上市公司不同时期季频盈利能力数据
       import baostock as bs
       import pandas as pd
       # 登录系统
       lg = bs.login()
       # 查看季频盈利能力数据
       profit_list = []
       rs_profit = bs.query_profit_data(code='sz.000651', year=2022, quarter=4)
       while (rs_profit.error_code == '0') & rs_profit.next():
           profit_list.append(rs_profit.get_row_data())
       result_profit = pd.DataFrame(profit_list, columns=rs_profit.fields)
       # 以 DataFrame 格式输出数据
       result_profit
```

【Out】		code	pubDate	statDate	roeAvg	npMargin	gpMargin	netProfit	epsTTM	MBRevenue	totalShare	liqaShare
	0	sz.000651	2023-04-29	2022-12-31	0.244564	0.121761	0.260355	23011344353.110000	4.351777	153165839566.100000	5631405741.00	5592138802.00

通过修改可变参数，我们可以获取股票代码为sz.000651的上市公司在2022年第四季度的季频盈利能力数据。

（4）利用循环，获取更多数据。

动手实操

```
【In】  import baostock as bs
       import pandas as pd
       # 登录系统
       lg = bs.login()
       # 查看季频盈利能力数据
       profit_list = []
       for year in range(2018,2023,1):    # 年度循环，获取 2018—2022 年的财报数据
           for quarter in range(1,5,1):   # 季度循环，获取 4 个季度的财报数据
               rs_profit = bs.query_profit_data(code=' sz.000651 ', year=year,
       quarter=quarter)
               while (rs_profit.error_code == '0') & rs_profit.next():
                   profit_list.append(rs_profit.get_row_data())
                   result_profit = pd.DataFrame(profit_list, columns=rs_profit.fields)
       # 以 DataFrame 格式输出数据
       result_profit
```

【Out】

	code	pubDate	statDate	roeAvg	npMargin	gpMargin	netProfit	epsTTM	MBRevenue	totalShare	liqaShare
0	sz.000651	2018-04-27	2018-03-31	0.081773	0.141718	0.308578	5606575820.020000	3.984331		6015730878.00	5969568329.00
1	sz.000651	2018-08-31	2018-06-30	0.177965	0.141634	0.300265	12885339494.910000	4.281324	78748105914.690000	6015730878.00	5969815772.00
2	sz.000651	2018-10-31	2018-09-30	0.277362	0.142846	0.301534	21241006641.340000	4.664322		6015730878.00	5969815772.00
3	sz.000651	2019-04-29	2018-12-31	0.333959	0.133145	0.302282	26379029817.060000	4.355711	170592428489.170000	6015730878.00	5970717628.00
4	sz.000651	2019-04-30	2019-03-31	0.061378	0.140519	0.305896	5697698075.610000	4.370713		6015730878.00	5970717628.00
5	sz.000651	2019-08-31	2019-06-30	0.149647	0.141995	0.310230	13815709627.410000	4.512632	83333006311.090000	6015730878.00	5969919153.00
6	sz.000651	2019-10-31	2019-09-30	0.230247	0.143304	0.301627	22217667954.770000	4.521786		6015730878.00	5969919153.00
7	sz.000651	2020-04-30	2019-12-31	0.245151	0.125293	0.275815	24827243603.970000	4.105343	156888659016.130000	6015730878.00	5969931253.00
8	sz.000651	2020-04-30	2020-03-31	0.013967	0.077363	0.174892	1577853525.890000	3.421494		6015730878.00	5969931253.00
9	sz.000651	2020-08-31	2020-06-30	0.056864	0.092447	0.211142	6425271805.170000	2.877221	49711854141.050000	6015730878.00	5970130003.00
10	sz.000651	2020-10-31	2020-09-30	0.121818	0.109555	0.233651	13791767655.430000	2.705884		6015730878.00	5970130003.00
11	sz.000651	2021-04-29	2020-12-31	0.196811	0.132457	0.261417	22279242195.270000	3.686187	130427766473.540000	6015730878.00	5969908834.00
12	sz.000651	2021-04-29	2021-03-31	0.030185	0.104026	0.244259	3452575863.410000	3.999513		6015730878.00	5970130003.00
13	sz.000651	2021-08-23	2021-06-30	0.088588	0.104235	0.237373	9490816427.950000	4.200618	70932008662.080000	6015730878.00	5968434103.00
14	sz.000651	2021-10-27	2021-09-30	0.150809	0.113580	0.241321	15689349584.400000	4.009681		6015730878.00	5970279103.00
15	sz.000651	2022-04-30	2021-12-31	0.210780	0.121531	0.242814	22831893632.890000	3.899544	144840537601.900000	5914469040.00	5868891715.00
16	sz.000651	2022-04-30	2022-03-31	0.039836	0.101633	0.236550	3583536065.260000	3.994297		5914469040.00	5870552851.00
17	sz.000651	2022-08-31	2022-06-30	0.115252	0.113700	0.244950	10826791122.610000	4.239331	76345312305.780000	5914469040.00	5870552851.00
18	sz.000651	2022-10-31	2022-09-30	0.183624	0.118268	0.255401	17443170836.760000	4.567790		5631405741.00	5587489552.00
19	sz.000651	2023-04-29	2022-12-31	0.244564	0.121761	0.260355	23011344353.110000	4.351777	153165839566.100000	5631405741.00	5592138802.00

通过嵌套的for...in循环，我们可以获取sz.000651在不同年度、不同季度的季频盈利能力数据。要想获取季频营运能力、季频成长能力等数据，只需将query_profit_data()调整为query_operation_data()、query_growth_data()等接口方法即可。

> **小贴士**
>
> 通过证券宝的query_profit_data()接口，用户可以轻松获取指定上市公司的季频盈利能力数据。使用数据接口获取数据，是一种非常高效的数据获取方式，并且通过数据接口获取的数据是经过提供方整理后的，相对会比较规范、完整，能大大减少后期的数据处理工作。

目前流行的财经数据接口还有Tushare、AKShare等。AKShare接口的具体操作方法可扫描二维码"知识拓展5-1"了解。

知识拓展5-1

使用AKShare接口获取数据

微课5-2

使用网络爬虫获取开放数据

二、网络爬虫

网络爬虫（又称网页蜘蛛、网络机器人）是按照一定规则自动抓取网络数据的一种程序或者脚本。网络爬虫使用特定的算法抓取网页的具体内容，如图像、文字、视频、音频等，其本质是一种自动化技术，可以根据用户指定的URL（Uniform Resource Locator，统一资源定位符）地址，自动获取网页中的信息，并将这些信息保存到本地或者存储在数据库中。

前面了解到，通过数据库、数据接口方式获取数据需要满足一定的条件，当用户既没有数据库访问权限，又没有合适的第三方数据接口时，网络爬虫提供了另一种数据获取方式。

1.　网络爬虫的基本原理

网络爬虫的基本原理是用户（客户端）向服务器发送访问请求，服务器接收到客户端的请求后，验证请求的有效性，然后向客户端发送响应内容，客户端接收并将内容展示出来。

2. 网络爬虫的一般工作流程

网络爬虫有着广泛的应用场景，比如投资者从财经网站上爬取上市公司的交易数据或财务数据，用于投资前的分析；高校就业办从招聘网站爬取某市的招聘数据，用于毕业生就业指导工作；电影发行公司从影视网站爬取电影评分与观众评论数据，用于电影票房分析等。那么网络爬虫是如何获取这些数据的？图5-2所示为网络爬虫的一般工作流程。

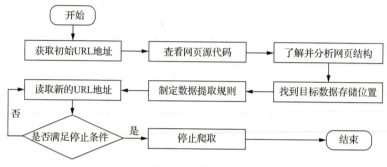

图5-2 网络爬虫的一般工作流程

3. 网络爬虫的技术基础

（1）认识网页结构。浏览器显示的网页是浏览器在解析并经过技术处理后对网页源代码的直观呈现。网页源代码规定了网页呈现的内容和格式。深入分析网页结构，有助于从源代码中精准地定位数据的存储位置，制定数据提取策略，编写高效的网络爬虫代码。

有两种查看网页源代码的方式：一是在浏览器界面单击鼠标右键，从弹出的快捷菜单中选择"查看网页源代码"；二是使用开发者工具进行查看。以Chrome浏览器为例，使用"F12"键打开开发者工具，界面如图5-3所示。浏览器界面的上半部分显示的是网页，下半部分的开发者工具中默认显示的是"元素"选项卡，该选项卡中的内容就是网页源代码。

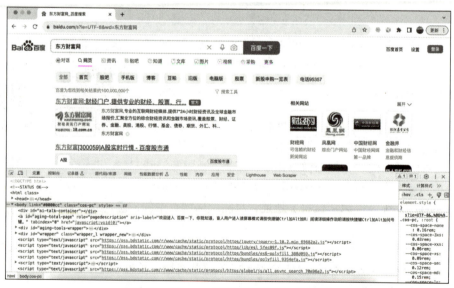

图5-3 Chrome浏览器开发者工具界面

从图5-3展示的网页源代码可以看出，大部分网页元素是由格式类似"<×××>文本内容</×××>"的代码来定义的，这些代码称为HTML标签。常用的HTML标签如表5-3所示。

表5-3   常用的HTML标签

标签类型	描述
<div>标签	用于定义一个区块，表示在网页中划定一个区域来显示指定的内容。区块的宽度和高度分别用参数width和height定义，区块边框的格式（如粗细、线型、颜色等）用参数border定义，这些参数位于style属性下
<ul>标签、<ol>标签、<li>标签	用于定义列表。其中<ul>标签和<ol>标签分别用于定义无序列表和有序列表。<li>标签位于<ul>标签或<ol>标签之下，一个<li>标签代表列表中的一个项目。无序列表中的<li>标签在网页中显示的项目符号默认为小圆点，有序列表中的<li>标签在网页中显示的序号默认为数字序号
<h>标签	用于定义标题，细分为<h1>到<h6>，共6个标签，所定义的标题字号从大到小依次变化
<a>标签	用于定义链接。在网页中点击链接，可以跳转到<a>标签的href属性指定的页面地址
<p>标签	用于定义段落。不设置样式时，一个<p>标签的内容在网页中显示为一行
<span>标签	用于定义行内元素，以便为不同元素设置不同的格式。比如将一部分文本加粗，为另一部分文本添加下画线等
<img>标签	用于显示图片，src属性指定图片的网址，alt属性指定在图片无法正常加载时显示的替换文本

（2）requests模块。Python中提供了第三方模块requests，用于获取网页源代码。它可以模拟浏览器发起网络请求，从而获取网页源代码。同样，首次使用第三方模块requests时，须调用"pip install requests"命令进行安装。

发起网络请求、获取网页源代码，主要使用requests模块中的get()方法，其常用参数如表5-4所示，语法格式如下。

```
import requests
r = requests.get(url, headers, params, timeout, proxies)
```

表5-4   requests模块中get()方法的常用参数

参数	描述
url	拟获取页面的URL
headers	指定以哪种身份发起请求
params	在发送请求时携带动态参数
timeout	设置请求超时的时间
proxies	为网络爬虫程序设置代理IP地址

（3）selenium模块。使用requests模块爬取网页时，主要捕获静态信息。如果要爬取新浪财经上证综合指数页面等动态加载的内容，可以使用Python中的第三方模块selenium。首次使用selenium模块时，须调用"pip install selenium"命令进行安装，并下载和安装与所用浏览器相匹配的驱动程序（详见操作视频5-1）。浏览器驱动程序的作用是模拟浏览器行为，使selenium模块能够执行通过浏览器访问网页的操作，从而捕获完整的网页源代码，包括动态加载的内容。

操作视频5-1
下载和安装浏览器驱动程序

知识拓展5-3
WebDriver官方文档

selenium模块中WebDriver类的常用方法如表5-5所示。其语法格式如下。

```
from selenium import WebDriver
browser = WebDriver.Chrome()
browser.get(url)
data = browser.page_source
print(data)
browser.quit()
```

表5-5　　　　　　　　　　selenium模块中WebDriver类的常用方法

方法	描述
WebDriver.Chrome()	启动Chrome浏览器
get(url)	打开指定URL的页面
forward()	前进
back()	回退
refresh()	刷新
get_screenshot_as_file()	获取截图并保存为文件
close()	关闭当前浏览器窗口
quit()	退出WebDriver并关闭所有窗口
maximise()	最大化窗口
minimise()	最小化窗口

（4）beautifulsoup模块。除了前面介绍的使用requests和selenium模块获取网页源代码的方法外，Python中的第三方模块beautifulsoup（通常被称为bs4），也可以对网页源代码结构进行解析。首次使用bs4模块时，要运行"pip install beautifulsoup4"命令安装该模块。bs4模块提供了一系列标签选择器，用于选择文档中的特定标签，以及获取标签的属性和内容。CSS选择器的一般结构为[tagName][attName][=value]，分别表示元素名称、元素属性、元素属性的值。使用bs4模块中的select()方法获取标签的属性和内容时，常用的CSS选择器如表5-6所示。select()方法的语法格式如下。

```
from bs4 import BeautifulSoup              # 导入模块
file = open('test1.html', encoding = 'utf-8')   # 读取 HTML 文档
soup = BeautifulSoup(file, 'lxml')          # 加载文档内容并进行结构解析
tags = soup.select('h2')                    # 通过 CSS 选择器定位标签
print(tags.get_text())                      # 从标签中提取文本内容
print(tags.get('href'))                     # 从标签中提取属性值
```

表5-6　　　　　　　　　　bs4模块中select()方法常用的CSS选择器

选择器	描述
tag	查找所有指定标签的元素
.class	查找所有指定类的元素
#id	查找所有指定ID的元素
tag#id	查找所有指定标签和ID的元素
tag[attr=value]	查找所有指定标签和属性值的元素
tag[attr^=value]	查找所有指定标签和属性值且以value开头的元素
tag[attr$=value]	查找所有指定标签和属性值且以value结尾的元素
tag[attr*=value]	查找所有指定标签和属性值且包含value的元素

业务场景5-1　爬取世界货币基金组织网页数据

（1）查看数据所在的网页。

登录国际货币基金组织官网，进入世界经济展望数据库（World Economic Outlook Database）详情页面，如图5-4所示。

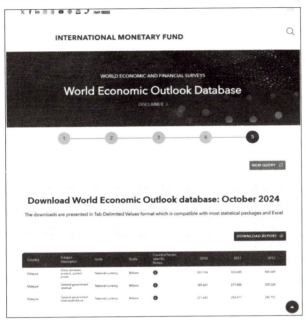

操作演示

页面访问路径

图5-4　World Economic Outlook Database详情页面

（2）编写代码爬取网页内容。

通过浏览器的右键快捷菜单，查看网页源代码，可以看到其中包含的数据（见图5-5），说明该页面是静态页面，数据为表格样式。因此，可以使用较为简单的read_html()函数爬取数据。

图5-5　World Economic Outlook Database页面部分源代码

（3）获取马来西亚2024年国内生产总值、一般政府收入和一般政府总支出等数据。

代码实现

【In】
```python
import pandas as pd
# 利用pd.read_html（）函数获取数据

url = 'https://www.imf.org/en/Publications/WEO/weo-database/2024/October/
weo-report?c=548&s=NGDP,GGR,GGX,&sy=2010&ey=2024&ssm=0&scsm=1&scc=0&
ssd=1&ssc=0&sic=0&sort=country&ds=.&br=1'
tables = pd.read_html(url)

# 利用len()函数检查返回的表格数量
print(f'查找到的表格数量：{len(tables)}')

# 根据数据情况分析，选择第一个表格（如果有多个表格）
if tables:
    df = tables[0]
    # 筛选出 2024 年的数据
    year_2024_data = df[['Subject Descriptor', '2024']]
    print(year_2024_data)
else:
    print('找不到表格数据。')
```

【Out】
```
查找到的表格数量：1
                     Subject Descriptor       2024
0  Gross domestic product, current prices   2000.852
1              General government revenue    364.173
2    General government total expenditure    436.080
```

【In】
```python
# 显示2024年数据

year_2024_data
```

【Out】

	Subject Descriptor	2024
0	Gross domestic product, current prices	2000.852
1	General government revenue	364.173
2	General government total expenditure	436.080

（4）获取马来西亚2020—2024年国内生产总值、一般政府收入和一般政府总支出等数据。

代码实现

【In】
```python
import pandas as pd

# 利用pd.read_html() 函数获取数据
url = 'https://www.imf.org/en/Publications/WEO/weo-database/2024/October/
weo-report?c=548&s=NGDP,GGR,GGX,&sy=2010&ey=2024&ssm=0&scsm=1&scc=0&
ssd=1&ssc=0&sic=0&sort=country&ds=.&br=1'
tables = pd.read_html(url)
```

```
# 利用len()函数检查返回的表格数量
print(f'查找到的表格数量：{len(tables)}')

# 根据数据情况分析，选择第一个表格（如果有多个表格）
if tables:
    df = tables[0]
    # 筛选出 2020—2022 年的数据
    years = ['Subject Descriptor'] + [str(year) for year in range(2020,
2025)]
    selected_years_data1 = df[years]
    print(selected_years_data1)
else:
    print('找不到表格数据。')
```

【Out】
```
查找到的表格数量: 1
                     Subject Descriptor      2020      2021      2022  \
0  Gross domestic product, current prices  1418.490  1548.702  1793.904
1              General government revenue   285.663   285.244   355.888
2     General government total expenditure   355.194   378.669   442.141

       2023      2024
0  1822.904  2000.852
1   357.679   364.173
2   440.652   436.080
```

【In】
```
# 显示2020—2024年数据
selected_years_data1
```

【Out】

	Subject Descriptor	2020	2021	2022	2023	2024
0	Gross domestic product, current prices	1418.490	1548.702	1793.904	1822.904	2000.852
1	General government revenue	285.663	285.244	355.888	357.679	364.173
2	General government total expenditure	355.194	378.669	442.141	440.652	436.080

（5）获取马来西亚多个不连续年份（如 2010 年、2015 年和 2020 年）的国内生产总值、一般政府收入和一般政府总支出等数据。

代码实现

【In】
```
import pandas as pd

# 利用pd.read_html()函数获取数据
url = 'https://www.imf.org/en/Publications/WEO/weo-database/2024/October/
weo-report?c=548&s=NGDP,GGR,GGX,&sy=2010&ey=2024&ssm=0&scsm=1&scc=0&
ssd=1&ssc=0&sic=0&sort=country&ds=.&br=1'
tables = pd.read_html(url)

# 利用len()函数检查返回的表格数量
print(f'查找到的表格数量：{len(tables)}')

# 根据数据情况分析，选择第一个表格（如果有多个表格）
```

```
if tables:
    df = tables[0]
    # 筛选出 2010 年、2015 年和 2020 年的数据
    selected_years = ['Subject Descriptor', '2010', '2015', '2020']
    selected_years_data2 = df[selected_years]
    print(selected_years_data2)
else:
    print('找不到表格数据。')
```

【Out】
```
查找到的表格数量: 1
                       Subject Descriptor      2010      2015      2020
0   Gross domestic product, current prices   833.104  1176.941  1418.490
1                General government revenue   185.661   260.837   285.663
2      General government total expenditure   221.643   290.801   355.194
```

【In】
```
#  显示指定年份数据
selected_years_data2
```

【Out】

	Subject Descriptor	2010	2015	2020
0	Gross domestic product, current prices	833.104	1176.941	1418.490
1	General government revenue	185.661	260.837	285.663
2	General government total expenditure	221.643	290.801	355.194

（6）获取多个国家（如马来西亚和英国）在多个年份（如2020—2024年）国内生产总值、一般政府收入和一般政府总支出等数据。需要修改 URL 中有关国家名称的参数，以获取多个国家的数据，并筛选出所需的年份数据。

代码实现

【In】
```
import pandas as pd

# 修改 URL 中有关国家名称的参数，这里以马来西亚和英国为例
url = 'https://www.imf.org/en/Publications/WEO/weo-database/2024/October/
weo-report?c=548,112&s=NGDP,GGR,GGX,&sy=2010&ey=2024&ssm=0&scsm=1&sc
c=0&ssd=1&ssc=0&sic=0&sort=country&ds=.&br=1'
tables = pd.read_html(url)

# 利用 len() 函数检查返回的表格数量
print(f'查找到的表格数量：{len(tables)}')

# 根据数据情况分析，选择第一个表格（如果有多个表格）
if tables:
    df = tables[0]
    # 筛选出 2020—2024 年的数据
    years = ['Subject Descriptor', 'Country'] + [str(year) for year
in range(2020, 2025)]
    selected_years_data3= df[years]
    print(selected_years_data3)
else:
    print('找不到表格数据。')
```

【Out】 查找到的表格数量: 1

	Subject Descriptor	Country	2020	2021 \
0	Gross domestic product, current prices	Malaysia	1418.490	1548.702
1	General government revenue	Malaysia	285.663	285.244
2	General government total expenditure	Malaysia	355.194	378.669
3	Gross domestic product, current prices	United Kingdom	2103.486	2285.400
4	General government revenue	United Kingdom	774.329	868.381
5	General government total expenditure	United Kingdom	1050.826	1048.006

	2022	2023	2024
0	1793.904	1822.904	2000.852
1	355.888	357.679	364.173
2	442.141	440.652	436.080
3	2526.428	2720.029	2808.331
4	994.385	1039.262	1098.889
5	1113.202	1201.480	1218.245

【In】
```
# 显示多个国家和多个年份的数据
selected_years_data3
```

【Out】

	Subject Descriptor	Country	2020	2021	2022	2023	2024
0	Gross domestic product, current prices	Malaysia	1418.490	1548.702	1793.904	1822.904	2000.852
1	General government revenue	Malaysia	285.663	285.244	355.888	357.679	364.173
2	General government total expenditure	Malaysia	355.194	378.669	442.141	440.652	436.080
3	Gross domestic product, current prices	United Kingdom	2103.486	2285.400	2526.428	2720.029	2808.331
4	General government revenue	United Kingdom	774.329	868.381	994.385	1039.262	1098.889
5	General government total expenditure	United Kingdom	1050.826	1048.006	1113.202	1201.480	1218.245

同理，也可通过与AI助手的自然语言对话，实现更多的数据采集需求，此处不赘述。

小贴士

爬取数据的关键是了解、分析网页结构，结合业务需求获取、筛选数据。当拥有数据接口时，可以调整接口参数，获取不同维度的数据；当网络爬虫爬取的数据内容较多时，可以通过pandas将数据写入Excel表格中便于查看；当需要重复获取不同数据时，可结合实际情况，通过循环等流程控制，实现多次爬取。获取数据后便可利用pandas等工具进行处理，从而获得自己需要的特定格式的数据集合，为数据分析做好准备。

业务场景5-2 爬取动态网页数据

从东方财富网抓取不同企业的利润表数据，具体方法如下。

（1）查看数据所在的网页。

用Chrome浏览器登录东方财富网数据中心，单击页面左侧菜单栏中的"年报季报"后，在展开的子菜单中，选择要查看的财务报表。若选择"2022年年报"，结果如图5-8所示；若选择"利润表"，结果如图5-9所示。

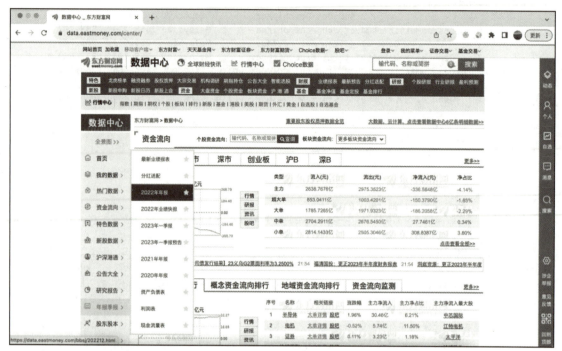

图5-8　2022年年报数据展示

图5-9　东方财富网数据中心利润表

与新浪财经网的静态网页不同，东方财富网是在页面底部进行翻页的。观察网页链接，可以发现地址栏的URL始终不变，这说明该页面的内容是动态加载的，可通过selenium模块获取网页源代码。

（2）编写代码爬取网页内容。

先用selenium模块获取网页源代码，再用pandas模块中的read_html()函数读取网页源代码中的表格数据。需要注意，因为原表格（如图5-9所示）是双重表头，所以使用read_html()读取源代码中的表格数据时，header=1表示选取第2行作为表头。

代码实现

【In】
```
# 导入需要的模块
from selenium import WebDriver
import time
import pandas as pd
# 导入要访问的页面，并使用相应的浏览器驱动访问页面
url='https://data.eastmoney.com/bbsj/202212/lrb.html'
browser=WebDriver.Chrome()
browser.get(url)
# 模拟人的访问时间，利用睡眠函数使程序暂停 2 秒后再执行
time.sleep(2)
# 访问页面源代码
code=browser.page_source
# 退出浏览器
browser.quit()
# 用 read_html() 读取源代码中的表格数据
table = pd.read_html(io=code,match='营业总支出',header=1,encoding='utf-8')
# 获取利润表
data=table[1]
# 显示表格数据
data
```

【Out】

序号	股票代码	股票简称	相关	净利润(元)	净利润同比(%)	营业总收入(元)	营业总收入同比(%)	营业支出(元)	销售费用(元)	管理费用(元)	财务费用(元)	营业总支出(元)	营业利润(元)	利润总额(元)	公告日期
0	1	1326	联域股份	详细数据	1.34亿	26.200	10.90亿	-11.010	8.26亿	4047万	3852万	-2655万	9.40亿	1.50亿	1.49亿	10-20
1	2	603062	麦加芯彩	详细数据	2.60亿	-20.150	13.87亿	-30.310	9.47亿	4486万	4912万	1217万	11.24亿	3.07亿	3.05亿	10-19
2	3	603273	天元智能	详细数据	7110万	-12.600	9.86亿	-11.490	8.37亿	2399万	2650万	-215.9万	9.04亿	7852万	8072万	10-18
3	4	301489	思泉新材	详细数据	5840万	1.759	4.23亿	-5.838	3.14亿	891.8万	1279万	162.2万	3.62亿	6257万	6224万	10-18
4	5	1376	百通能源	详细数据	1.10亿	68.610	10.82亿	37.000	8.57亿	96.94万	5705万	2533万	9.48亿	1.48亿	1.46亿	10-17
5	6	603107	上海汽配	详细数据	1.29亿	35.870	16.36亿	17.610	13.17亿	2891万	8549万	-128.0万	15.00亿	1.38亿	1.41亿	10-13

......

注：因篇幅限制，本例仅展示部分输出结果。以下不再重复说明。

（3）整理爬取的网页内容。

通过观察可以发现，读取的利润表数据存在以下3个问题：个别"股票代码"列的数据需要补零；"相关"列只爬取到"详细数据"文本，对数据分析无用；"公告日期"缺少年份信息。下面先进行补零操作。

代码实现

```
【In】    # 对"股票代码"列数据进行补零操作
         data['股票代码'] = data['股票代码'].astype('string')
         # 将"股票代码"列数据转换为字符串型
         data['股票代码'] = data['股票代码'].str.zfill(6)
         # 在"股票代码"列不足 6 个字符的字符串前填充 0
         data
```

【Out】

	序号	股票代码	股票简称	相关	净利润(元)	净利润同比(%)	营业总收入(元)	营业总收入同比(%)	营业支出(元)	销售费用(元)	管理费用(元)	财务费用(元)	营业总支出(元)	营业利润(元)	利润总额(元)	公告日期
0	1	001326	联域股份	详细 数据	1.34亿	26.200	10.90亿	-11.010	8.26亿	4047万	3852万	-2655万	9.40亿	1.50亿	1.49亿	10-20
1	2	603062	麦加芯彩	详细 数据	2.60亿	-20.150	13.87亿	-30.310	9.47亿	4486万	4912万	1217万	11.24亿	3.07亿	3.05亿	10-19
2	3	603273	天元智能	详细 数据	7110万	-12.600	9.86亿	-11.490	8.37亿	2399万	2650万	-215.9万	9.04亿	7852万	8072万	10-18
3	4	301489	思泉新材	详细 数据	5840万	1.759	4.23亿	-5.838	3.14亿	891.8万	1279万	162.2万	3.62亿	6257万	6224万	10-18
4	5	001376	百通能源	详细 数据	1.10亿	68.610	10.82亿	37.000	8.57亿	96.94万	5705万	2533万	9.48亿	1.48亿	1.46亿	10-17
5	6	603107	上海汽配	详细 数据	1.29亿	35.870	16.36亿	17.610	13.17亿	2891万	8549万	-128.0万	15.00亿	1.38亿	1.41亿	10-13
......																

　　接下来，整理另外两列数据。由于目前无须知道各个公司的具体经营情况，因此对于第二个问题，采取的措施是删除"相关"列。而"公告日期"列，如图5-10所示，用开发者工具查看"公告日期"列源代码，可以发现在class属性值为"desc_col"的<td>标签下有一个<span>标签，其title属性值就是完整的公告日期数据。

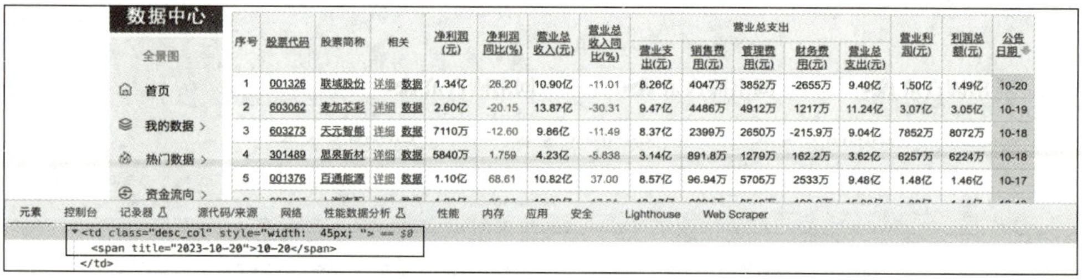

图5-10　使用开发者工具查看"公告日期"列源代码

　　最后，使用bs4模块解析网页源代码，获取"公告日期"列的完整数据。

代码实现

```
【In】    # 导入 bs4 模块
         from bs4 import BeautifulSoup
         # 使用 bs4 模块解析源代码
         soup = BeautifulSoup(code,'lxml')
         # 用 CSS 选择器提取所需的 <span> 标签
         tags=soup.select('td.desc_col>span')
         # 将提取的 <span> 标签的 title 属性值存放到列表 all_date 中
         all_date=[i.get('title') for i in tags]
         # 使用 to_datetime() 函数将 all_date 中的字符串转换成"年 - 月 - 日"格式的时间数据
         data['公告日期']=pd.to_datetime(arg=all_date,format='%Y-%m-%d')
         # 删除"相关"列
         del data['相关']
         # 查看处理后的数据
         data
```

【Out】

	序号	股票代码	股票简称	净利润(元)	净利润同比(%)	营业总收入(元)	营业总收入同比(%)	营业支出(元)	销售费用(元)	管理费用(元)	财务费用(元)	营业总支出(元)	营业利润(元)	利润总额(元)	公告日期
0	1	001326	联域股份	1.34亿	26.200	10.90亿	-11.010	8.26亿	4047万	3852万	-2655万	9.40亿	1.50亿	1.49亿	2023-10-20
1	2	603062	麦加芯彩	2.60亿	-20.150	13.87亿	-30.310	9.47亿	4486万	4912万	1217万	11.24亿	3.07亿	3.05亿	2023-10-19
2	3	603273	天元智能	7110万	-12.600	9.86亿	-11.490	8.37亿	2399万	2650万	-215.9万	9.04亿	7852万	8072万	2023-10-18
3	4	301489	思泉新材	5840万	1.759	4.23亿	-5.838	3.14亿	891.8万	1279万	162.2万	3.62亿	6257万	6224万	2023-10-18
4	5	001376	百通能源	1.10亿	68.610	10.82亿	37.000	8.57亿	96.94万	5705万	2533万	9.48亿	1.48亿	1.46亿	2023-10-17
5	6	603107	上海汽配	1.29亿	35.870	16.36亿	17.610	13.17亿	2891万	8549万	-128.0万	15.00亿	1.38亿	1.41亿	2023-10-13

......

业务总结

通过数据接口和网络爬虫获取数据是最常用的数据采集方式。数据接口提供了一种高效、安全的数据传输方式，但往往需要一定的开发成本和时间。网络爬虫能够从互联网上抓取所需的数据，但可能会涉及法律和道德问题。无论是使用数据接口还是网络爬虫获取的数据，往往都需要做进一步的处理和可视化呈现。我们可以使用pandas模块处理数据，使用matplotlib或pyecharts模块进行可视化呈现。通过数据处理和可视化呈现，我们才能更好地挖掘数据的价值和规律。在实践中，需要根据实际情况选择合适的数据采集方法，才能满足业务发展和决策需求。

任务二　清洗"脏"数据，保证数据质量

任务一讲解了常用的数据采集方式，通过这些方式采集到的数据称为原生数据，也叫不规整数据。原生数据往往无法满足用户对数据的基本需求，需要对其进行清洗，使其转换为后续分析工作所需要的规整数据。数据清洗的目标是获取可直接用于数据分析的高质量数据。

在进行数据清洗之前，需要先了解这些数据包含哪些内容，具体方法如下。

（1）预览表格头部或尾部。通过head()函数查阅开头几行数据或者通过tail()函数查看末尾几行数据，了解数据的基本构成及其行列的具体意义。

（2）统计表格中非空数据的数量。通过count()函数统计每列非空数据的数量，如果每列的数据不一致，说明存在空值，需要找出空值原因，判断是否需要处理。

（3）统计数据概要情况。通过describe()函数生成数据描述性统计结果，该结果包含数据计数、最大值、最小值等信息。

一、处理缺失值

缺失值是指数据集中某些数据点上没有记录的值。在数据分析工作中，缺失值经常出现，可能是因为数据没有采集成功，也可能是由于传输、存储出现故障等造成的。在pandas中，缺失值表示为NaN，即Not a Number（不是一个数字）。

若发现数据显示为NaN，说明数据集中存在缺失值。当数据量很小时，可以人工快速识别；但当数据量很大时，无法快速、准确地定位，需要依靠程序处理。

pandas中检测缺失值的函数主要有两个，分别是isnull()和notnull()，即"是缺失值"和"不是缺失值"，默认返回相应的布尔值True或False用于判断。

 业务场景5-3　缺失值处理

读取新浪财经网上浦发银行（sh.600000）2022年9月30日至2023年9月30日的利润表数据，查找缺失值并进行处理。

1. 缺失值查找

代码实现

```
【In】  # 导入 pandas 模块
       import pandas as pd
       # 读取浦发银行利润表
       profitStatement = pd.read_html('http://vip.stock.finance.sina.com.cn/
       corp/go.php/vFD_ProfitStatement/stockid/600000/ctrl/part/displaytype/
       4.phtml')
       df=profitStatement[13]
       # 用日期作为列名
       columnNames = df.iloc[0]
       df = df[1:]
       df.columns = columnNames
       # 判断利润表中是否存在缺失值
       df.isnull()
```

【Out】

报表日期	2023-09-30	2023-06-30	2023-03-31	2022-12-31	2022-09-30
1	True	True	True	True	True	True
2	False	False	False	False	False	False
3	False	False	False	False	False	False
4	False	False	False	False	False	False
5	False	False	False	False	False	False
6	False	False	False	False	False	False
7	False	False	False	False	False	False
8	False	False	False	False	False	False
......						
28	False	True	True	True	True	True
29	False	False	False	False	False	False
30	False	False	False	False	False	False
31	False	False	False	False	False	False
32	False	False	False	False	False	False
33	False	False	False	False	False	False
34	False	False	False	False	False	False

代码实现

```
【In】  # 判断利润表中是否不存在缺失值
       df.notnull()
```

【Out】

报表日期	2023-09-30	2023-06-30	2023-03-31	2022-12-31	2022-09-30
1	False	False	False	False	False	False
2	True	True	True	True	True	True
3	True	True	True	True	True	True
4	True	True	True	True	True	True
5	True	True	True	True	True	True
6	True	True	True	True	True	True
7	True	True	True	True	True	True
8	True	True	True	True	True	True
……						
28	True	False	False	False	False	False
29	True	True	True	True	True	True
30	True	True	True	True	True	True
31	True	True	True	True	True	True
32	True	True	True	True	True	True
33	True	True	True	True	True	True
34	True	True	True	True	True	True

以上是isnull()函数与notnull()函数的运行结果，通过观察可以发现，最终查找出的缺失值一致。

当数据量很大时，人工方法很难找出哪些行有缺失值，在这种情况下，可以采用以下方法查找。

```
DataFrame[DataFrame.isnull().T.any()]
```

此行代码用isnull()函数判断数据中的元素是否为缺失值；T表示转置，用于优化输出结果的呈现效果；any()函数用于判断一个可迭代对象中的元素是否至少有一个为True，这里用于筛选出含有缺失值的行。

代码实现

【In】
```
# 筛选出含有缺失值的行
df[df.isnull().T.any()]
```

【Out】

报表日期	2023-09-30	2023-06-30	2023-03-31	2022-12-31	2022-09-30
1	NaN	NaN	NaN	NaN	NaN	NaN
28　六、每股收益	NaN	NaN	NaN	NaN	NaN	NaN

2. 缺失值处理

找出缺失值之后，应根据业务需求，判断是否对这些缺失值进行处理。常用的处理方法有两种，分别是删除缺失值和填充缺失值。

（1）删除缺失值。

删除缺失值是最简单、直接的处理方法之一。它适用于以下3种情况。

① 缺失值少，对数据集的影响可以忽略不计。比如包含数万条数据的数据集中只有个别缺失值，这些缺失的数据对于数据集的影响微乎其微，可以忽略不计。这时候，直接删除缺失值所在的行是很好的选择。

② 缺失数据量大，已无法处理。比如一个数据集有2万行、6个特征列，其中某一特征列有90%左右的数据缺失，这表明该列已没有存在的意义，可直接删除。

③ 缺失值无法被填充。比如人口普查数据，其中一列为"性别"，该列数据不能随意更改。所以，如果某几项值缺失，又无法使用其他数值填充，这种数据行也没有存在的意义，直接删除往往是最好的选择。

pandas提供的dropna()函数可以快速删除缺失值所在的列或行。若要删除缺失值所在的列，使用dropna(axis=1)；若要删除缺失值所在的行，使用dropna(axis=0)。如果dropna()函数没有设置axis参数，默认axis=0，即删除缺失值所在的行。

结合上述案例，发现行号为"1"的数据行没有任何意义，可直接删除。

代码实现

```
【In】  # 删除缺失值所在的行
       df1=df.dropna()
       df1
```

【Out】

	报表日期	2023-09-30	2023-06-30	2023-03-31	2022-12-31	2022-09-30
2	一、营业收入	13281500.00	9123000.00	4807900.00	18862200.00	14368000.00
3	利息净收入	9054500.00	6042800.00	3034700.00	13366900.00	10159200.00
4	其中: 利息收入	22543400.00	15029400.00	7488900.00	29952000.00	22503100.00
5	减: 利息支出	13488900.00	8986600.00	4454200.00	16585100.00	12343900.00
6	手续费及佣金净收入	1963300.00	1396200.00	744600.00	2869100.00	2219100.00
7	其中:手续费及佣金收入	2555900.00	1752000.00	920000.00	3776600.00	2880100.00
8	减: 手续费及佣金支出	592600.00	355800.00	175400.00	907500.00	661000.00
......						
29	基本每股收益(元/股)	0.8800	0.7600	0.5100	1.5600	1.3100
30	稀释每股收益(元/股)	0.8200	0.7000	0.4700	1.4400	1.2000
31	七、其他综合收益	144600.00	225800.00	86800.00	-586900.00	-422300.00
32	八、综合收益总额	3003800.00	2587300.00	1701800.00	4612800.00	3689700.00
33	归属于母公司所有者的综合收益总额	2935000.00	2534300.00	1671200.00	4525200.00	3618500.00
34	归属于少数股东的综合收益总额	68800.00	53000.00	30600.00	87600.00	71200.00

（2）填充缺失值。

除删除缺失值外，另一种方法是填充缺失值。如果第一次接触缺失值处理，可能会认为填充缺失值优于删除缺失值。实际上，填充缺失值会直接改变原有数据集，可能会影响后续预测分析的结果。因此，填充缺失值时一定要谨慎。

一般情况下，填充缺失值有3种方法。

① 手动填充。手动填充虽然是"笨方法"，但往往效果最好。手动填充非常适合一种情形，那就是缺失值可以被人为有效确定。手动填充能充分展现灵活性，但费时费力。

如果数据集的缺失值处本身就没有数据，显示NaN会影响整体数据的计算，这时候可以将全部缺失值用0填充，直接设置df.fillna(0)。

代码实现

```
【In】  # 将缺失值用 0 填充
       df2=df.fillna(0)
       df2
```

【Out】

	报表日期	2023-09-30	2023-06-30	2023-03-31	2022-12-31	2022-09-30
1	0	0	0	0	0	0
2	一、营业收入	13281500.00	9123000.00	4807900.00	18862200.00	14368000.00
3	利息净收入	9054500.00	6042800.00	3034700.00	13366900.00	10159200.00
4	其中: 利息收入	22543400.00	15029400.00	7488900.00	29952000.00	22503100.00
5	减: 利息支出	13488900.00	8986600.00	4454200.00	16585100.00	12343900.00
6	手续费及佣金净收入	1963300.00	1396200.00	744600.00	2869100.00	2219100.00
7	其中: 手续费及佣金收入	2555900.00	1752000.00	920000.00	3776600.00	2880100.00
8	减: 手续费及佣金支出	592600.00	355800.00	175400.00	907500.00	661000.00
……						
28	六、每股收益	0	0	0	0	0
29	基本每股收益(元/股)	0.8800	0.7600	0.5100	1.5600	1.3100
30	稀释每股收益(元/股)	0.8200	0.7000	0.4700	1.4400	1.2000
31	七、其他综合收益	144600.00	225800.00	86800.00	-586900.00	-422300.00
32	八、综合收益总额	3003800.00	2587300.00	1701800.00	4612800.00	3689700.00
33	归属于母公司所有者的综合收益总额	2935000.00	2534300.00	1671200.00	4525200.00	3618500.00
34	归属于少数股东的综合收益总额	68800.00	53000.00	30600.00	87600.00	71200.00

　　② 临近填充。临近填充，顾名思义就是用与缺失值相邻的数据填充缺失值。临近填充比较适合填充零散的不确定数据。零散指的是不会连续缺失数十个或上百个数据值。如果连续缺失的值太多，用临近填充将它们填充为同一数据值，将对整个数据集产生非常大的影响。不确定数据指的是无法被人为确定或没有明显规律的数据。

　　pandas提供了用于临近填充的fillna()函数。其常用参数如表5-7所示。

表5-7　　　　　　　　　　　　　　　　fillna()函数的常用参数

参数	描述
inplace	True：直接修改原对象。 False：创建一个副本，修改副本，原对象不变（默认）
method	pad/ffill：用前一个非缺失值去填充该缺失值。 backfill/bfill：用下一个非缺失值填充该缺失值。 None：指定一个值去填充缺失值（默认）
limit	限制填充个数
axis	axis=0：按行的值填补空值（默认）。 axis=1：按列的值填补空值

　　沿用上述案例，行号为"1"的缺失值数据没有任何意义，可以直接删除；行号为"28"的缺失值数据为每股收益，假设使用基本每股收益（元/股）的数据进行临近填充①。

代码实现

【In】
```
# 删除行号为"1"的缺失值数据
df3 = df.drop(1,axis=0)
# 临近填充
df4 = df3.fillna(method = 'backfill')
df4
```

_____
① 每股收益、基本每股收益和稀释每股收益的计算方式不同，此处仅用于展示临近填充。

【Out】

	报表日期	2023-09-30	2023-06-30	2023-03-31	2022-12-31	2022-09-30
2	一、营业收入	13281500.00	9123000.00	4807900.00	18862200.00	14368000.00
3	利息净收入	9054500.00	6042800.00	3034700.00	13366900.00	10159200.00
4	其中: 利息收入	22543400.00	15029400.00	7488900.00	29952000.00	22503100.00
5	减: 利息支出	13488900.00	8986600.00	4454200.00	16585100.00	12343900.00
6	手续费及佣金净收入	1963300.00	1396200.00	744600.00	2869100.00	2219100.00
7	其中:手续费及佣金收入	2555900.00	1752000.00	920000.00	3776600.00	2880100.00
8	减: 手续费及佣金支出	592600.00	355800.00	175400.00	907500.00	661000.00
......						
28	六、每股收益	0.8800	0.7600	0.5100	1.5600	1.3100
29	基本每股收益(元/股)	0.8800	0.7600	0.5100	1.5600	1.3100
30	稀释每股收益(元/股)	0.8200	0.7000	0.4700	1.4400	1.2000
31	七、其他综合收益	144600.00	225800.00	86800.00	-586900.00	-422300.00
32	八、综合收益总额	3003800.00	2587300.00	1701800.00	4612800.00	3689700.00
33	归属于母公司所有者的综合收益总额	2935000.00	2534300.00	1671200.00	4525200.00	3618500.00
34	归属于少数股东的综合收益总额	68800.00	53000.00	30600.00	87600.00	71200.00

对照前文的缺失值数据，可以看到它被后一行临近值填充了。

③ 平均值填充。实践中还可以使用mean()函数进行平均值填充。

小贴士

通过数据接口或者网络爬虫获取的数据集可能有很多缺失值。实际业务处理中，应根据数据分析目标，仔细分析数据结构，灵活应用pandas提供的函数，判断是否存在缺失值，然后根据实际需要采用删除、填充等方式处理，从而保证数据的合理性和有效性，降低因数据缺失对数据分析产生的负面影响。

二、处理重复值

重复值一般是指数据集中多次出现的值。重复值的产生有可能是系统错误导致的，也有可能是多次输入导致的。比如账务处理中，如果企业没有电子发票核验系统，出现电子发票重复打印，可能会导致同一原始凭证重复入账，这样就会产生重复记录，影响核算结果。

当数据集较为庞大时，可以通过pandas的pd.DataFrame.duplicated()方法快速识别重复值。如果存在重复行，运行结果会返回布尔值True。继续沿用上述案例进行操作。

动手实操

```
【In】  # 查看重复行
       pd.DataFrame.duplicated(df)
```

```
【Out】  1    False
        2    False
        3    False
        4    False
        5    False
        ......
```

从运行结果可以看到，没有任何重复值。重复值有可能会影响数据分析结果，特别是存在大量重复时，需要查找重复原因。一般情况下，如果确定重复值是冗余数据，最直接的做法就是删除重复值。删除重复值可以通过drop_duplicates()方法实现。以下是drop_duplicates()方法的语法格式。

```
pd.DataFrame.drop_duplicates(df)
```

小贴士

重复值会增加某些数据占整个数据集的权重，影响最后的数据分析结果。需要注意的是，在删除重复值时，需要了解重复值出现的原因。实际业务中，确实有很多出现重复值的情况，比如同名销售人员某月销售业绩相同等。因此，在处理重复值前，需要先判断出现重复值是人为失误还是客观存在，以防误删数据。

三、处理异常值

除前文介绍的缺失值、重复值之外，获取的数据还可能存在异常值。

异常值是指那些偏离正常范围的值，它并不是错误值。异常值出现的概率较低，但会对数据分析造成影响。

异常值检测是处理数值型数据时必须重视的一项工作。在收集、输入过程中产生的异常值，如果不及时剔除，很可能对后续的预测分析带来不良影响。

识别异常值可以借助图形法（如箱线图、正态分布图）和建模法（如线性回归、聚类算法、K近邻算法）实现。

箱线图也称箱形图，是用来观测数据集分布的一种图形。箱形图中，从上到下依次有6个数据节点，分别是上界、上四分位数、均值、中位数、下四分位数、下界，如图5-11所示。而那些超过上界或下界的值就会被标记为离群点，也就是异常值。

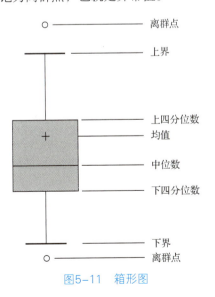

图5-11　箱形图

动手实操

```
【In】  import pandas as pd
       from matplotlib import pyplot as plt`
       %matplotlib inline
       data = pd.read_excel('5-2 利润简表.xlsx', header = 0)    # 读取利润简表数据
       revenue = data['营业收入']                                # 读取营业收入数据
       plt.boxplot(revenue)
       P = plt.boxplot(revenue)
       outlier = P['fliers'][0].get_ydata()
       outlier
```

【Out】 array([4807900000], dtype=int64)

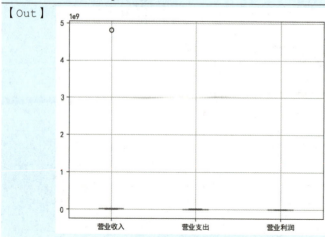

返回结果显示，有一个离群点在5附近，说明这个数据是异常值，需要对它进行处理。

以上只是对营业收入进行检测。如果要对整张利润简表进行检测，可以使用boxplot()函数将所有数据的箱形图绘制在同一张图中进行对比。

动手实操

```
【In】  # 通过箱形图查找异常值
       from matplotlib import pyplot as plt
       plt.matplotlib.rcParams['font.family'] = ['SimHei']
       data = pd.read_excel('5-2 利润简表 .xlsx', sheet_name = 1)
       data.boxplot()
```

【Out】

在数据分析中，异常值会对数据分析产生影响，造成判断和决策失误，因此需要及时对异常值进行清洗。清洗的方法参照缺失值的处理方法，可以对异常值进行删除或者填充。同样，无论是缺失值、重复值还是异常值，在进行处理前，需要明确数据分析的目标，了解数据的基本结构，避免对数据进行误操作。不合理的清洗，不仅不能实现"脏"数据的清理，反而会产生更多的"脏"数据，影响最终的数据分析结果。

拓展思考

1. 如果企业的财务数据存在准确性问题，如错误的科目核算或计算结果，会对企业的财务决策和预算规划造成什么样的影响？请结合具体实例，说明数据质量是如何影响企业的决策与管理的。

2. 海量数据中隐藏了巨大价值，只有通过不断的技术创新和实践探索，才能更好地利用海量数据，实现更高的商业和社会价值。你是如何理解"不断进行'量'的积累，才能获得'质'的提升"的？结合你在财会专业学习中的体会进行说明。

3. 请对下面列表中的数据使用Python的pandas模块进行清洗，要求将值为负数的营业收入设置为0，将超过100%的利润率设置为100%，并将清洗后的数据保存到名为"cleaned_data.xlsx"的Excel文件中。

公司名称 = ['公司A', '公司B', '公司C', '公司D']

营业收入 = [200000, -150000, 300000, 250000]

利润率 = [0.15, 0.20, 0.05, 2.0]

项目六

利用第三方绘图库实现数据可视化

学习目标

【知识目标】

1. 掌握利用matplotlib模块绘制柱形图、散点图、折线图、饼图等图形的一般方法及样式设置，掌握组合图的绘制方式。

2. 掌握利用pyecharts模块绘制柱形图、条形图、折线图、饼图等图形的一般方法及样式设置，掌握层叠图、并行图的绘制方式。

【能力目标】

1. 能够根据业务需求和数据结构，选择合适的图表样式，解决财务数据可视化问题。

2. 能够根据业务场景，对可视化图形进行优化和改进。

【素养目标】

1. 遵循科学原则，确保数据的真实性和准确性；同时，能够批判性地评估和使用可视化结果，理解其局限性。

2. 秉承工匠精神，精益求精，确保可视化图形的实用性和可读性。

项目导读

日常财务工作中，完成数据分析处理后，需要将数据以图形的方式展现出来，以便更直观地了解数据的变动趋势、分布情况等。Python提供了许多可以快速实现数据可视化的第三方绘图库。通过对本项目的学习，读者将了解如何通过matplotlib模块和pyecharts模块实现数据可视化，并掌握应用Python实现数据可视化的基本逻辑和方法。

微课6-1

matplotlib 初级应用

任务一　matplotlib初级应用

matplotlib是Python的第三方模块，利用它能够绘制各式各样的图形。matplotlib有很多子模块，其中的pyplot子模块是它的核心模块之一。几乎所有样式的2D图形都可以通过pyplot子模块绘制。pyplot子模块的常用函数如表6-1所示。

表6-1　　　　　　　　　　　　　　　pyplot子模块的常用函数

函数	描述
plt.plot()	绘制折线图
plt.scatter()	绘制散点图
plt.hist()	绘制直方图
plt.pie()	绘制饼图
plt.bar()	绘制柱形图
plt.boxplot()	绘制箱形图
plt.barh()	绘制条形图

一、matplotlib绘图步骤

使用matplotlib模块绘图的一般步骤如图6-1所示。首先，需要创建一个画布（figure），类似于画画时预先准备的图纸。有了画布，还需要创建一个或多个坐标系（axes），类似于画画时将图纸分为左右两个区域。同理，在matplotlib中，可以根据需要在画布中创建一个或多个坐标系，以便在不同坐标系绘制不同的图形。最后，选择图表类型，完成图形的绘制。

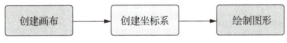

图6-1　使用matplotlib模块绘图的一般步骤

实际绘图时，如果不创建画布，系统会自动创建一个画布，并在画布上自动创建一个坐标系。但默认创建的画布上只有一个坐标系，只能绘制一个图形，如果要绘制多个图形，需要自行创建坐标系。

二、matplotlib图形绘制

使用matplotlib绘制图形时，其基本要素包括画布、坐标系、坐标轴（axis）、图形标题（title）、坐标轴标签（label）等，如图6-2所示。

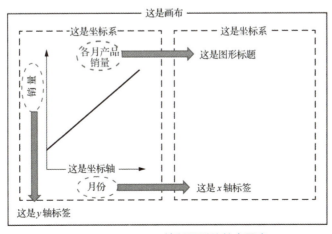

图6-2　matplotlib绘制图形的基本要素

使用matplotlib模块，可以方便地绘制各类图形。下面以绘制折线图、柱形图、散点图、饼图4种常见图形为例，讲解用matplotlib绘制图形的一般方法。

 业务场景6-1　宏观经济数据可视化

国内生产总值（GDP）是衡量国家经济状况的重要指标之一。可以通过折线图、柱形图比较不同年份的GDP数据，了解我国经济的增长情况；可以通过饼图比较不同产业的数据，了解其经济贡献度和经济结构。这些信息对于政策制定者、企业家和投资者来说，都是非常重要的参考依据。利用项目五的数据采集方法，从国家统计局官网获取相关数据，存放在Python程序所在路径下的"6-1　我国国内生产总值.xlsx"文件中，读取数据的代码如下。

代码实现

```
【In】  import pandas as pd
       gdpdata=pd.read_excel('6-1  我国国内生产总值 .xlsx',index_col=' 年份 ')
       gdpdata
```

【Out】 年份	国民总收入(亿元)	国内生产总值(亿元)	第一产业增加值(亿元)	第二产业增加值(亿元)	第三产业增加值(亿元)	人均国内生产总值(元)
2018年	915243.5	919281.1	64745.2	364835.2	489700.8	65534
2019年	983751.2	986515.2	70473.6	380670.6	535371.0	70078
2020年	1005451.3	1013567.0	78030.9	383562.4	551973.7	71828
2021年	1141230.8	1149237.0	83216.5	451544.1	614476.4	81370
2022年	1197250.4	1210207.2	88345.1	483164.5	638697.6	85698

1. 折线图

在matplotlib中使用pyplot子模块的plot()函数绘制折线图，语法格式如下。

```
pyplot.plot(x,y)                    # x、y 分别表示 x 轴、y 轴数据
```

下面使用折线图展示我国2018—2022年国民总收入（单位：亿元）的变化趋势。

代码实现

```
【In】  #（1）导入 matplotlib.pyplot 模块
       from matplotlib import pyplot as plt
       #（2）设置中文字体为黑体、中文状态下负号正常显示
       plt.rcParams['font.family'] = 'Simhei'
       plt.rcParams['axes.unicode_minus'] = False
       #（3）根据已知条件设置 x 轴、y 轴数据
       x = gdpdata.index                    # 读取索引作为 x 轴
       y = gdpdata[' 国民总收入（亿元）']      # 读取国民总收入数据作为 y 轴
       #（4）绘制折线图
       plt.plot(x, y)
       plt.title('2018—2022 年国民总收入变化 ')    # 折线图标题
       #（5）显示折线图
       plt.show()
```

【Out】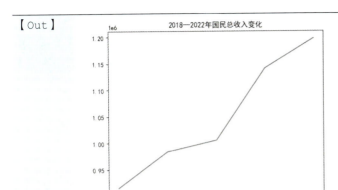

注：使用matplotlib模块绘图时，如果数值过长，坐标轴数值会默认以科学记数法显示，如1e6表示10^6。本图中1.20*1e6=1 200 000。以下不再重复说明。

2. 柱形图

柱形图通过柱形条高度展示数据差异，可以让用户在了解数据大小的同时，清晰地看到各数据间的差距。在matplotlib中使用pyplot子模块的bar()函数绘制柱形图，语法格式如下。

```
pyplot.bar(x,y)        # x、y分别表示x轴、y轴数据
```

只需将绘制折线图的函数plot()修改为bar()，即可绘制简单柱形图。

代码实现

【In】
```
#（1）导入matplotlib.pyplot模块
from matplotlib import pyplot as plt
#（2）设置中文字体为黑体、中文状态下负号正常显示
plt.rcParams['font.family'] = 'Simhei'
plt.rcParams['axes.unicode_minus'] = False
#（3）根据已知条件设置x轴、y轴数据
x = gdpdata.index                    # 读取索引作为x轴
y = gdpdata['国民总收入（亿元）']      # 读取国民总收入数据作为y轴
#（4）绘制柱形图
plt.bar(x, y)
plt.title('2018—2022年国民总收入变化')
#（5）显示柱形图
plt.show()
```

【Out】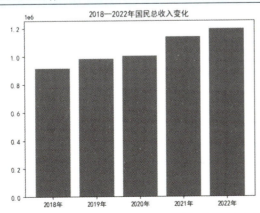

3. 散点图

散点图以点的形式，在平面直角坐标系上直观展示数据，通过点的分布揭示两个变量之间的关系。通过散点图，可以识别数据中的线性关系、趋势及相关性，为数据分析和预测提供有力支持。在matplotlib中使用pyplot子模块的scatter()函数绘制散点图，语法格式如下。

```
pyplot.scatter(x,y)        # x、y 分别表示 x 轴、y 轴数据
```

只需将绘制折线图的函数plot()，或者绘制柱形图的函数bar()，更改为绘制散点图的函数scatter()即可绘制散点图，并添加国民总收入和国内生产总值两个系列的数据进行展示。

代码实现

```
【In】    #（1）导入 matplotlib.pyplot 模块
         from matplotlib import pyplot as plt
         #（2）设置中文字体为黑体、中文状态下负号正常显示
         plt.rcParams['font.family'] = 'Simhei'
         plt.rcParams['axes.unicode_minus'] = False
         #（3）根据已知条件设置 x 轴、y 轴数据
         x = gdpdata.index
         y1 = gdpdata['国民总收入（亿元）']
         y2 = gdpdata['国内生产总值（亿元）']
         #（4）绘制散点图
         plt.scatter(x, y1)
         plt.scatter(x, y2)
         plt.title('2018—2022 年国民总收入与国内生产总值变化')
         #（5）显示散点图
         plt.show()
```

【Out】
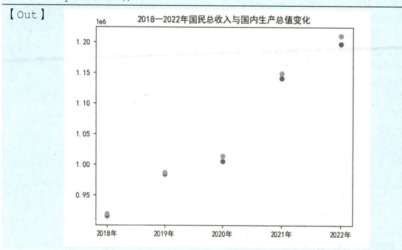

4. 饼图

饼图可以用来展示各个类别数据占总体数据的比例。将饼图分割成不同大小的扇形，可以清晰地比较各个组成部分的大小，从而更好地理解部分和整体之间的关系。在matplotlib中使用pyplot子模块的pie()函数绘制饼图，语法格式如下。

```
pyplot.pie(x)     # x 表示数据
```

读取2022年第一、二、三产业增加值的数据，绘制饼图，展示不同产业对国内生产总值的经济贡献情况。

代码实现

【In】
```
#（1）导入 matplotlib.pyplot 模块
from matplotlib import pyplot as plt
#（2）设置中文字体为黑体、中文状态下负号正常显示
plt.rcParams['font.family'] = 'Simhei'
plt.rcParams['axes.unicode_minus'] = False
#（3）根据已知条件设置饼图基础数据
industry=['第一产业', '第二产业', '第三产业']
value= gdpdata.loc['2022年', ['第一产业增加值（亿元）', '第二产业增加值（亿
元）', '第三产业增加值（亿元）']]
#（4）绘制饼图，设置各扇区标签为 industry（产业）
plt.pie(value, labels = industry)
plt.title('2022年第一、二、三产业增加值占比')
#（5）显示饼图
plt.show()
```

【Out】

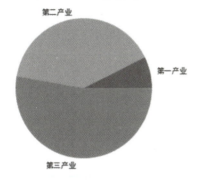

本任务介绍了用pyplot子模块绘制折线图、柱形图、散点图、饼图等基础图形的方法。实际上，matplotlib模块提供了很多不同类型、不同样式的图表绘制函数，其中也有很多不同的参数设置方式。用户可根据需要灵活设置参数，组合图形，为后续数据分析的可视化呈现打好基础。

任务二　matplotlib绘图进阶

微课6-2

matplotlib绘图进阶

实际应用中，简单图形往往不能满足数据展示的需求，真实业务的需求会更加多样化。比如，美化图表样式，在同一坐标系中叠加多个图形体现财务数据之间的关联，或者在同一画布中绘制多个有关联的图形以更全面地展示数据流转的逻辑等。matplotlib模块提供了许多方法，可以更好地满足用户的绘图需求。

一、matplotlib图形样式设置

matplotlib模块支持对图形样式，如线型、颜色、透明度、标记点样式等，进行个性化设置，以实现多样化效果。不同图形的样式参数略有差别。下面以折线图、柱形图、散点图和饼图的样式设置为例进行介绍，更多设置可参考Python官方文档。

1. 折线图样式设置

使用pyplot.plot()函数绘制折线图时，语法格式如下。

```
pyplot.plot(x, y, linewidth, linestyle, color, label, marker, alpha, …)
```

参数x、y分别表示x轴和y轴的数据，其他常用参数如下。

（1）linewidth（或lw）：该参数用于设置线型宽度，可保留默认值。

（2）linestyle（或ls）：该参数用于设置线型样式，参数值如表6-2所示。

表6-2　　　　　　　　　　　　pyplot.plot()线型样式参数值

参数值	描述
'-'	实线（默认）
'--'	虚线
'-.'	间断线
':'	点状线

（3）color：该参数用于设置线型颜色，参数值如表6-3所示。

表6-3　　　　　　　　　　　　pyplot.plot()线型颜色参数值

参数值	描述
'b'	蓝色
'g'	绿色
'r'	红色
'c'	青色
'm'	洋红色
'y'	黄色
'k'	黑色
'w'	白色

 小贴士

　　线型颜色也可以使用对应英文表示，如blue（蓝色）、green（绿色）、black（黑色）等；或者用十六进制颜色代码表示，如"#C71585"（紫红色），"#FFFF00"（黄色），"#808000"（橄榄绿色）等；还支持使用RGB值或RGBA值等进行设置。

（4）label：该参数用于设置线型标签。比如某条折线表示销量，则可以设置label = '销量'.

（5）marker：该参数用于设置标记点样式。常用标记点样式参数值如表6-4所示。

表6-4　　　　　　　　　　　　pyplot.plot()常用标记点样式参数值

参数值	描述
'.'	点
'o'	圆
'*'	星号
'<'	左三角
'>'	右三角

（6）alpha：该参数用于设置线型透明度，取值范围为0～1。

沿用【业务场景6-1】的数据，根据国民总收入绘制折线图，设置线型颜色、线型样式、线宽、线型透明度、线型标签、标记点样式，并显示图例。

动手实操

【In】
```
import pandas as pd
gdpdata=pd.read_excel('6-1  我国国内生产总值.xlsx',index_col='年份')
gdpdata
```

【Out】

年份	国民总收入(亿元)	国内生产总值(亿元)	第一产业增加值(亿元)	第二产业增加值(亿元)	第三产业增加值(亿元)	人均国内生产总值(元)
2018年	915243.5	919281.1	64745.2	364835.2	489700.8	65534
2019年	983751.2	986515.2	70473.6	380670.6	535371.0	70078
2020年	1005451.3	1013567.0	78030.9	383562.4	551973.7	71828
2021年	1141230.8	1149237.0	83216.5	451544.1	614476.4	81370
2022年	1197250.4	1210207.2	88345.1	483164.5	638697.6	85698

读取数据后，完成指定样式折线图的绘制。

【In】
```
#（1）导入 matplotlib.pyplot 模块
from matplotlib import pyplot as plt
#（2）设置中文字体为黑体、中文状态下负号正常显示
plt.rcParams['font.family'] = 'Simhei'
plt.rcParams['axes.unicode_minus'] = False
#（3）根据已知条件设置 x 轴、y 轴数据
x = gdpdata.index
y = gdpdata['国民总收入（亿元)']
#（4）绘制折线图，并根据要求设置参数
plt.plot(x, y, color = 'r', linestyle = '--', linewidth = 1.5, alpha
= 0.8, label = '国民总收入', marker = 'o')
#（5）添加图例
plt.legend()                                    # 添加图例
#（6）设置折线图标题
plt.title('2018—2022 年国民总收入变化')
plt.show()
```

【Out】

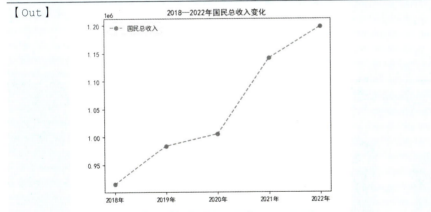

输出结果中左上角的 "-•-国民总收入" 即图例。当一个坐标系中有多个图形时，使用图例可以帮助用户更好地区分不同图形的含义。

2. 柱形图样式设置

使用pyplot.bar()函数绘制柱形图的常用参数如表6-5所示，语法格式如下。

```
pyplot.bar(x, y, facecolor, edgecolor, width, label, alpha, …)
```

表6–5   pyplot.bar()函数的常用参数

常用参数	描述
x	x轴数据
y	y轴数据
label	设置柱形条标签
alpha	设置柱形条透明度
facecolor	设置柱形条的颜色，参数值设置方式与折线图参数color的类似
edgecolor	设置柱形条边框的颜色，参数值设置方式与折线图参数color的类似
width	设置柱形条的宽度，默认宽度为0.8

沿用【业务场景6-1】的数据，根据国民总收入绘制柱形图，设置柱形条颜色、柱形条边框颜色、柱形条宽度、柱形条透明度、柱形条标签，并显示图例。

动手实操

【In】
```
#（1）导入 matplotlib.pyplot 模块
from matplotlib import pyplot as plt
#（2）设置中文字体为黑体、中文状态下负号正常显示
plt.rcParams['font.family'] = 'Simhei'
plt.rcParams['axes.unicode_minus'] = False
#（3）根据已知条件设置 x 轴、y 轴数据
x = gdpdata.index
y = gdpdata['国民总收入（亿元）']
#（4）绘制柱形图，并根据要求设置参数
plt.figure(figsize=(6, 4), dpi=80)   # 创建画布
plt.bar(x, y, facecolor = 'b', edgecolor = 'r',width=0.4, alpha =
0.5, label = '国民总收入')
#（5）设置柱形图标题
plt.title('2018—2022年国民总收入变化')
#（6）显示图例
plt.legend()
#（7）显示图形
plt.show()
```

【Out】

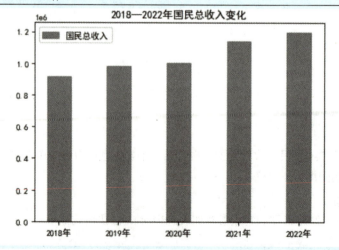

3．散点图样式设置

使用pyplot.scatter()函数绘制散点图时，语法格式如下。常用参数如表6-6所示。

```
pyplot.scatter(x, y, s, c, marker, cmap, norm, alpha, linewidths, edgecolors)
```

表6-6　　　　　　　　　　　pyplot.scatter()函数的常用参数

常用参数	描述
x	x轴数据
y	y轴数据
s	设置散点大小，可以是一个标量或者一个与x、y一样大小的数组
c	设置散点颜色
marker	设置散点形状
alpha	设置散点的透明度
edgecolors	设置散点边界线的颜色
linewidths	设置散点边界线的宽度

沿用【业务场景6-1】的数据，绘制散点图以展现国民总收入与国内生产总值变化趋势。

动手实操

【In】
```python
#（1）导入matplotlib.pyplot模块
from matplotlib import pyplot as plt
#（2）设置中文字体为黑体、中文状态下负号正常显示
plt.rcParams['font.family'] = 'Simhei'
plt.rcParams['axes.unicode_minus'] = False
#（3）根据已知条件设置x轴、y轴数据
x = gdpdata.index
y1 = gdpdata['国民总收入（亿元）']
y2 = gdpdata['国内生产总值（亿元）']
#（4）绘制散点图
plt.scatter(x, y1, s=200, c='red', label='国民总收入', marker='*',
alpha=0.5)
plt.scatter(x, y2, s=200, c='orange', label='国内生产总值', marker=
'o', alpha=0.5)
plt.title('2018—2022年国民总收入与国内生产总值变化')
plt.legend()                            # 显示图例
#（5）显示散点图
plt.show()
```

【Out】

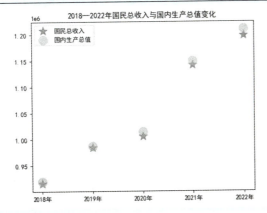

4. 饼图样式设置

使用pyplot.pie()函数绘制饼图时，语法格式如下。常用参数如表6-7所示。

```
pyplot.pie(x, labels, explode, autopct, colors, ...)
```

表6-7　　　　　　　　　　　　pyplot.pie()函数的常用参数

常用参数	描述
x	饼图基础数据
labels	各数据对应的标签
explode	每个扇区偏离圆心的距离
autopct	饼图内标签的文本样式
colors	各扇区颜色

沿用【业务场景6-1】的数据，绘制饼图以展现不同产业对国内生产总值的经济贡献。

动手实操

```
【In】    #（1）导入 matplotlib.pyplot 模块
          from matplotlib import pyplot as plt
          #（2）根据已知条件设置饼图基础数据
          industry=['第一产业','第二产业','第三产业']
          value= gdpdata.loc['2022年', ['第一产业增加值（亿元）','第二产业增加值
          （亿元）','第三产业增加值（亿元）']]
          colors = ['#ffda03','#58bc08','#ff964f']          #设置各扇区颜色
          #（3）绘制饼图
          plt.pie(value, labels = industry, colors=colors, explode = [0,0,0.1],
          autopct = '%.2f%%')
          #（4）设置饼图标题
          plt.title('2022年第一、二、三产业对国内生产总值的经济贡献')
          #（5）显示图形
          plt.show()
```

【Out】

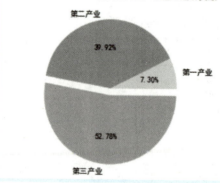

二、matplotlib组合图绘制

实际绘制图形时，可能需要将关联数据放在同一个坐标系中，以便更好地呈现数据之间的联系，比如在同一坐标系中分别绘制不同年份的费用发生额，才能更加直观地比较费用变化情况。这种在同一个坐标系中绘制的多个图形就是组合图。

　　绘制组合图比较简单，将需要组合的图形放在一起即可。但需要注意，组合图中的图形必须使用同一个横坐标轴，才能实现组合图效果。

　　沿用【业务场景6-1】的数据，绘制组合图，展示国民总收入与国内生产总值变化趋势。

动手实操

【In】
```python
#（1）导入 matplotlib.pyplot 模块
from matplotlib import pyplot as plt
#（2）设置中文字体为黑体、中文状态下负号正常显示
plt.rcParams['font.family'] = 'Simhei'
plt.rcParams['axes.unicode_minus'] = False
#（3）根据已知条件设置 x 轴、y 轴数据
x = gdpdata.index
y1 = gdpdata['国民总收入（亿元）']
y2 = gdpdata['国内生产总值（亿元）']
#（4）绘制折线图，展示国民总收入变化
plt.plot(x, y1, linewidth = 1, color = 'red', linestyle = '--',
marker = '*', label = '国民总收入')
#（5）绘制柱形图，展示国内生产总值变化
plt.bar(x, y2, color = 'orange', width = 0.5, alpha = 0.5, label =
'国内生产总值')
#（6）设置组合图标题
plt.title('2018—2022年国民总收入与国内生产总值变化')
#（7）显示图例
plt.legend()
#（8）显示组合图
plt.show()
```

【Out】

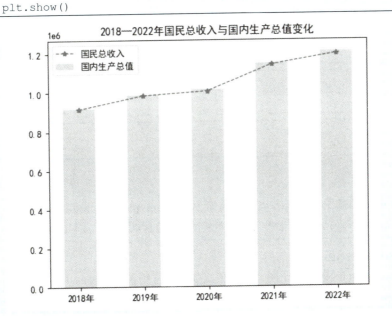

三、matplotlib子图绘制

　　与组合图不同，子图是将多个图形分别绘制在同一个画布的多个坐标系中。实际应用时，用户可以根据需要，在画布中设置子图的位置。图6-3所示是Python子图结构示例。

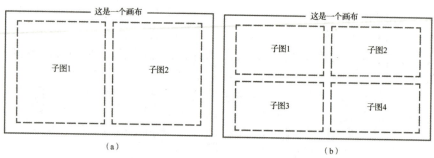

图6-3　Python子图结构示例

子图的绘制方法有很多种，下面介绍两种常用的方法。

1. pyplot.subplot()函数

使用pyplot.subplot()函数绘制子图，语法格式如下。常用参数如表6-8所示。

```
pyplot.subplot(nrows, ncols, index,…)
```

表6-8　　　　　　　　　　　　pyplot.subplot()函数常用参数

参数	描述
nrows	子图网格的行数
ncols	子图网格的列数
index	索引，从左上角的1开始，向右及向下增加

例如，pyplot.subplot(2,2,1)表示创建一个2×2的网格，并取第一个网格作为子图的位置，如图6-4所示。

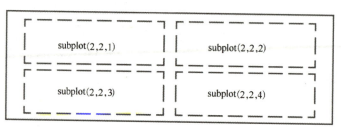

图6-4　子图位置

💡 **小贴士**

pyplot.subplot()函数中的参数可以使用简写方法，如pyplot.subplot(2,2,1)可以写成pyplot.subplot(221)，但这种简写方法只适用于不超过9个子图的情况。

2. pyplot.subplots()函数

使用pyplot.subplots()函数绘制子图，语法格式如下。常用参数如表6-9所示。

```
pyplot.subplots(nrows, ncols, figsize, sharex, sharey,…)
```

表6-9　　　　　　　　　　　　pyplot.subplots()函数常用参数

参数	描述
nrows	子图网格的行数
ncols	子图网格的列数

续表

参数	描述
figsize	图形大小，默认figsize =（6.4,4.8），以英寸（1英寸≈2.54厘米）为单位
sharex	是否共享x轴，默认sharex = False
sharey	是否共享y轴，默认sharey = False

例如，pyplot.subplots(2,1)表示创建一个2×1的网格，可通过索引设置子图位置，也可以在定义时直接用元组接收子图对象，语法格式如下。

```
# 方法一：使用索引获取子图位置
fig, ax = pyplot.subplots(2,1)
ax[0],ax[1]
# 方法二：以元组(ax1,ax2)接收子图对象
fig, (ax1,ax2) = pyplot.subplots(2,1)
```

沿用【业务场景6-1】的数据，使用pyplot.subplots()绘制两个左右结构的子图，分别展示国内生产总值的变化趋势，以及国内生产总值中不同产业的经济贡献。

动手实操

```
【In】  # （1）导入matplotlib.pyplot模块
        from matplotlib import pyplot as plt
        # （2）设置中文字体为黑体、中文状态下负号正常显示
        plt.rcParams['font.family'] = 'Simhei'
        plt.rcParams['axes.unicode_minus'] = False
        # （3）创建一个大的画布
        fig, ax = plt.subplots(figsize=(10, 4))
        # （4）根据已知条件设置子图1的x轴、y轴数据
        x = gdpdata.index
        y1 = gdpdata['国内生产总值（亿元）']
        # （5）定义子图1的位置
        ax1 = fig.add_subplot(1, 2, 1)
        # （6）绘制子图1，并设置子图1的标题
        ax1.bar(x, y1, color = '#ff964f', width = 0.5)
        ax1.set_title('2018—2022年国内生产总值变化')
        ax.axis('off')                    # 不显示画布的坐标轴
        # （7）根据已知条件设置子图2的数据
        industry=['第一产业', '第二产业', '第三产业']
        value= gdpdata.loc['2022年', ['第一产业增加值（亿元）', '第二产业增加值（亿元）',
        '第三产业增加值（亿元）']]
        # （8）定义子图2的位置
        ax2 = fig.add_subplot(1, 2, 2)
        # （9）绘制子图2，并设置子图2的标题
        ax2.pie(value, labels = industry, autopct = '%.2f%%', startangle = 30)
        # 设置startangle使饼图呈圆形
        ax2.set_title('不同产业对国内生产总值的经济贡献')
        # （10）显示子图
        plt.show()
```

【Out】

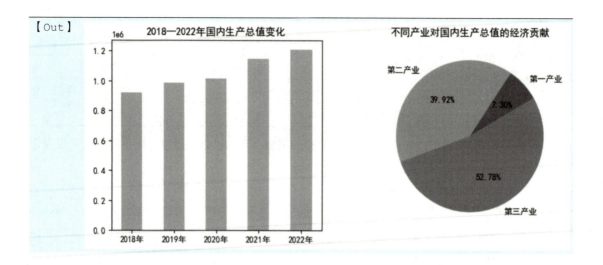

 小贴士

　　pyplot.subplot()函数和pyplot.subplots()函数都可以用来创建多个子图，但两者的使用方式略有不同。pyplot.subplot()函数可以在定义好的画布上绘制多个子图，但每条subplot命令只创建一个子图，而pyplot.subplots()函数可以一次绘制多个子图。更多细节可查看Python官方文档。

　　使用matplotlib模块中的方法，可以对图形的线型、颜色、标签等进行设置，从而实现图形的个性化展示，也可以通过组合图和子图更好地反映数据之间的逻辑关系。需要注意的是，数据可视化是为了更好地展示数据分析的结果，因此，图形没有好坏之分。简洁、可读、易用是绘制图形的基本要求，能够快速呈现数据内在规律的图形才是好的选择，而不是越复杂、越多样就越好。

微课6-3

pyecharts 初级应用

任务三　pyecharts初级应用

　　pyecharts是Python中实现数据可视化的第三方模块。与matplotlib模块相比，用pyecharts生成的图表可以实现动态交互的可视化效果，从而让用户了解更多数据细节。不足之处是pyecharts不支持数组作图，也就是不能使用numpy、pandas数据类型，只支持列表、元组等Python原生数据类型。

一、pyecharts绘图步骤

　　使用pyecharts模块绘图的一般步骤如图6-5所示。首先，在作图前导入相关内置模块。pyecharts的charts子模块包含各式各样的作图类，如Line（折线图或面积图）、Bar（柱形图或条形图）、Pie（饼图）等，可根据需要导入对应的作图类。其次，添加图表基础数据。最后，进行样式设置。options模块是pyecharts中最重要的模块之一，里面封装了众多关于定制图表组件和样式的配置项，配置前须导入options模块。设置完成后就可以渲染图表最终的呈现效果了。

图6-5 使用pyecharts模块绘图的一般步骤

二、pyecharts图形绘制

pyecharts模块中包括30多种常见图表，部分图表类型如表6-10所示。下面以折线图、柱形图、条形图和饼图为例讲解用pyecharts绘制简单图表的方法。

表6-10　　　　　　　　　　　pyecharts部分图表类型

作图类	描述	作图类	描述
Bar	柱形图或条形图	Pie	饼图
Line	折线图或面积图	Polar	极坐标图
Kline/Candlestick	K线图	Radar	雷达图
HeatMap	热力图	Tree	树形图
Scatter	散点图	Map	地图
Gauge	仪表盘	Bar3D	3D柱形图

 业务场景6-2　数字经济发展可视化

数字经济已经成为推动我国经济转型升级的重要力量。为了更好地了解数字经济的趋势变化，可以利用Python的可视化功能，对数字经济的相关数据进行分析和呈现。可以绘制折线图、柱形图，展示数字经济规模的变化趋势；可以绘制饼图，展示不同数字产业营收的占比情况。采集到的数据（数字经济规模数据的单位为万亿元）存放在Python程序所在路径下的"6-3　我国数字经济规模.xlsx"文件中，读取数据的代码如下。

代码实现

【In】
```
import pandas as pd
data=pd.read_excel('6-3 我国数字经济规模.xlsx')
data
```

【Out】

	年份	数字经济规模	数字经济占GDP比重
0	2017年	27.2	0.329
1	2018年	31.3	0.348
2	2019年	35.8	0.362
3	2020年	39.2	0.386
4	2021年	45.5	0.398
5	2022年	50.2	0.415

1. 折线图

pyecharts模块中的直角坐标系图表包括柱形图、折线图、散点图等。下面绘制折线图，展示我国数字经济规模变化趋势。

【In】
```
#（1）导入折线图类，并实例化一个折线图对象
from pyecharts.charts import Line
line = Line()
#（2）读取绘图数据，根据已知条件设置 x 轴、y 轴数据
year = data['年份'].tolist()
# pyecharts 不支持 pandas 数据类型，通过 tolist() 函数将其转换为列表
digital_data = data['数字经济规模'].tolist()
#（3）添加 x 轴、y 轴数据
line.add_xaxis(year)
line.add_yaxis('我国数字经济规模变化趋势', digital_data)
#（4）显示折线图
line.render_notebook()
```

【Out】

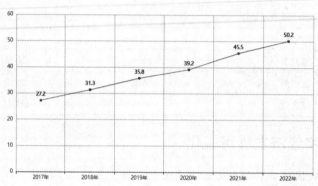

pyecharts 的所有方法均支持链式调用。链式调用是指简化同一对象多次访问属性或调用方法的编码方式，以避免多次重复使用同一对象变量，可使代码变得更加简洁、易懂。其语法格式类似 line().add_xaxis().add_yaxis()，以上代码也可以改写为：

【In】
```
#（1）导入折线图类
from pyecharts.charts import Line
#（2）根据已知条件设置 x 轴、y 轴数据
year = data['年份'].tolist()
# pyecharts 不支持 pandas 数据类型，通过 tolist() 函数将其转换为列表
digital_data = data['数字经济规模'].tolist()
#（3）添加 x 轴、y 轴数据，并显示折线图
line().add_xaxis(year).add_yaxis('我国数字经济规模变化趋势', digital_
data).render_notebook()
```

【Out】

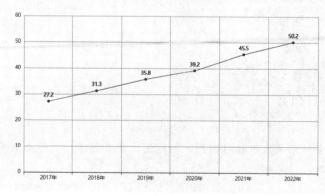

2. 柱形图与条形图

沿用【业务场景6-2】的数据，绘制柱形图，展示数据变化趋势。

【In】
```
#（1）导入柱形图类，并实例化一个柱形图对象
from pyecharts.charts import Bar
bar = Bar()
#（2）根据已知条件设置 x 轴、y 轴数据
year = data['年份'].tolist()
digital_data = data['数字经济规模'].tolist()
#（3）添加 x 轴、y 轴数据
bar.add_xaxis(year)
bar.add_yaxis('我国数字经济规模变化趋势', digital_data)
#（4）显示柱形图
bar.render_notebook()
```

【Out】

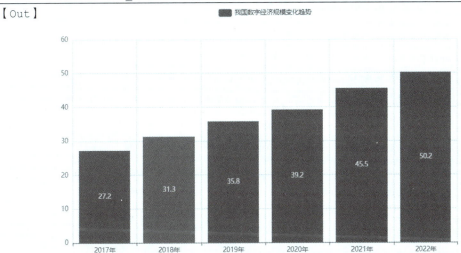

可以看到，绘制柱形图的方法与绘制折线图的类似，只是将作图类由Line改为Bar，并按同样的方式添加x轴、y轴数据，进而生成柱形图。也可以通过reversal_axis()函数转置坐标轴，将柱形图转换为条形图。

【In】
```
#（1）导入柱形图类，并实例化一个柱形图对象
from pyecharts.charts import Bar
bar = Bar()
#（2）根据已知条件设置 x 轴、y 轴数据
year = data['年份'].tolist()
# pyecharts 不支持 pandas 数据类型，通过 tolist() 函数将其转换为列表
digital_data = data['数字经济规模'].tolist()
#（3）添加 x 轴、y 轴数据
bar.add_xaxis(year)
bar.add_yaxis('我国数字经济规模变化趋势', digital_data)
#（4）转置坐标轴，将柱形图转换为条形图
bar.reversal_axis()
#（5）显示条形图
bar.render_notebook()
```

【Out】

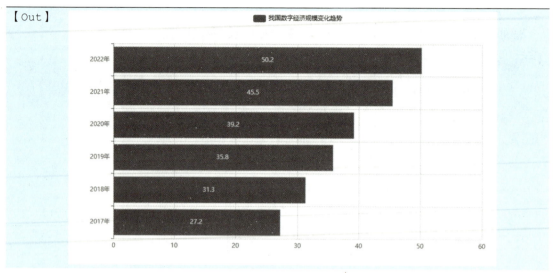

3. 饼图

2022年，我国电子信息制造业实现营收15.4万亿元，软件业达10.81万亿元，互联网和相关服务业达1.46万亿元，电信业达1.58万亿元。绘制饼图展示4个不同数字产业营收的占比情况。

【In】
```python
#（1）从pyecharts.charts中导入饼图类，并实例化一个饼图对象
from pyecharts.charts import Pie
pie = Pie()
#（2）根据已知条件设置饼图系列数据
piedata = [('电子信息制造业', 15.4), ('软件业', 10.81), ('互联网和相关服务业', 1.46), ('电信业',1.58)]
#（3）添加系列数据
pie.add('2022年不同数字产业营收贡献情况', piedata )
#（4）显示饼图
pie.render_notebook()
```

【Out】

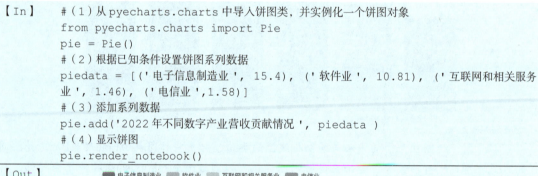

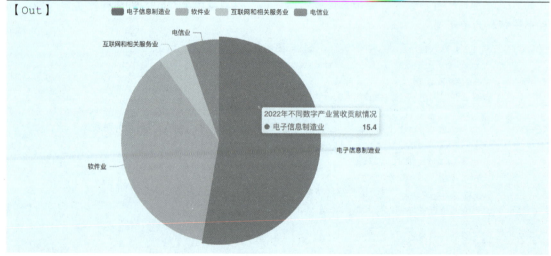

在pyecharts中使用Pie作图类绘制饼图时，与直角坐标系图表的绘制不同，如以上代码所示，饼图的基础数据可以使用"[(key1, value1), (key2, value2)]"格式进行设置。

业务总结

matplotlib和pyecharts模块都能实现基础数据的可视化，但pyecharts支持动态交互，移动鼠标指针即可动态呈现具体的数据信息，更便于用户了解数据内容。在实际业务处理过程中，要分析原始数据的特征和结构，熟练掌握绘图逻辑，选择合适的绘图模块和图表类型，从而强化数据分析结果的应用和价值挖掘。

任务四　pyecharts绘图进阶

微课6-4

pyecharts绘图
进阶

与matplotlib模块类似，pyecharts模块也提供了高度灵活的配置项和多种组合图表类型，可以帮助用户实现想要的可视化效果。

一、pyecharts样式设置

使用pyecharts中的options子模块可实现图表样式的各种设置。根据设置内容不同，配置项可以分为全局配置项和系列配置项，并遵循"先配置后使用"的原则。

1. 全局配置项

全局配置项是针对图表通用属性进行配置的配置项，包括初始化配置项、标题配置项、图例配置项、工具箱配置项等。全局配置项通过set_global_opts()方法设置（初始化配置项除外），每个配置项都对应一个类，如图6-6所示。

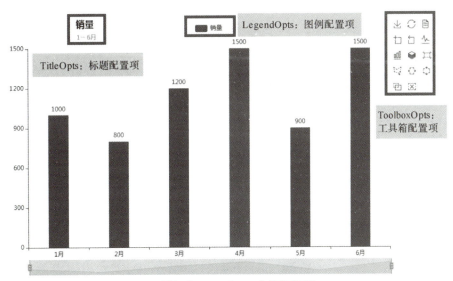

图6-6　pyecharts全局配置项

（1）InitOpts：初始化配置项。

InitOpts配置项主要用于设置图表画布的大小、图表主题等。以折线图为例，语法格式如下。InitOpts()的常用参数如表6-11所示。

```
Line(init_opts = opts.InitOpts())
```

表6-11   InitOpts()的常用参数

常用参数	描述
width	图表画布的宽度
height	图表画布的高度
theme	图表主题

动手实操

【In】　　# 设置画布大小
　　　　　Line(init_opts = opts.InitOpts(width = '900px', height = '500px')

width和height参数值也可直接用cm、mm等单位进行设置。

（2）TitleOpts：标题配置项。

TitleOpts配置项主要用于设置图表的标题及其位置等，语法格式如下。TitleOpts()的常用参数如表6-12所示。

```
Line().set_global_opts(title_opts = opts.TitleOpts())
```

表6-12   TitleOpts()的常用参数

常用参数	描述
title	主标题
subtitle	副标题
pos_left	title组件所在的区域被称为容器，该参数用于设置标题距离容器左侧的位置，参数值可以是像10%这样相对于容器高宽的百分比，也可以是像20这样具体的像素值，还可以是left、center、right
pos_right	设置标题距离容器右侧的位置，参数值可以是像10%这样相对于容器高宽的百分比，也可以是像20这样具体的像素值
pos_top	设置标题距离容器上侧的位置，参数值可以是像10%这样相对于容器高宽的百分比，也可以是像20这样具体的像素值，还可以是top、middle、bottom
pos_bottom	设置标题距离容器下侧的位置，参数值可以是像10%这样相对于容器高宽的百分比，也可以是像20这样具体的像素值

动手实操

【In】　　# 显示主标题和副标题
　　　　　Line().set_global_opts(title_opts = opts.TitleOpts(title = ' 销量 ',
　　　　　subtitle = '1—6 月'))

（3）LegendOpts：图例配置项。

LegendOpts配置项主要用于设置图例是否显示、图例位置等，语法格式如下。LegendOpts()的常用参数如表6-13所示。

```
Line().set_global_opts(legend_opts = opts.LegendOpts())
```

表6-13   LegendOpts()的常用参数

常用参数	描述
is_show	是否显示图例组件
pos_left	参数值设置同标题配置项
pos_right	
pos_top	
pos_bottom	

动手实操

【In】　# 显示图例，设置图例的相对位置
```
Line().set_global_opts(legend_opts = opts.LegendOpts(is_show = True,
pos_top = '2%'))
```

（4）ToolboxOpts：工具箱配置项。

ToolboxOpts配置项主要用于设置工具箱是否显示、工具箱位置等，语法格式如下。ToolboxOpts()
的常用参数如表6-14所示。

```
Line().set_global_opts(toolbox_opts = opts.ToolboxOpts())
```

表6-14　　　　　　　　　　　　　　ToolboxOpts()的常用参数

常用参数	描述
is_show	是否显示工具箱组件
pos_left	
pos_right	
pos_top	参数值设置同标题配置项
pos_bottom	

动手实操

【In】　# 显示工具箱，设置工具箱的相对位置
```
Line().set_global_opts(toolbox_opts = opts.ToolboxOpts(is_show =
True, pos_top = '2%')
```

沿用【业务场景6-2】的数据，绘制添加全局配置项的折线图。

动手实操

【In】
```
#（1）导入折线图类和options模块
from pyecharts.charts import Line
from pyecharts import options as opts
#（2）根据已知条件设置x轴、y轴数据
year = data['年份'].tolist()
# pyecharts不支持pandas数据类型，通过tolist()函数将其转换为列表
digital_data = data['数字经济规模'].tolist()
#（3）实例化一个折线图对象，并设置画布大小为16 cm×8 cm
line = Line(init_opts = opts.InitOpts(width = '16cm', height = '8cm'))
#（4）添加x轴、y轴数据，设置折线颜色
line.add_xaxis(year)
line.add_yaxis('数字经济规模',digital_data, color = 'red')
#（5）设置全局配置项，设置主标题和副标题，设置标题距离左侧的位置
line.set_global_opts(title_opts = opts.TitleOpts(title = '我国数字经济
规模', subtitle = '2017—2022年', pos_left = '5%'),
# 显示图例，设置图例距离上侧的位置
legend_opts = opts.LegendOpts(is_show = True, pos_top = '10%'),
# 显示工具箱，设置工具箱距离底部的位置
toolbox_opts = opts.ToolboxOpts(is_show = True, pos_bottom = '80%'))
# 显示折线图
line.render_notebook()
```

【Out】
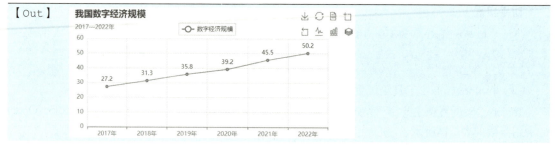

2. 系列配置项

系列配置项是针对图表特定元素属性的配置项，包括标签配置项、标记点配置项、线型配置项等。系列配置项通过set_series_opts()方法设置，每个配置项都对应一个类。

（1）LabelOpts：标签配置项。

LabelOpts配置项主要用于设置是否显示图表标签，以及设置标签的字体、字号等，语法格式如下。LabelOpts()的常用参数如表6-15所示。

```
Line().set_series_opts(label_opts = opts.LabelOpts())
```

表6-15　　　　　　　　　　　　　LabelOpts()的常用参数

常用参数	描述
is_show	是否显示标签
color	标签文字的颜色
font_size	标签文字的大小
font_family	标签文字的字体

动手实操

```
【In】    # 设置标签格式
         Line().set_series_opts(label_opts = opts.LabelOpts(is_show = True,
         font_family = '楷体', font_size = 10))
```

（2）MarkPointOpts：标记点配置项。

MarkPointOpts配置项主要用于设置标记点数据项，语法格式如下。MarkPointOpts()的常用参数如表6-16所示。

```
Line().set_series_opts(markpoint_opts = opts.MarkPointOpts(data = [opts.
MarkPointItem()]))
```

表6-16　　　　　　　　　　　　　MarkPointOpts()的常用参数

常用参数	描述
name	标记点名称
type_	特殊的标记点类型，用于标注最大值、最小值等。可选min（最小值）、max（最大值）、average（平均值）

动手实操

```
【In】    # 标记最大值
         Line().set_series_opts(markpoint_opts = opts.MarkPointOpts(data=
         [opts.MarkPointItem(type_ = 'max', name = '最大值')]))
```

（3）LineStyleOpts：线型配置项。

LineStyleOpts配置项主要用于设置线型，语法格式如下。LineStyleOpts()的常用参数如表6-17所示。

```
Line().set_series_opts(linestyle_opts = opts.LineStyleOpts())
```

表6-17　LineStyleOpts()的常用参数

常用参数	描述
is_show	是否显示框线
width	线宽
opacity	图形透明度，支持0~1的数字，为0时图形完全透明
type_	线的类型，可选solid（实线）、dashed（虚线）、dotted（点线）
color	线的颜色

动手实操

【In】
```
# 设置线型为虚线，线宽为2
Line().set_series_opts(linestyle_opts = opts.LineStyleOpts(width = 2,
type_ = 'dashed'))
```

沿用【业务场景6-2】的数据，绘制添加系列配置项的折线图。

动手实操

【In】
```
# (1) 导入折线图类和 options 模块
from pyecharts.charts import Line
from pyecharts import options as opts
# (2) 根据已知条件设置 x 轴、y 轴数据
year = data['年份'].tolist()
# pyecharts 不支持 pandas 数据类型，通过 tolist() 函数将其转换为列表
digital_data = data['数字经济规模'].tolist()
# (3) 实例化一个折线图对象，并设置画布大小为 16 cm×8 cm
line = Line(init_opts = opts.InitOpts(width = '16cm', height = '8cm'))
# (4) 添加 x 轴、y 轴数据，设置折线颜色
line.add_xaxis(year)
line.add_yaxis('数字经济规模',digital_data, color = 'red')
# (5) 设置全局配置项，设置主标题和副标题，设置标题距离左侧的位置
line.set_global_opts(title_opts = opts.TitleOpts(title = '我国数字经济
规模', subtitle = '2017—2022 年', pos_left = '5%'),
# 显示图例，设置图例距离上侧的位置
legend_opts = opts.LegendOpts(is_show = True, pos_top = '10%'),
# 显示工具箱，设置工具箱距离底部的位置
toolbox_opts = opts.ToolboxOpts(is_show = True, pos_bottom = '25%'))
# (6) 设置系列配置项
line.set_series_opts(label_opts = opts.LabelOpts(is_show = True,
font_family = '黑体', font_size = 12),linestyle_opts = opts.
LineStyleOpts(type_ = 'dotted', width = 2), markpoint_opts = opts.
MarkPointOpts(data = [opts.MarkPointItem(type_ = 'max',
name = '最大值')]))         # 设置线型为点线，并添加最大值标记点
# (7) 显示折线图
line.render_notebook()
```

【Out】

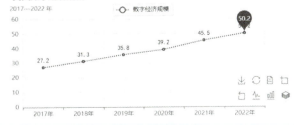

3. 图表配置项

除了全局配置项和系列配置项，也可对不同类型的图表进行个性化设置。以饼图为例，可以设置饼图的半径、饼图的中心坐标等，语法格式如下。常用参数如表6-18所示。

```
Pie().add('系列名称', data_pair, color=None, radius=None, center=None, rosetype=
None, is_clockwise=True,…)
```

表6-18　　　　　　　　使用pyecharts绘制饼图的常用参数

常用参数	描述
color	系列标签颜色
radius	饼图的半径，数组的第一项是内半径，第二项是外半径，默认设置成百分比样式
center	饼图的中心（圆心）坐标，数组的第一项是横坐标，第二项是纵坐标，默认设置成百分比样式
rosetype	是否展示成南丁格尔玫瑰图，通过半径区分数据大小，有radius和area两种模式。 ① radius：扇区圆心角展现数据的百分比，半径展现数据的大小。 ② area：所有扇区圆心角相同，仅通过半径展现数据的大小
is_clockwise	饼图的扇区是否按顺时针排布。参数值为True时，扇区按顺时针排布

沿用前述2022年我国4个不同数字产业的营收数据，绘制南丁格尔玫瑰图。

动手实操

```
【In】    #（1）从pyecharts.charts中导入饼图类、options模块，并实例化一个饼图对象
         from pyecharts.charts import Pie
         from pyecharts import options as opts
         label_opts=opts.LabelOpts(formatter='{b}:{d}%')      # 自定义饼图显示百分比
         pie = Pie()
         #（2）根据已知条件设置饼图系列数据
         piedata = [('电子信息制造业', 15.4), ('软件业', 10.81), ('互联网和相关服务
         业', 1.46), ('电信业',1.58)]
         #（3）添加系列数据
         pie.add('营收增长', piedata,
                 # 设置饼图内半径与外半径
                 radius=['15%', '30%'],
                 # 设置南丁格尔玫瑰图模式为radius
                 rosetype = 'radius',
                 # 设置扇区逆时针排布
                 is_clockwise = False)
         #（4）设置饼图主标题
         pie.set_global_opts(title_opts = opts.TitleOpts(title = '2022年不同
         数字产业营收贡献情况', pos_left = '35%', pos_top = '20%'),legend_opts =
         opts.LegendOpts(is_show =False))                      # 设置不显示图例
         #（5）显示饼图
         pie.render_notebook()
```

【Out】

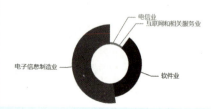

二、pyecharts层叠图绘制

层叠图是将多个图形叠加在同一个画布，比如柱形图与折线图叠加，或者折线图与散点图叠加。在pyecharts中绘制层叠图时，可先分别绘制需叠加的图形，然后使用overlap()函数将绘制好的图形叠加在一起，以组合柱形图和折线图为例，语法格式如下。

知识拓展6-1

pyecharts 主题样式

```
bar.overlap(line)
```

沿用【业务场景6-2】的数据，分别绘制数字经济规模变化的柱形图，以及数字经济占GDP比重的折线图，并使用overlap()函数将图形叠加在一起。

动手实操

【In】
```
from pyecharts import options as opts
from pyecharts.charts import Bar, Line
from pyecharts.globals import ThemeType
year = data['年份'].tolist()
digital_data = data['数字经济规模'].tolist()
digital_data2 = data['数字经济占 GDP 比重'].tolist()
y2 = [i for i in range(0, 60)]                    # 设置 y 轴的区间
bar = (
    Bar(init_opts=opts.InitOpts(theme=ThemeType.DARK))
# 不同主题样式可通过 help(ThemeType) 查看
    .add_xaxis(year)
    .add_yaxis('数字经济规模', digital_data)
    .extend_axis(
        yaxis=opts.AxisOpts(axislabel_opts=opts.LabelOpts(formatter=
'{value}'), interval=0.1))
    .set_series_opts(label_opts=opts.LabelOpts(is_show=False))
    .set_global_opts(
        title_opts=opts.TitleOpts(title='我国数字经济规模及其占 GDP 比重'),
        yaxis_opts=opts.AxisOpts(
            axislabel_opts=opts.LabelOpts(formatter= '{value}')
        )))
line = Line()
line.add_xaxis(y2).add_yaxis('数字经济占 GDP 比重', digital_data2, yaxis_
index=1)
bar.overlap(line)
bar.render_notebook()
```

【Out】

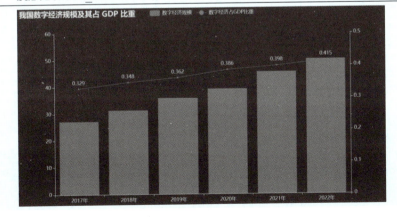

三、并行图

与层叠图不同，并行图是指在同一画布中分开显示多张图表，类似matplotlib模块中的子图。pyecharts中使用Grid作图类实现并行图的绘制，假设要在同一视图区绘制柱形图和折线图，语法格式如下。

```
# 导入 Grid 作图类
from pyecharts.charts import Grid
# 实例化一个 Grid 对象
grid = Grid()
# 使用 add() 函数分别添加已绘制的柱形图、折线图，并调整图形位置
grid.add(bar, grid_opts = opts.GridOpts(pos_left = None, pos_right = None,
pos_top = None, pos_bottom = None,…))
grid.add(line, grid_opts = opts.GridOpts(pos_left = None, pos_right = None,
pos_top = None, pos_bottom = None,…))
```

导入GridOpts（直角坐标系网格配置项）调整图形位置时，可使用pos_left、pos_right、pos_top、pos_bottom等位置参数分别调整左、右、上、下的距离，如表6-19所示。

表6-19 GridOpts的位置参数

参数	描述
pos_left	用于设置grid组件距离容器左侧的位置。参数值可以是像10%这样相对于容器高宽的百分比，也可以是像20这样具体的像素值，还可以是left、center、right
pos_right	用于设置grid组件距离容器右侧的位置。参数值可以是像10%这样相对于容器高宽的百分比，也可以是像20这样具体的像素值
pos_top	用于设置grid组件距离容器上侧的位置。参数值可以是像10%这样相对于容器高宽的百分比，也可以是像20这样具体的像素值，还可以是top、middle、bottom
pos_bottom	用于设置grid组件距离容器下侧的位置。参数值可以是像10%这样相对于容器高宽的百分比，也可以是像20这样具体的像素值

沿用【业务场景6-2】的数据，绘制并行图，布局采用左右类型，即柱形图显示在左，折线图显示在右，二者均不显示图例。

动手实操

```
【In】  #（1）导入柱形图类、折线图类、Grid 作图类，导入 options 模块
       from pyecharts.charts import Bar, Line, Grid
       from pyecharts import options as opts
       #（2）根据已知条件设置 x 轴、y 轴数据
       year = data['年份'].tolist()
       digital_data = data['数字经济规模'].tolist()
       digital_data2 = data['数字经济占 GDP 比重'].tolist()
       #（3）实例化一个柱形图对象
       bar = Bar()
       #（4）添加柱形图数据
       bar.add_xaxis(year)
       bar.add_yaxis('我国数字经济规模', digital_data)
       #（5）设置柱形图的标题和位置
       bar.set_global_opts(title_opts = opts.TitleOpts(title = '我国数字经济规
       模', pos_left = '15%'),
                           # 设置不显示图例
                              legend_opts = opts.LegendOpts(is_show= False))
```

```
#（6）实例化一个折线图对象
line = Line()
line.add_xaxis(year)
line.add_yaxis(' 数字经济占 GDP 比重 ', digital_data2)
line.set_global_opts(title_opts = opts.TitleOpts(title = ' 我国数字经济
规模占 GDP 比重 ',pos_right = '15%'),
                          # 设置不显示图例
                  legend_opts = opts.LegendOpts(is_show = False))
#（7）实例化一个 Grid 对象
grid = Grid()
grid = Grid(init_opts = opts.InitOpts(width = '24cm', height = '8cm'))
grid.add(line, grid_opts=opts.GridOpts(pos_left=' 55% '))
grid.add(bar, grid_opts=opts.GridOpts(pos_right=' 55% '))
#（8）显示并行图
grid.render_notebook()
```

【Out】

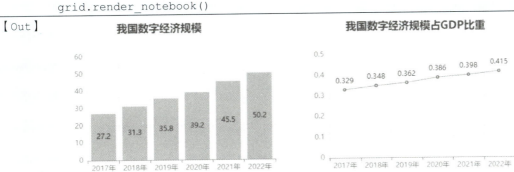

如果想要实现折线图在上、柱形图在下的布局，可使用pos_bottom和pos_top参数，设置折线图和柱形图的位置，并调整图表标题的位置。

动手实操

【In】
```
#（1）导入柱形图类、折线图类、Grid 作图类，导入 options 模块
from pyecharts.charts import Bar, Line, Grid
from pyecharts import options as opts
#（2）根据已知条件设置 x 轴、y 轴数据
year = data[' 年份 '].tolist()
digital_data = data[' 数字经济规模 '].tolist()
digital_data2 = data[' 数字经济占 GDP 比重 '].tolist()
#（3）实例化一个柱形图对象
bar = Bar()
#（4）添加柱形图数据
bar.add_xaxis(year)
bar.add_yaxis(' 我国数字经济规模 ', digital_data , color = 'steelblue')
#（5）将柱形图标题设置为"我国数字经济规模"，标题距离左侧 35%
bar.set_global_opts(title_opts = opts.TitleOpts(title = ' 我国数字经济规
模 ', pos_top = '55%', pos_left = '35%'),
                          # 设置不显示图例
                     legend_opts = opts.LegendOpts(is_show= False))
#（6）实例化一个折线图对象
line = Line()
line.add_xaxis(year)
```

```
line.add_yaxis('数字经济占 GDP 比重', digital_data2)
line.set_global_opts(title_opts = opts.TitleOpts(title = ' 我国数字经济
规模占 GDP 比重 ',pos_left = '30%'),
                      # 设置不显示图例
                      legend_opts = opts.LegendOpts(is_show = False))
#（7）实例化一个 Grid 对象
grid = Grid()
grid = Grid(init_opts = opts.InitOpts(width = '20cm', height = '15cm'))
grid.add(bar, grid_opts=opts.GridOpts(pos_top = '55%'))
grid.add(line, grid_opts=opts.GridOpts(pos_bottom = '55%'))
#（8）显示并行图
grid.render_notebook()
```

【Out】

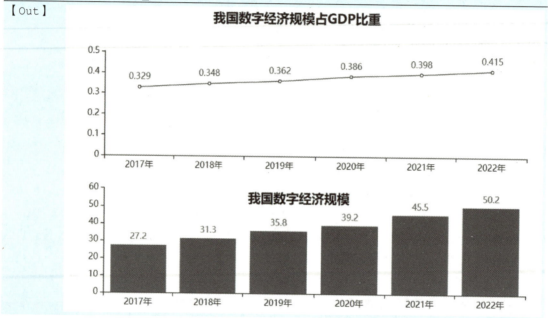

业务总结

  不论是企业决策还是趋势预测，数据可视化都可以为非财会人员提供更直观、易懂的数据呈现，帮助他们了解企业经营和发展情况。Python中的matplotlib、pyecharts等第三方绘图模块，为财会人员提供了更加多样化的可视化方法，将财务报表、经营数据等拆解成直观的分析结果，并以多种图表样式展现数据的内在规律。当然，市场上也有大量成熟的可视化工具供用户选择，但应注意的是，财务大数据可视化工具和方法的选择与企业需求、信息系统构建、人才结构等息息相关。企业应根据自身对数据分析、可视化展示、运算建模的实际需要，结合企业战略规划，综合考虑成本效益原则，选择合适的可视化工具，为管理决策提供支持。

知识拓展6-2

pyecharts 各个
系列配置项设置

拓展思考

  1. 在现代企业管理中，数据驱动决策已经成为一种趋势。通过数据可视化，我们可以将复杂的数据转换为易于理解的图形，为管理决策提供有力的支持。请以企业的业务场景为例，解释数据可视化如何帮助管理者更好地理解数据的趋势变化，从而做出更加科学、合理的决策。

2. 在处理财务数据时，要确保数据的公正性和客观性，避免产生数据偏见和误导；同时，也应该严格遵守相关的数据隐私法规，确保数据的安全性和保密性。那么在数据可视化的过程中，应如何遵循数据伦理和规范，保护企业的敏感财务数据？

3. 假设你是一家企业的数据分析师，需要展示企业不同季度的营业收入。现有保存季度（quarters）及其对应营业收入（revenues）信息的两个列表，具体数据如下。

```
quarters = ['Q1', 'Q2', 'Q3', 'Q4']
revenues = [200, 240, 230, 270]
```

请编写一个Python程序，使用pyecharts模块绘制一个简单的柱形图，横轴表示季度，纵轴表示营业收入，为柱形图添加标题，并显示出来。

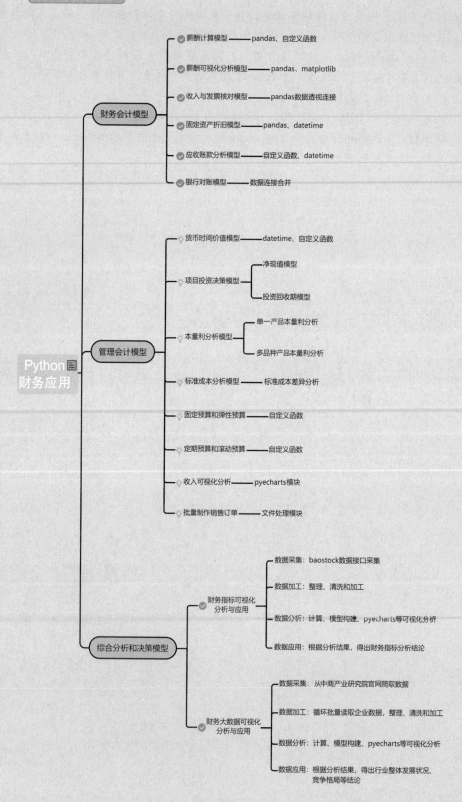

思维导图

进阶篇

Python 财务应用

财务会计模型
- 薪酬计算模型 —— pandas、自定义函数
- 薪酬可视化分析模型 —— pandas、matplotlib
- 收入与发票核对模型 —— pandas数据透视连接
- 固定资产折旧模型 —— pandas、datetime
- 应收账款分析模型 —— 自定义函数、datetime
- 银行对账模型 —— 数据连接合并

管理会计模型
- 货币时间价值模型 —— datetime、自定义函数
- 项目投资决策模型
  - 净现值模型
  - 投资回收期模型
- 本量利分析模型
  - 单一产品本量利分析
  - 多品种产品本量利分析
- 标准成本分析模型 —— 标准成本差异分析
- 固定预算和弹性预算 —— 自定义函数
- 定期预算和滚动预算 —— 自定义函数
- 收入可视化分析 —— pyecharts模块
- 批量制作销售订单 —— 文件处理模块

综合分析和决策模型
- 财务指标可视化分析与应用
  - 数据采集：baostock数据接口采集
  - 数据加工：整理、清洗和加工
  - 数据分析：计算、模型构建、pyecharts等可视化分析
  - 数据应用：根据分析结果，得出财务指标分析结论
- 财务大数据可视化分析与应用
  - 数据采集：从中商产业研究院官网爬取数据
  - 数据加工：循环批量读取企业数据，整理、清洗和加工
  - 数据分析：计算、模型构建、pyecharts等可视化分析
  - 数据应用：根据分析结果，得出行业整体发展状况、竞争格局等结论

项目七

利用Python创建财务会计模型

 学习目标

【知识目标】

1. 掌握Python自定义函数、pandas模块的常见用法。

2. 掌握matplotlib模块在财务数据分析中的基本应用。

【能力目标】

1. 能根据财务会计的核算要求，按照业务实际创建薪酬计算、固定资产折旧、银行对账等财务会计应用模型。

2. 能根据业务目标和数据特征，利用matplotlib等模块，选择合适的图表进行可视化呈现，为分析决策提供支持。

【素养目标】

1. 树立专业自信，基于扎实的财会专业知识和Python编程技能，积极参与财务会计业务实践。在实践中，学会发现问题、分析问题和解决问题，以不断提高应变能力。

2. 遵守坚持学习、守正创新的会计人员职业道德规范，培养批判性思维，能对财务会计应用模型进行反思和优化，以更好地服务企业财务管理工作。

项目导读

在财务核算流程中，财务人员会接触到各种数据表，如财务报表、科目余额表、明细账、工资表、纳税申报表等。当企业规模较小或数据量适中时，Excel是处理简单运算的常用工具。然而，随着数据规模的扩大，大量重复性的财务核算任务增加，企业也提出了更高的数据处理需求，例如跨平台数据表的读取、分组、排序，以及构建复杂的财务会计模型，进行统计分析等。在这种情况下，企业可以利用Python中的pandas模块进行更高效的数据处理。本项目以常见的会计核算业务为应用场景，例如薪酬计算、薪酬可视化分析、收入与发票核对、固定资产折旧、应收账款分析及银行对账等，详细讲解如何利用Python的pandas模块进行数据采集和加工等操作，以及如何利用matplotlib模块进行可视化呈现，从而提升财务管理效率。

任务一 利用自定义函数创建薪酬计算模型

薪酬计算是企业薪酬管理的基础性工作。精确核算员工薪酬数据，对全员全额明细进行个

微课7-1

利用自定义函数创建薪酬计算模型

人所得税申报，按照法律规范计提缴纳社保，是确保企业健康运营的基本保障，也是维护企业纳税信用的基本要求。

业务场景7-1　职工薪酬计算

飞翔集团2023年6月的职工薪酬数据如表7-1所示，财务人员每个月都要计算公司所有职工的社会保险费、住房公积金、应发工资、个人所得税、实发工资等数据。

表7-1  职工薪酬数据 单位：元

工号	姓名	部门	出勤天数	基本工资	绩效工资	月奖金	津贴	社保缴纳基数	专项附加扣除	上期累计应纳税所得额	职工福利费	职工教育经费
wzw001	张奕成	行政部	20	18 000			500	22 000	2 000	61 485	500	
wzw002	林海之	财务部	22	11 000			200	10 800		33 511	500	
wzw003	张晨	财务部	22	12 000			200	11 500	1 000	33 272	500	
wzw004	李丽琴	行政部	18	9 000			200	8 800	1 000	16 194	500	
wzw005	林雨	采购部	20	10 300			200	9 800		18 793	500	
wzw006	曾国华	销售部	19	18 500	2 500		200	17 800	2 000	76 520	500	
wzw007	刘成宇	销售部	22	18 500	1 000		500	18 000		77 851	500	
wzw008	陈晨	销售部	19	16 500			200	16 000	2 000	52 734	500	
wzw009	汪洋	生产部	22	15 000			500	23 400	2 000	97 007		800
wzw010	张韩煜	生产部	19	11 500			200	11 000		36 442		800
wzw011	李晓梅	生产部		12 000			200	10 800	1 000	33 511		800
wzw012	周凯	生产部	21	10 500			200	9 800	2 000	18 852		800
wzw013	王益帅	生产部	21	11 000			200	10 600	1 000	27 579		800
wzw014	张浩	生产部	20	13 200			200	12 700		46 062		800
wzw015	周怡	生产部	22	11 800			200	11 200		38 174		800
wzw016	林晓峰	生产部	21	13 200			200	12 800		46 028		800

常见的职工薪酬项目构成如图7-1所示。

图7-1　职工薪酬项目构成

代码实现

（1）将"7-1 职工薪酬.xlsx"文件存放到Python程序所在路径下，导入pandas模块，读取职工薪酬表（也可以使用绝对路径）。

【In】
```
import pandas as pd
file = '7-1 职工薪酬 .xlsx'
df = pd.read_excel(file,sheet_name = ' 职工薪酬 ')
df.fillna(0,inplace=True)              # 表内数据为空时用 0 填充
df.head()
```

【Out】

	工号	姓名	部门	出勤天数	基本工资	绩效工资	月奖金	津贴	社保缴纳基数	专项附加扣除	上期累计应纳税所得额	职工福利费	职工教育经费
0	wzw001	张奕成	行政部	20	18000	0.0	0.0	500	22000	2000.0	61485	500.0	0.0
1	wzw002	林海之	财务部	22	11000	0.0	0.0	200	10800	0.0	33511	500.0	0.0
2	wzw003	张晨	财务部	22	12000	0.0	0.0	200	11500	1000.0	33272	500.0	0.0
3	wzw004	李丽琴	行政部	18	9000	0.0	0.0	200	8800	1000.0	16194	500.0	0.0
4	wzw005	林雨	采购部	20	10300	0.0	0.0	200	9800	0.0	18793	500.0	0.0

（2）利用DataFrame索引数据，计算缺勤扣款及应发工资，计算公式如下。

日工资=基本工资/21.75

缺勤扣款=（实际工作日-出勤天数）×日工资

应发工资=基本工资+绩效工资+月奖金+津贴-缺勤扣款

【In】
```
df[' 缺勤扣款 '] = round((22-df[' 出勤天数 '])*(df[' 基本工资 ']/21.75),2)
df[' 应发工资 '] = df[' 基本工资 ']+df[' 绩效工资 ']+df[' 月奖金 ']+df[' 津贴 ']-df[' 缺勤扣款 ']
df.head()
```

【Out】

	工号	姓名	部门	出勤天数	基本工资	绩效工资	月奖金	津贴	社保缴纳基数	专项附加扣除	上期累计应纳税所得额	职工福利费	职工教育经费	缺勤扣款	应发工资
0	wzw001	张奕成	行政部	20	18000	0.0	0.0	500	22000	2000.0	61485	500.0	0.0	1655.17	16844.83
1	wzw002	林海之	财务部	22	11000	0.0	0.0	200	10800	0.0	33511	500.0	0.0	0.00	11200.00
2	wzw003	张晨	财务部	22	12000	0.0	0.0	200	11500	1000.0	33272	500.0	0.0	0.00	12200.00
3	wzw004	李丽琴	行政部	18	9000	0.0	0.0	200	8800	1000.0	16194	500.0	0.0	1655.17	7544.83
4	wzw005	林雨	采购部	20	10300	0.0	0.0	200	9800	0.0	18793	500.0	0.0	947.13	9552.87

（3）分别计算应由个人和单位承担的社会保险费及住房公积金，计算公式如下。每个地区的缴纳基数上下限额及缴纳比例都有不同的规定，本例中的15.2%和32.79%仅供参考。

三险一金（个人）=社保缴纳基数×个人缴纳比例（15.2%）

四险一金（单位）=社保缴纳基数×公司缴纳比例（32.79%）

【In】
```
df[' 三险一金（个人）'] = round(df[' 社保缴纳基数 '] * 0.152,2)
df[' 四险一金（单位）'] = round(df[' 社保缴纳基数 '] * 0.3279,2)
df.head()
```

【Out】

	工号	姓名	部门	出勤天数	基本工资	绩效工资	月奖金	津贴	社保缴纳基数	专项附加扣除	上期累计应纳税所得额	职工福利费	职工教育经费	缺勤扣款	应发工资	三险一金（个人）	四险一金（单位）
0	wzw001	张奕成	行政部	20	18000	0.0	0.0	500	22000	2000.0	61485	500.0	0.0	1655.17	16844.83	3344.0	7213.80
1	wzw002	林海之	财务部	22	11000	0.0	0.0	200	10800	0.0	33511	500.0	0.0	0.00	11200.00	1641.6	3541.32
2	wzw003	张晨	财务部	22	12000	0.0	0.0	200	11500	1000.0	33272	500.0	0.0	0.00	12200.00	1748.0	3770.85
3	wzw004	李丽琴	行政部	18	9000	0.0	0.0	200	8800	1000.0	16194	500.0	0.0	1655.17	7544.83	1337.6	2885.52
4	wzw005	林雨	采购部	20	10300	0.0	0.0	200	9800	0.0	18793	500.0	0.0	947.13	9552.87	1489.6	3213.42

为便于查看，提取工号、姓名、应发工资、三险一金、四险一金等数据。

```
【In】    df1 = pd.concat([df['工号'], df['姓名'],df.loc[:,'应发工资':]], axis=1)
         df1.head()
```

【Out】

	工号	姓名	应发工资	三险一金（个人）	四险一金（单位）
0	wzw001	张奕成	16844.83	3344.0	7213.80
1	wzw002	林海之	11200.00	1641.6	3541.32
2	wzw003	张晨	12200.00	1748.0	3770.85
3	wzw004	李丽琴	7544.83	1337.6	2885.52
4	wzw005	林雨	9552.87	1489.6	3213.42

（4）计算本期应纳税所得额及累计应纳税所得额，计算公式如下。

本期应纳税所得额＝应发工资-减除费用（5 000元）-三险一金（个人）-专项附加扣除

累计应纳税所得额＝上期累计应纳税所得额＋本期应纳税所得额

创建自定义函数tax_income()，计算本期应纳税所得额（本期应纳税所得额小于0的，按0计算）。

```
【In】    def tax_income(inc):
             if inc > 0:
                 return inc
             else:
                 return 0
```

调用自定义的tax_income()函数，计算本期应纳税所得额，并计算累计应纳税所得额。

```
【In】    df['本期应纳税所得额'] = (df['应发工资'] - 5000 - df['三险一金（个人）'] -
         df['专项附加扣除']).map(tax_income)
         df['累计应纳税所得额'] = df['上期累计应纳税所得额'] + df['本期应纳税所得额']
```

为便于查看，提取工号、姓名、应发工资、累计应纳税所得额等数据。

```
【In】    df2 = pd.concat([df['工号'], df['姓名'], df.loc[:,'应发工资':]], axis=1)
         df2.head()
```

【Out】

	工号	姓名	应发工资	三险一金（个人）	四险一金（单位）	本期应纳税所得额	累计应纳税所得额
0	wzw001	张奕成	16844.83	3344.0	7213.80	6500.83	67985.83
1	wzw002	林海之	11200.00	1641.6	3541.32	4558.40	38069.40
2	wzw003	张晨	12200.00	1748.0	3770.85	4452.00	37724.00
3	wzw004	李丽琴	7544.83	1337.6	2885.52	207.23	16401.23
4	wzw005	林雨	9552.87	1489.6	3213.42	3063.27	21856.27

（5）创建自定义个税函数tax()，计算个人所得税。个人所得税税率（综合所得适用）如表7-2所示。

表7-2 个人所得税税率（综合所得适用）

级数	全年应纳税所得额	税率/%	速算扣除数
1	不超过36 000元的	3	0
2	超过36 000元至144 000元的部分	10	2 520
3	超过144 000元至300 000元的部分	20	16 920
4	超过300 000元至420 000元的部分	25	31 920
5	超过420 000元至660 000元的部分	30	52 920
6	超过660 000元至960 000元的部分	35	85 920
7	超过960 000元的部分	45	181 920

根据个人所得税税率表，自定义 tax() 函数，实现计税功能。

```
【In】  def tax(x):
           if x > 960000:
               return round(x * 0.45 - 181920,2)
           elif x > 660000:
               return round(x * 0.35 - 85920,2)
           elif x >420000:
               return round(x * 0.30 - 52920,2)
           elif x >300000:
               return round(x * 0.25 - 31920,2)
           elif x >144000:
               return round(x * 0.20 - 16920,2)
           elif x >36000:
               return round(x * 0.10 - 2520,2)
           else:
               return round(x * 0.03,2)
```

（6）调用 tax() 函数，计算当月应纳税额，计算公式如下。

当月应纳税额=累计应纳税额-上期累计应纳税额

```
【In】  df['上期累计应纳税额'] = df['上期累计应纳税所得额'].map(tax)
       df['累计应纳税额'] = df['累计应纳税所得额'].map(tax)
       df['当月应纳税额'] = df['累计应纳税额'] - df['上期累计应纳税额']
```

为便于查看，提取工号、姓名、应发工资、当月应纳税额等数据。

```
【In】  df3 = pd.concat([df['工号'], df['姓名'], df.loc[:,'应发工资':]], axis=1)
       df3.head()
```

【Out】

	工号	姓名	应发工资	三险一金（个人）	四险一金（单位）	本期应纳税所得额	累计应纳税所得额	上期累计应纳税额	累计应纳税额	当月应纳税额
0	wzw001	张奕成	16844.83	3344.0	7213.80	6500.83	67985.83	3628.50	4278.58	650.08
1	wzw002	林海之	11200.00	1641.6	3541.32	4558.40	38069.40	1005.33	1286.94	281.61
2	wzw003	张晨	12200.00	1748.0	3770.85	4452.00	37724.00	998.16	1252.40	254.24
3	wzw004	李丽琴	7544.83	1337.6	2885.52	207.23	16401.23	485.82	492.04	6.22
4	wzw005	林雨	9552.87	1489.6	3213.42	3063.27	21856.27	563.79	655.69	91.90

（7）计算实发工资，计算公式如下。

实发工资=应发工资-三险一金（个人）-当月应纳税额

为便于查看，提取工号、姓名、当月应纳税额、实发工资等数据。

```
【In】  df['实发工资'] = df['应发工资'] - df['三险一金（个人）'] - df['当月应纳税额']
       df4 = pd.concat([df['工号'], df['姓名'], df.loc[:, '应发工资':]], axis=1)
       df4.head()
```

【Out】

	工号	姓名	应发工资	三险一金（个人）	四险一金（单位）	本期应纳税所得额	累计应纳税所得额	上期累计应纳税额	累计应纳税额	当月应纳税额	实发工资
0	wzw001	张奕成	16844.83	3344.0	7213.80	6500.83	67985.83	3628.50	4278.58	650.08	12850.75
1	wzw002	林海之	11200.00	1641.6	3541.32	4558.40	38069.40	1005.33	1286.94	281.61	9276.79
2	wzw003	张晨	12200.00	1748.0	3770.85	4452.00	37724.00	998.16	1252.40	254.24	10197.76
3	wzw004	李丽琴	7544.83	1337.6	2885.52	207.23	16401.23	485.82	492.04	6.22	6201.01
4	wzw005	林雨	9552.87	1489.6	3213.42	3063.27	21856.27	563.79	655.69	91.90	7971.37

（8）将计算结果保存为 Excel 文件，命名为"7-1　2023 年 6 月薪酬数据明细.xlsx"。

```
【In】  df.to_excel('7-1  2023 年 6 月薪酬数据明细 .xlsx')
```

拓展练习 7-1

销售人员提成
计算

微课 7-2

利用 pandas 和
matplotlib 实现
薪酬可视化分析

业务总结

计算薪酬的方法有很多，ERP工资薪金管理系统、Excel等都提供了不同的计算方式。本业务提供了基于Python计算薪酬的方法，企业可结合自身的规模、现有管理信息系统的应用等实际情况，灵活使用不同工具，从而提高薪酬计算效率，提升财务管理水平。

任务二　利用pandas和matplotlib实现薪酬可视化分析

薪酬管理是企业运营中至关重要的一环，也是吸引、激励并留住优秀人才的核心手段。通过分析职工薪酬数据，企业能够进一步优化薪酬结构，以便根据业务变化及时调整薪酬方案，同时设立绩效目标。企业应紧密结合职工薪酬分析结果，在控制运营成本的同时，充分激发员工的积极性，最终实现企业利益的最大化。

📹 业务场景7-2　职工薪酬可视化分析

飞翔集团管理人员想了解单位工资的构成情况，财务人员按照图7-2所示的职工薪酬税前扣除标准，对2023年6月的职工薪酬相关数据进行处理。根据【业务场景7-1】中的结果，职工福利费、职工教育经费为已知数，因此只需计提工会经费，同时分别按部门、职工薪酬项目等维度对薪酬数据进行分析。

图7-2　职工薪酬税前扣除标准

代码实现

（1）导入pandas模块，读取【业务场景7-1】中的计算结果，即"7-1　2023年6月薪酬数据明细.xlsx"文件。

```
【In】    import pandas as pd
         file = '7-1  2023年6月薪酬数据明细 .xlsx'
         df = pd.read_excel(file)
         df.fillna(0,inplace=True)
```

（2）按应发工资的2%计提工会经费。为方便查看，只保留部分关键数据。

```
【In】    df[' 工会经费 '] = round(df[' 应发工资 '] * 0.02,2)
         df1 = pd.concat([df[' 工号 '],df[' 姓名 '],df.loc[:,' 应发工资 ':]],axis=1)
         df1.head()
```

【Out】

	工号	姓名	应发工资	三险一金（个人）	四险一金（单位）	本期应纳税所得额	累计应纳税所得额	上期累计应纳税额	累计应纳税额	当月应纳税额	实发工资	工会经费
0	wzw001	张奕成	16844.83	3344.0	7213.80	6500.83	67985.83	3628.50	4278.58	650.08	12850.75	336.90
1	wzw002	林海之	11200.00	1641.6	3541.32	4558.40	38069.40	1005.33	1286.94	281.61	9276.79	224.00
2	wzw003	张晨	12200.00	1748.0	3770.85	4452.00	37724.00	998.16	1252.40	254.24	10197.76	244.00
3	wzw004	李丽琴	7544.83	1337.6	2885.52	207.23	16401.23	485.82	492.04	6.22	6201.01	150.90
4	wzw005	林雨	9552.87	1489.6	3213.42	3063.27	21856.27	563.79	655.69	91.90	7971.37	191.06

（3）根据计算结果，提取部门、应发工资、四险一金（单位）、工会经费、职工福利费、职工教育经费等数据。

【In】
```
employeeSalary = df[['部门','应发工资','四险一金（单位）','工会经费','职工福利费','职工教育经费']]
employeeSalary.head()
```

【Out】

	部门	应发工资	四险一金（单位）	工会经费	职工福利费	职工教育经费
0	行政部	16844.83	7213.80	336.90	500	0
1	财务部	11200.00	3541.32	224.00	500	0
2	财务部	12200.00	3770.85	244.00	500	0
3	行政部	7544.83	2885.52	150.90	500	0
4	采购部	9552.87	3213.42	191.06	500	0

（4）利用数据透视表，按部门汇总公司的职工薪酬支出。

【In】
```
dep_salary = employeeSalary.pivot_table(index='部门',aggfunc='sum')
dep_salary['薪酬合计'] = dep_salary['应发工资'] + dep_salary['四险一金（单位）'] + dep_salary['工会经费'] + dep_salary['职工福利费'] + dep_salary['职工教育经费']
dep_salary
```

【Out】

部门	四险一金（单位）	工会经费	应发工资	职工教育经费	职工福利费	薪酬合计
生产部	33544.17	1892.01	94601.14	6400	0	136437.32
行政部	10099.32	487.80	24389.66	0	1000	35976.78
财务部	7312.17	468.00	23400.00	0	1000	32180.17
采购部	3213.42	191.06	9552.87	0	500	13457.35
销售部	16985.22	1061.45	53072.42	0	1500	72619.09

（5）绘制柱形图，比较不同部门的薪酬差异。

【In】
```
import matplotlib.pyplot as plt                # 导入 matplotlib.pyplot 模块
plt.rcParams['font.family'] = 'SimHei'         # 设置中文字体为黑体
plt.rcParams['axes.unicode_minus'] = False     # 中文状态下负号正常显示
plt.figure(figsize=(6,3),dpi=200)              # 设置画布的大小
x = dep_salary.index                           # 设置 x 轴为部门名称
y = dep_salary['薪酬合计']                       # 设置 y 轴为部门薪酬合计
plt.bar(x,y,width=0.5,color=['b','r','g','y','c'])    # 设置柱形宽度和颜色
plt.title('各部门薪酬总额比较')                    # 设置图表名称
plt.show()
```

【Out】

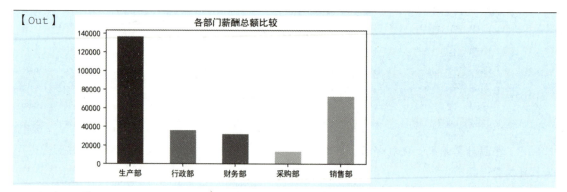

（6）计算各部门的职工薪酬支出占总职工薪酬支出的比例。通过自定义formatPercent()函数，按百分比输出部门职工薪酬支出占总职工薪酬支出的比例。

【In】
```
def formatPercent(x):
    return '{:.2f}%'.format(x*100)
dep_salary['占比'] = (dep_salary['薪酬合计']/dep_salary['薪酬合计'].
sum()).map(formatPercent)
dep_salary
```

【Out】

部门	四险一金（单位）	工会经费	应发工资	职工教育经费	职工福利费	薪酬合计	占比
生产部	33544.17	1892.01	94601.14	6400	0	136437.32	46.94%
行政部	10099.32	487.80	24389.66	0	1000	35976.78	12.38%
财务部	7312.17	468.00	23400.00	0	1000	32180.17	11.07%
采购部	3213.42	191.06	9552.87	0	500	13457.35	4.63%
销售部	16985.22	1061.45	53072.42	0	1500	72619.09	24.98%

（7）使用数据透视表，按职工薪酬项目汇总公司的职工薪酬支出。

【In】
```
departmentSum = employeeSalary.pivot_table(index='部门', aggfunc=
'sum',fill_value=0,margins=True,margins_name='合计').T
departmentSum
```

【Out】

部门	生产部	行政部	财务部	采购部	销售部	合计
四险一金（单位）	33544.17	10099.32	7312.17	3213.42	16985.22	71154.30
工会经费	1892.01	487.80	468.00	191.06	1061.45	4100.32
应发工资	94601.14	24389.66	23400.00	9552.87	53072.42	205016.09
职工教育经费	6400.00					6400.00
职工福利费	0.00	1000.00	1000.00	500.00	1500.00	4000.00

（8）调用自定义函数formatPercent()，格式化输出各薪酬项目支出占总职工薪酬支出的比例。

【In】
```
departmentSum['占比'] = (departmentSum['合计']/departmentSum['合计'].
sum()).map(formatPercent)
departmentSum
```

【Out】

部门	生产部	行政部	财务部	采购部	销售部	合计	占比
四险一金（单位）	33544.17	10099.32	7312.17	3213.42	16985.22	71154.30	24.48%
工会经费	1892.01	487.80	468.00	191.06	1061.45	4100.32	1.41%
应发工资	94601.14	24389.66	23400.00	9552.87	53072.42	205016.09	70.53%
职工教育经费	6400.00	0.00	0.00	0.00	0.00	6400.00	2.20%
职工福利费	0.00	1000.00	1000.00	500.00	1500.00	4000.00	1.38%

（9）绘制饼图，查看薪酬项目的构成情况。

【In】
```
import matplotlib.pyplot as plt
plt.rcParams['font.family'] = 'SimHei'              # 设置中文字体为黑体
plt.rcParams['axes.unicode_minus'] = False          # 中文状态下负号正常显示
colors = ['yellowgreen', 'gold', 'lightskyblue', 'lightcoral', 'lightgreen']
                                                     # 设置颜色
labels = ['四险一金（单位）','工会经费','应发工资','职工教育经费','职工福利费']
                                                     # 设置标签
percent = departmentSum['合计'] / departmentSum['合计'].sum() # 计算比例
plt.pie(percent,labels=labels,colors=colors,autopct='%1.2f%%',shadow=
False,startangle=180)                                # 绘制饼图
plt.title('薪酬项目构成')                             # 设置图表标题
plt.show()
```

【Out】

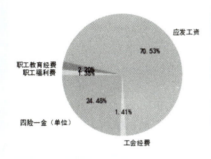

（10）通过嵌套for...in循环语句，批量读取不同部门的薪酬项目数据，批量完成多个图表的绘制。

【In】
```
import matplotlib.pyplot as plt
%matplotlib inline
plt.rcParams['font.family'] = 'SimHei'              # 设置中文字体为黑体
plt.rcParams['axes.unicode_minus'] = False          # 中文状态下负号正常显示
labels = departmentSum.index
colors = ['yellowgreen', 'gold', 'lightskyblue', 'lightcoral',
'lightgreen']                                       # 设置颜色
yitem =('合计','生产部','行政部','财务部','采购部','销售部')
fig, axs = plt.subplots(nrows=2,ncols=3,figsize=(18,12))
index=0
for i in range(2):
    for j in range(3):
        item=yitem[index]
        index+=1
        percent=departmentSum[item]/departmentSum[item].sum()
                                                     # 计算比例
        axs[i,j].set_title('薪酬项目构成 - '+str(item),fontsize=20)
                                                     # 设置图表标题
        patches,l_text,p_text=axs[i,j].pie(percent,labels=labels,
colors=colors,autopct= '%1.2f%%', shadow=False,startangle=160) # 绘制饼图
        for t in l_text:
            t.set_size(10)
        for t in p_text:
            t.set_size(10)                           # 设置图例文字大小
```

【Out】

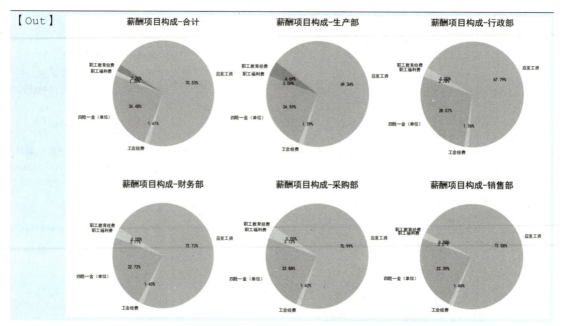

业务总结

基于薪酬计算的需求，本业务详细展示了如何利用Python从薪酬计算到可视化呈现的全过程，以便企业管理者更加直观地了解各部门的薪酬构成情况。随着企业规模的扩大和业务复杂性的增加，有效的薪酬管理、完善的绩效管理制度是企业实现可持续发展的关键。

拓展练习 7-2

销售提成分析

微课 7-3

利用 pandas 创建收入与发票核对模型

任务三　利用pandas创建收入与发票核对模型

2021年3月，中共中央办公厅、国务院办公厅印发的《关于进一步深化税收征管改革的意见》明确提出，要全面推进税收征管数字化升级和智能化改造，以推动税收大数据体系更加全面和完善，信息管税和风险治税成为企业面临的新挑战。发票是企业进行会计核算的重要原始凭证，同时也是审计机关和税务机关进行稽查的重要依据。企业在经营过程中应进一步加强发票管理，合规确认收入，防范税收风险。及时发现收入与发票之间的差异并找出原因，是建立企业纳税风险防范体系的第一步。

业务场景7-3　收入与发票核对

2017年，财政部修订《企业会计准则第14号——收入》，给企业收入核算提出新的要求。企业通过定期核对收入与发票数据，可以有效地监测异常数据，从而防范纳税风险。2023年7月，飞翔集团财务人员从企业ERP系统的账务系统中导出了2023年1—6月的收入记账凭证，如表7-3所示；同时，从开票系统中导出了该期间的发票明细，如表7-4所示。需要将从账务系统中导出的收入记账凭证与从开票系统中导出的发票明细进行核对，找出差异数据并查明原因，随后由相关责任人跟踪解决。

表7-3　　　　　　　　　　　　　　　2023年1—6月收入记账凭证　　　　　　　　　　　　　　单位：元

科目代码	科目名称	客户名称	日期	凭证号	摘要	借方	贷方
60010101	主营业务收入-开票收入	北京加旺电器有限公司	2023-1-3				4 360 195.45
60010101	主营业务收入-开票收入	北京精益机电有限公司	2023-1-16				2 884 938.12
60010201	主营业务收入-开票收入	北京加旺电器有限公司	2023-1-16				199 999.00
60010101	主营业务收入-开票收入	北京汇普科技有限公司	2023-1-17				2 094 825.36
60010101	主营业务收入-开票收入	上海兴宏车床有限公司	2023-1-18				1 942 093.75
60010101	主营业务收入-开票收入	天津海文商贸有限公司	2023-1-19				1 649 447.03
60010101	主营业务收入-无票收入	北京祝强家电有限公司	2023-1-20				1 020 000.00
60510101	其他业务收入-开票收入	北京汇普科技有限公司	2023-3-15				4 189 039.65
60510101	其他业务收入-开票收入	北京精益机电有限公司	2023-3-16				4 956 366.69
60010101	主营业务收入-开票收入	北京精益机电有限公司	2023-3-18				1 766 969.47
60010101	主营业务收入-无票收入	北京精益机电有限公司	2023-3-18				175 145.00
60010101	主营业务收入-开票收入	北京祝强家电有限公司	2023-3-20				1 323 123.00
60010101	主营业务收入-开票收入	北京加旺电器有限公司	2023-3-21				1 740 000.00
60010201	主营业务收入-无票收入	北京加旺电器有限公司	2023-1-16				-199 999.00
60010101	主营业务收入-开票收入	北京加旺电器有限公司	2023-1-16				199 999.00
60010101	主营业务收入-开票收入	天津成海加工有限公司	2023-3-23				138.78
60010101	主营业务收入-开票收入	天津成海加工有限公司	2023-3-24				1 278.07
60010101	主营业务收入-开票收入	天津成海加工有限公司	2023-3-25				127 865.14
60010101	主营业务收入-开票收入	天津成海加工有限公司	2023-4-15				65 730 947.40
60010201	主营业务收入-无票收入	北京米纳有限公司	2023-4-16				12 557 128.43
60010101	主营业务收入-开票收入	北京极地酒店有限公司	2023-6-5				12 124 124.00

表7-4　　　　　　　　　　　　　　　　2023年1—6月发票明细　　　　　　　　　　　　　　　单位：元

发票代码	发票号码	商品名称等	开票日期	购方名称	购方税号	金额	税率	税额	作废
			2023-1-1	北京加旺电器有限公司		1 740 000.00	13%	226 200.00	
			2023-1-1	北京加旺电器有限公司		4 560 194.45	13%	592 825.28	
			2023-1-15	北京精益机电有限公司		2 884 938.12	13%	375 041.96	
			2023-1-16	北京汇普科技有限公司		2 094 825.36	13%	272 327.30	
			2023-1-17	上海兴宏车床有限公司		1 942 093.75	13%	252 472.19	
			2023-1-18	天津海文商贸有限公司		16 494 470.33	13%	2 144 281.14	2023-1-18
			2023-1-18	天津海文商贸有限公司		1 649 447.03	13%	214 428.11	
			2023-1-19	北京祝强家电有限公司		1 020 000.00	13%	132 600.00	
			2023-3-14	北京精益机电有限公司		4 956 366.69	13%	644 327.67	
			2023-3-15	北京汇普科技有限公司		4 189 039.65	13%	544 575.15	
			2023-3-16	北京精益机电有限公司		1 766 969.47	13%	229 706.03	
			2023-3-17	天津海文商贸有限公司		1 651 518.46	13%	214 697.40	
			2023-3-18	北京祝强家电有限公司		1 323 123.00	13%	172 005.99	
			2023-3-19	天津成海加工有限公司		138.78	13%	18.04	
			2023-3-20	天津成海加工有限公司		1 278.07	13%	166.15	
			2023-4-14	天津成海加工有限公司		127 865.14	13%	16 622.47	
			2023-4-15	天津成海加工有限公司		65 730 947.40	13%	8 545 023.16	
			2023-6-3	北京极地酒店有限公司		12 124 124.00	13%	1 576 136.12	

为了查找出账务系统确认的收入数据与开票系统中发票明细之间的差异，采取以下步骤进行分析：首先，按照不同客户，将账务系统和开票系统的数据整理、汇总；然后，从客户维度出发，比较两个系统间每个客户的数据是否存在差异。

代码实现

（1）导入pandas、warnings模块，并将数据输出格式设置为保留两位小数。

```
【In】    import pandas as pd
         import warnings
         warnings.filterwarnings('ignore')
         pd.options.display.float_format = '{:.2f}'.format
```

（2）将原始数据"7-3 收入与发票数据.xlsx"文件存放到Python程序所在路径下（也可以直接引用绝对路径），分别读取账务系统导出的收入记账凭证数据和开票系统导出的发票明细数据。

```
【In】    file = '7-3 收入与发票数据 .xlsx'
         df_income = pd.read_excel(file,sheet_name = ' 收入记账凭证 ')
         df_income.fillna(0,inplace=True)
         df_income.head(5)
```

【Out】

	科目代码	科目名称	客户名称	日期	凭证号	摘要	借方	贷方
0	60010101	主营业务收入-开票收入	北京加旺电器有限公司	2023-01-03	0.00	0.00	0.00	4360195.45
1	60010101	主营业务收入-开票收入	北京精益机电有限公司	2023-01-16	0.00	0.00	0.00	2884938.12
2	60010201	主营业务收入-开票收入	北京加旺电器有限公司	2023-01-16	0.00	0.00	0.00	199999.00
3	60010101	主营业务收入-开票收入	北京汇普科技有限公司	2023-01-17	0.00	0.00	0.00	2094825.36
4	60010101	主营业务收入-开票收入	上海兴宏车床有限公司	2023-01-18	0.00	0.00	0.00	1942093.75

读取开票系统导出的发票明细数据。

```
【In】    df_invoice = pd.read_excel(file,sheet_name = ' 开票数据 ')
         df_invoice.fillna(0,inplace = True)
         df_invoice.head(7)                          # 为了展示作废发票数据，查看前 7 条
```

【Out】

	发票代码	发票号码	商品名称等	开票日期	购方名称	购方税号	开票金额	税率	税额	作废
0	0.00	0.00	0.00	2023-01-01	北京加旺电器有限公司	0.00	1740000.00	0.13	226200.00	0
1	0.00	0.00	0.00	2023-01-01	北京加旺电器有限公司	0.00	4560194.45	0.13	592825.28	0
2	0.00	0.00	0.00	2023-01-15	北京精益机电有限公司	0.00	2884938.12	0.13	375041.96	0
3	0.00	0.00	0.00	2023-01-16	北京汇普科技有限公司	0.00	2094825.36	0.13	272327.30	0
4	0.00	0.00	0.00	2023-01-17	上海兴宏车床有限公司	0.00	1942093.75	0.13	252472.19	0
5	0.00	0.00	0.00	2023-01-18	天津海文商贸有限公司	0.00	16494470.33	0.13	2144281.14	2023-01-18 00:00:00
6	0.00	0.00	0.00	2023-01-18	天津海文商贸有限公司	0.00	1649447.03	0.13	214428.11	0

（3）飞翔集团在进行会计核算时，将收入分为开票收入和无票收入，因此，只保留科目名称中包含"开票收入"的记账凭证进行核对，同时计算凭证金额。计算公式为：凭证金额=贷方金额-借方金额。

```
【In】    df_income1 = df_income[df_income[' 科目名称 '].str.contains(' 开票收入 ')]
         dt_income1[' 凭证金额 '] = df_income1[' 贷方 '] - df_income1[' 借方 ']
         df_income1.head(5)
```

【Out】

	科目代码	科目名称	客户名称	日期	凭证号	摘要	借方	贷方	凭证金额
0	60010101	主营业务收入-开票收入	北京加旺电器有限公司	2023-01-03	0.00	0.00	0.00	4360195.45	4360195.45
1	60010101	主营业务收入-开票收入	北京精益机电有限公司	2023-01-16	0.00	0.00	0.00	2884938.12	2884938.12
2	60010201	主营业务收入-开票收入	北京加旺电器有限公司	2023-01-16	0.00	0.00	0.00	199999.00	199999.00
3	60010101	主营业务收入-开票收入	北京汇普科技有限公司	2023-01-17	0.00	0.00	0.00	2094825.36	2094825.36
4	60010101	主营业务收入-开票收入	上海兴宏车床有限公司	2023-01-18	0.00	0.00	0.00	1942093.75	1942093.75

（4）对开票系统的发票明细数据进行筛选，去除作废发票，只保留正常开具的发票数据。

【In】
```
df_invoice1 = df_invoice[df_invoice['作废']==0]
df_invoice1.head(7)
```

【Out】

	发票代码	发票号码	商品名称等	开票日期	购方名称	购方税号	开票金额	税率	税额	作废
0	0.00	0.00	0.00	2023-01-01	北京加旺电器有限公司	0.00	1740000.00	0.13	226200.00	0
1	0.00	0.00	0.00	2023-01-01	北京加旺电器有限公司	0.00	4560194.45	0.13	592825.28	0
2	0.00	0.00	0.00	2023-01-15	北京精益机电有限公司	0.00	2884938.12	0.13	375041.96	0
3	0.00	0.00	0.00	2023-01-16	北京汇普科技有限公司	0.00	2094825.36	0.13	272327.30	0
4	0.00	0.00	0.00	2023-01-17	上海兴宏车床有限公司	0.00	1942093.75	0.13	252472.19	0
6	0.00	0.00	0.00	2023-01-18	天津海文商贸有限公司	0.00	1649447.03	0.13	214428.11	0
7	0.00	0.00	0.00	2023-01-19	北京祝强家电有限公司	0.00	1020000.00	0.13	132600.00	0

（5）客户是关联两张表的重要维度，根据客户比较收入记账凭证和发票明细数据的差异。

① 将收入记账凭证的"凭证金额"列按"客户名称"进行汇总。

【In】
```
df_income2 = pd.pivot_table(df_income1,index = ['客户名称'],values = ['凭证金额'],aggfunc = 'sum').reset_index()
df_income2
```

【Out】

	客户名称	凭证金额
0	上海兴宏车床有限公司	1942093.75
1	北京加旺电器有限公司	6500193.45
2	北京极地酒店有限公司	12124124.00
3	北京汇普科技有限公司	6283865.01
4	北京祝强家电有限公司	1323123.00
5	北京精益机电有限公司	9608274.28
6	天津成海加工有限公司	65860229.39
7	天津海文商贸有限公司	1649447.03

② 将发票明细数据的"开票金额"列按"购方名称"进行汇总。

【In】
```
df_invoice2 = pd.pivot_table(df_invoice1,index = ['购方名称'],values = ['开票金额'],aggfunc = 'sum').reset_index()
df_invoice2
```

【Out】

	购方名称	开票金额
0	上海兴宏车床有限公司	1942093.75
1	北京加旺电器有限公司	6300194.45
2	北京极地酒店有限公司	12124124.00
3	北京汇普科技有限公司	6283865.01
4	北京祝强家电有限公司	2343123.00
5	北京精益机电有限公司	9608274.28
6	天津成海加工有限公司	65860229.39
7	天津海文商贸有限公司	3300965.49

③ 将凭证金额和开票金额按客户进行连接、比对，并计算二者差额。

【In】
```
diff = df_income2.merge(df_invoice2,how = 'outer',left_on = '客户名称',right_on = '购方名称')
diff['差额'] = diff['凭证金额'] - diff['开票金额']
diff
```

【Out】

	客户名称	凭证金额	购方名称	开票金额	差额
0	上海兴宏车床有限公司	1942093.75	上海兴宏车床有限公司	1942093.75	0.00
1	北京加旺电器有限公司	6500193.45	北京加旺电器有限公司	6300194.45	199999.00
2	北京极地酒店有限公司	12124124.00	北京极地酒店有限公司	12124124.00	0.00
3	北京汇普科技有限公司	6283865.01	北京汇普科技有限公司	6283865.01	0.00
4	北京祝强家电有限公司	1323123.00	北京祝强家电有限公司	2343123.00	-1020000.00
5	北京精益机电有限公司	9608274.28	北京精益机电有限公司	9608274.28	0.00
6	天津成海加工有限公司	65860229.39	天津成海加工有限公司	65860229.39	0.00
7	天津海文商贸有限公司	1649447.03	天津海文商贸有限公司	3300965.49	-1651518.46

（6）根据步骤（5）的比对结果，找到差额不为0的客户，将原始数据按金额匹配。以北京祝强家电有限公司为例，查找差异原因。

【In】
```
df_income1[df_income1['客户名称']=='北京祝强家电有限公司'].merge(df_invoice1
[df_invoice1['购方名称']=='北京祝强家电有限公司'], how='outer',left_on=
'凭证金额', right_on='开票金额')
```

【Out】

	科目代码	科目名称	客户名称	日期	凭证号	摘要	借方	贷方	凭证金额	发票代码	发票号码	商品名称等	开票日期	购方名称	购方税号	开票金额	税率	税额	作废
0	60010101.00	主营业务收入-开票收入	北京祝强家电有限公司	2023-03-20	0.00	0.00	0.00	1323123.00	1323123.00	0.00	0.00	0.00	2023-03-18	北京祝强家电有限公司	0.00	1323123.00	0.13	172005.99	0
1	NaN	NaN	NaN	NaT	NaN	NaN	NaN	NaN	NaN	NaN	NaN	2023-01-19	北京祝强家电有限公司	0.00	1020000.00	0.13	132600.00	0

（7）在Python程序所在目录下新建"7-3 收入发票数据比对结果.xlsx"文件，使用循环语句，输出所有差额不为0的客户的原始数据。

【In】
```
for index,row in diff[(diff['差额']>0.001)|(diff['差额']<-0.001)].
iterrows():
    data_comparison =pd.DataFrame(df_income1[df_income1['客户名称']==
row['客户名称']].merge(df_invoice1[df_invoice1['购方名称']==
row['购方名称']],how='outer',left_on='凭证金额',right_on='开票金额'))
    with pd.ExcelWriter('7-3 收入发票数据比对结果.xlsx',mode = 'a',if_
sheet_exists='new',engine = 'openpyxl') as writer:
        data_comparison.to_excel(writer,sheet_name='比对结果', index=False)
```

【Out】　📑 7-3 收入发票数据比对结果.xlsx

基于输出结果，飞翔集团对北京祝强家电有限公司的差额数据进行核实，发现有一笔金额为1 020 000.00元的业务，其发票未及时附入原始凭证中。查明原因后找到相关经办人，及时进行调整处理。

业务总结

在企业的实际运营过程中，业务系统（如销售、采购等）、财务系统（如会计核算等）及税务系统（如开票、纳税申报等）所产生的数据共同构成了企业的业、财、税大数据。为避免企业内部数据的不一致所引发的财务风险，保持数据的同步更新，并建立统一、规范的数据体系，是企业数字化转型的关键环节。利用Python处理海量数据，构建可复用的数据查找与比对模型，挖掘异常数据的根本原因，将有助于财务人员提升数字化管理能力和财务工作效率。

拓展练习7-3
销售目标完成率计算

任务四 利用pandas和datetime创建固定资产折旧模型

微课7-4
利用 pandas 和 datetime 创建固定资产折旧模型

固定资产是企业长期持有并用于生产经营的资产，其价值在随时间推移的过程中逐渐降低。进行固定资产折旧核算，主要是了解资产的使用价值及经济耗损程度，从而确保企业在资产使用过程中能够合理估算成本费用，精确衡量企业的经济利润及财务状况。如生产制造类企业通常拥有较多的固定资产，为应对每月固定资产折旧核算工作量大的难题，企业可以充分利用先进的计算工具，并制定规范的流程，以确保折旧计算的准确性和高效性。

 业务场景7-4　固定资产折旧计算

随着全民健身热潮的兴起，人们对运动服饰的需求日益增大，飞翔集团对生产线进行了扩建，固定资产数量和金额逐渐增多。为了更好地进行成本管理和固定资产管理，飞翔集团需要及时了解固定资产折旧及净值。截至2023年7月31日，固定资产卡片汇总如表7-5所示，折旧方法为平均年限法，需开发一个固定资产折旧模型，准确计算各类固定资产的折旧金额和净值，以支持飞翔集团在成本管理和固定资产管理方面的决策。

表7-5　　　　　　　　　　固定资产卡片汇总　　　　　　　　金额单位：元

资产编号	资产名称	资产类别	使用状况	使用部门	使用年限	开始使用日期	原值	残值	减值	期初累计折旧
01001	**	房屋建筑物	在用	一车间	20	2019/1/3	1 000 000	50 000		209 791.67
01002	**	房屋建筑物	在用	二车间	20	2019/3/17	1 200 000	60 000		242 250.00
01003	**	房屋建筑物	在用	三车间	20	2019/2/27	1 100 000	55 000	30 000	226 416.67
01004	**	房屋建筑物	改造	四车间	20	2020/6/5	1 300 000	65 000		185 250.00
02001	**	生产设备	在用	一车间	10	2022/9/22	360 000	18 000	50 000	25 650.00
02002	**	生产设备	在用	二车间	10	2019/10/6	260 000	13 000		90 566.67
02003	**	生产设备	在用	一车间	10	2020/5/15	690 000	34 500		202 112.50
02004	**	生产设备	在用	二车间	10	2021/10/11	750 000	37 500		118 750.00
02005	**	生产设备	在用	三车间	10	2020/4/29	210 000	10 500		63 175.00
02006	**	生产设备	修理	三车间	10	2022/7/28	100 000	5 000		8 708.33
02007	**	生产设备	在用	四车间	10	2021/5/7	250 000	12 500		49 479.17
03001	**	管理设备	在用	总经办	5	2022/6/26	4 700	47		930.60
03002	**	管理设备	在用	采购部	5	2020/1/13	5 900	59		3 991.35
03003	**	管理设备	在用	销售部	5	2021/2/1	5 000	50		2 310.00
03004	**	管理设备	报废	财务部	5	2023/2/5	3 500	35		231.00
03005	**	管理设备	在用	财务部	5	2020/11/19	5 000	50		2 557.50
03006	**	管理设备	在用	销售部	5	2023/2/28	4 800	48		316.80

代码实现

（1）导入pandas、datetime模块。datetime是Python标准库中的一个模块，用于处理与日期和时间有关的操作。DateOffset是pandas模块中的一个类，用于在日期和时间上执行偏移操作，它可以在日期和时间上添加或减去特定的时间间隔，如天、周、月、季度或年。

```
【In】    import pandas as pd
         import datetime as dt
         from pandas.tseries.offsets import DateOffset
```

（2）读取"7-4　固定资产卡片汇总.xlsx"文件。

```
【In】    file = '7-4　固定资产卡片汇总.xlsx'
         df = pd.read_excel(file).fillna(0)
         df.head(5)
```

【Out】

	资产编号	资产名称	资产类别	使用状况	使用部门	使用年限	开始使用日期	原值	残值	减值	期初累计折旧
0	1001	**	房屋建筑物	在用	一车间	20	2019-01-03	1000000	50000	0.0	209791.67
1	1002	**	房屋建筑物	在用	二车间	20	2019-03-17	1200000	60000	0.0	242250.00
2	1003	**	房屋建筑物	在用	三车间	20	2019-02-27	1100000	55000	30000.0	226416.67
3	1004	**	房屋建筑物	改造	四车间	20	2020-06-05	1300000	65000		185250.00
4	2001	**	生产设备	在用	一车间	10	2022-09-22	360000	18000	50000.0	25650.00

（3）确定初始计提折旧日期。固定资产当月增加，次月开始计提折旧，因此初始计提折旧日期要比开始使用日期晚1个月。调用apply()函数将"开始使用日期"列增加1个月，并用replace(day=1)将时间点调整至当月的第一天，即初始计提折旧日期=开始使用日期的次月1日。

```
【In】    df['初始计提折旧日期'] = df['开始使用日期'].apply(lambda x:(x+DateOffset
         (months=1)).replace(day=1))
         df.head(5)
```

【Out】

	资产编号	资产名称	资产类别	使用状况	使用部门	使用年限	开始使用日期	原值	残值	减值	期初累计折旧	初始计提折旧日期
0	1001	**	房屋建筑物	在用	一车间	20	2019-01-03	1000000	50000	0.0	209791.67	2019-02-01
1	1002	**	房屋建筑物	在用	二车间	20	2019-03-17	1200000	60000	0.0	242250.00	2019-04-01
2	1003	**	房屋建筑物	在用	三车间	20	2019-02-27	1100000	55000	30000.0	226416.67	2019-03-01
3	1004	**	房屋建筑物	改造	四车间	20	2020-06-05	1300000	65000	0.0	185250.00	2020-07-01
4	2001	**	生产设备	在用	一车间	10	2022-09-22	360000	18000	50000.0	25650.00	2022-10-01

（4）自定义totalmonth()函数，用于计算已计提折旧的月份。

```
【In】    def totalmonth(startdate):
             return (enddate.year-startdate.year)*12 + (enddate.month-startdate.
         month) + 1
```

（5）设置当前时间，并调用totalmonth()函数，计算已提折旧月份。

```
【In】    enddate=dt.date(2023, 7, 31)
         df['已提折旧月份'] = df['初始计提折旧日期'].map(totalmonth)
         df.head(5)
```

【Out】

	资产编号	资产名称	资产类别	使用状况	使用部门	使用年限	开始使用日期	原值	残值	减值	期初累计折旧	初始计提折旧日期	已提折旧月份
0	1001	**	房屋建筑物	在用	一车间	20	2019-01-03	1000000	50000	0.0	209791.67	2019-02-01	54
1	1002	**	房屋建筑物	在用	二车间	20	2019-03-17	1200000	60000	0.0	242250.00	2019-04-01	52
2	1003	**	房屋建筑物	在用	三车间	20	2019-02-27	1100000	55000	30000.0	226416.67	2019-03-01	53
3	1004	**	房屋建筑物	改造	四车间	20	2020-06-05	1300000	65000	0.0	185250.00	2020-07-01	37
4	2001	**	生产设备	在用	一车间	10	2022-09-22	360000	18000	50000.0	25650.00	2022-10-01	10

（6）计算剩余折旧月份（剩余折旧月份=使用年限×12−已提折旧月份），当已提足折旧仍继续使用时，剩余期限=0。

【In】
```
df['剩余折旧月份'] = (df['使用年限']*12-df['已提折旧月份']).apply(lambda
x:max(x,0))
df.head(5)
```

【Out】

	资产编号	资产名称	资产类别	使用状况	使用部门	使用年限	开始使用日期	原值	残值	减值	期初累计折旧	初始计提折旧日期	已提折旧月份	剩余折旧月份
0	1001	**	房屋建筑物	在用	一车间	20	2019-01-03	1000000	50000	0.0	209791.67	2019-02-01	54	186
1	1002	**	房屋建筑物	在用	二车间	20	2019-03-17	1200000	60000	0.0	242250.00	2019-04-01	52	188
2	1003	**	房屋建筑物	在用	三车间	20	2019-02-27	1100000	55000	30000.0	226416.67	2019-03-01	53	187
3	1004	**	房屋建筑物	改造	四车间	20	2020-06-05	1300000	65000	0.0	185250.00	2020-07-01	37	203
4	2001	**	生产设备	在用	一车间	10	2022-09-22	360000	18000	50000.0	25650.00	2022-10-01	10	110

（7）自定义dep()函数，判断哪些固定资产需要计提折旧，并计算当月折旧金额。

【In】
```
def dep(x):
    # 使用状态为报废和改造的固定资产无须计算折旧，并将固定资产转出
    if x['使用状况']=='改造' or x['使用状况']=='报废':
        x['本月折旧'] = 0
        x['转出'] = round((x['原值']-x['减值']-x['期初累计折旧']),2)
    # 当计提折旧期限为最后一个月时，将剩余折旧全部提足
    elif x['剩余折旧月份']==0:
        x['本月折旧'] = round((x['原值']-x['减值']-x['残值']-x['期初累计折旧']),2)
        x['转出'] = 0
    # 当月折旧=（原值-减值-残值-期初累计折旧）/剩余使用期限
    else:
        x['本月折旧'] = round((x['原值']-x['减值']-x['残值']-x['期初累计折旧'])/x['剩余折旧月份'],2)
        x['转出'] = 0
    return x
```

（8）调用自定义函数dep()，计算当月折旧金额。

【In】
```
df = df.apply(dep,axis=1)
df.head(5)
```

【Out】

	资产编号	资产名称	资产类别	使用状况	使用部门	使用年限	开始使用日期	原值	残值	减值	期初累计折旧	初始计提折旧日期	已提折旧月份	剩余折旧月份	本月折旧	转出
0	1001	**	房屋建筑物	在用	一车间	20	2019-01-03	1000000	50000	0.0	209791.67	2019-02-01	54	186	3979.61	0.0
1	1002	**	房屋建筑物	在用	二车间	20	2019-03-17	1200000	60000	0.0	242250.00	2019-04-01	52	188	4775.27	0.0
2	1003	**	房屋建筑物	在用	三车间	20	2019-02-27	1100000	55000	30000.0	226416.67	2019-03-01	53	187	4217.02	0.0
3	1004	**	房屋建筑物	改造	四车间	20	2020-06-05	1300000	65000	0.0	185250.00	2020-07-01	37	203	0.00	1114750.0
4	2001	**	生产设备	在用	一车间	10	2022-09-22	360000	18000	50000.0	25650.00	2022-10-01	10	110	2421.36	0.0

（9）计算折旧后净值。

【In】
```
df['净值'] = round(df['原值']-df['减值']-df['期初累计折旧']-df['本月折旧']-df['转出'],2)
df.head(5)
```

【Out】

	资产编号	资产名称	资产类别	使用状况	使用部门	使用年限	开始使用日期	原值	残值	减值	期初累计折旧	初始计提折旧日期	已提折旧月份	剩余折旧月份	本月折旧	转出	净值
0	1001	**	房屋建筑物	在用	一车间	20	2019-01-03	1000000	50000	0.0	209791.67	2019-02-01	54	186	3979.61	0.0	786228.72
1	1002	**	房屋建筑物	在用	二车间	20	2019-03-17	1200000	60000	0.0	242250.00	2019-04-01	52	188	4775.27	0.0	952974.73
2	1003	**	房屋建筑物	在用	三车间	20	2019-02-27	1100000	55000	30000.0	226416.67	2019-03-01	53	187	4217.02	0.0	839366.31
3	1004	**	房屋建筑物	改造	四车间	20	2020-06-05	1300000	65000	0.0	185250.00	2020-07-01	37	203	0.00	1114750.0	0.00
4	2001	**	生产设备	在用	一车间	10	2022-09-22	360000	18000	50000.0	25650.00	2022-10-01	10	110	2421.36	0.0	281928.64

（10）使用数据透视表，按部门汇总当月的折旧费。

```
【In】    df1 = pd.pivot_table(df,index = ['使用部门'],values =
         ['本月折旧'],aggfunc = 'sum')
         df1
```

岗课赛证7-1

固定资产折旧
计算

【Out】	本月折旧
使用部门	
一车间	11930.09
三车间	6699.04
二车间	12858.52
四车间	2000.22
总经办	79.20
财务部	85.45
采购部	102.76
销售部	165.80

业务总结

固定资产折旧与企业成本控制、核算密切相关。合理计提折旧费用，能够准确反映资产的消耗情况，并提醒企业及时做出维护、更新或更换资产的决策，以降低损耗风险并提高资产的经济效益。

微课7-5

利用自定义
函数创建应收
账款分析模型

任务五 利用自定义函数创建应收账款分析模型

应收账款管理作为关键环节之一，对于企业的生存和发展具有举足轻重的作用。基于客户信用评价及管理的应收账款管理，是企业维护资金流动性的重要手段。使用账龄分析法，可以根据应收账款拖欠时间的长短，分析判断可收回金额和坏账。Python在处理和计算账龄分析数据时具有简单、高效的优势，可以帮助企业更好地了解和管理工作中的应收账款情况。对于需要处理大量数据并有一定计算逻辑的模型，Python能够提供更准确、更快速的结果，从而为企业决策提供有力的支持。

 业务场景7-5 应收账款管理

随着业务的迅速扩展，飞翔集团应收账款逐渐增多，账龄分析的工作量也随之增加。因此，开发应收账款分析模型刻不容缓。从会计信息系统中导出的应收账款凭证数量庞大，为简洁明了，本业务仅展示前10行数据，具体如表7-6所示。在收回应收账款时，常常未明确指定所收回款项对应的特定应收账款项。因此，在模型开发过程中，假定每次收到的回款均用于偿还最早的应收账款。

表7-6   客户往来明细账   单位：元

制单日期	凭证类别	凭证号	客户编码	科目编码	借方金额	贷方金额
2020-01-01	记账凭证	111	kh0007	1122	284 957.00	
2020-03-29	记账凭证	27	kh0002	1122	97 379.00	
2020-04-18	记账凭证	18	kh0004	1122	347 913.00	
2020-05-06	记账凭证	22	kh0008	1122	223 543.00	
2020-08-13	记账凭证	10	kh0015	1122	308 562.00	

续表

制单日期	凭证类别	凭证号	客户编码	科目编码	借方金额	贷方金额
2020-09-03	记账凭证	130	kh0007	1122		284 957.00
2020-09-08	记账凭证	34	kh0015	1122	130 000.00	
2020-09-22	记账凭证	82	kh0002	1122		97 379.00
2020-09-26	记账凭证	48	kh0014	1122	223 050.00	
2020-09-30	记账凭证	43	kh0006	1122	137 038.00	

代码实现

（1）导入 pandas、datetime、warnings 模块，并将数据输出格式设置为保留两位小数。

【In】
```python
import pandas as pd
from datetime import date
import warnings
warnings.filterwarnings('ignore')
pd.options.display.float_format = '{:,.2f}'.format
```

（2）自定义函数 compute_actual_receivable()，用于计算实际的应收款项，即尚未回款的金额。

【In】
```python
def compute_actual_receivable(x):
# 根据借方金额和贷方金额合计数，计算实际应收账款合计数
    Dr = x['借方金额'].sum()
    Cr = x['贷方金额'].sum()
    total = Dr - Cr
# 筛选借方金额大于 0 的行，并根据制单日期进行降序排列
# 使用 reset_index() 函数重新设置行索引，使排序后的行索引从 0 开始重新编号
    df_dr = x[x['借方金额'] > 0]
    df_dr = df_dr.sort_values(by=['制单日期'], ascending=False).reset_
index(drop=True)
# 循环计算每一行的实际应收账款金额
# 如果实际应收账款合计数减去借方金额大于 0，则本行尚未回款的金额就是借方金额
    for index, row in df_dr.iterrows():
        if total - row['借方金额'] > 0:
            df_dr.loc[index, '实际应收'] = row['借方金额']
        else:
            df_dr.loc[index, '实际应收'] = total
            break
        total = total - row['借方金额']
    return df_dr
```

（3）自定义函数 total_month()，计算两个日期之间的月数差。

【In】
```python
def total_month(startdate, enddate):
    return round((enddate.year - startdate.year) * 12 + (enddate.month -
startdate.month) + (enddate.day - startdate.day) / 30, 2)
```

（4）自定义函数 age()，根据总月数判断账龄区间。

【In】
```python
def age(totalmonth):
    if totalmonth < 12:
        return '1 年以内'
    elif totalmonth <= 24:
```

```
        return '1 ～ 2 年'
    elif totalmonth <= 36:
        return '2 ～ 3 年'
    else:
        return '3 年以上'
```

（5）读取"7-5　客户往来明细账.xlsx"文件，并将缺失值替换为0。

【In】
```
file = '7-5 客户往来明细账 .xlsx'
df = pd.read_excel(file).fillna(0)
df.head()                       # 默认显示前 5 行数据
```

【Out】

	制单日期	凭证类别	凭证号	客户编码	科目编码	借方金额	贷方金额
0	2020-01-01	记账凭证	111	kh0007	1122	284,957.00	0.00
1	2020-03-29	记账凭证	27	kh0002	1122	97,379.00	0.00
2	2020-04-18	记账凭证	18	kh0004	1122	347,913.00	0.00
3	2020-05-06	记账凭证	22	kh0008	1122	223,543.00	0.00
4	2020-08-13	记账凭证	10	kh0015	1122	308,562.00	0.00

（6）按照"客户编码"分组，调用compute_actual_receivable()函数计算每个客户的实际应收款项。

【In】
```
df2 = df.groupby(' 客户编码 ',as_index=False).apply(compute_actual_receivable)
df2.head()
```

【Out】

		制单日期	凭证类别	凭证号	客户编码	科目编码	借方金额	贷方金额	实际应收
0	0	2020-11-29	记账凭证	29	kh0001	1122	375,080.00	0.00	375,080.00
1	0	2022-12-10	记账凭证	81	kh0002	1122	361,165.00	0.00	0.00
	1	2020-11-24	记账凭证	51	kh0002	1122	97,840.00	0.00	NaN
	2	2020-03-29	记账凭证	27	kh0002	1122	97,379.00	0.00	NaN
2	0	2022-01-29	记账凭证	191	kh0003	1122	259,285.00	0.00	259,285.00

（7）筛选实际应收账款不为空且不为0的行。isna()函数用于检测实际应收账款是否为空值。

【In】
```
df3 = df2[(pd.isna(df2[' 实际应收 ']) == False) & (df2[' 实际应收 '] != 0)]
df3.head()
```

【Out】

		制单日期	凭证类别	凭证号	客户编码	科目编码	借方金额	贷方金额	实际应收
0	0	2020-11-29	记账凭证	29	kh0001	1122	375,080.00	0.00	375,080.00
2	0	2022-01-29	记账凭证	191	kh0003	1122	259,285.00	0.00	259,285.00
3	0	2022-05-08	记账凭证	95	kh0004	1122	238,710.00	0.00	238,710.00
4	0	2023-10-22	记账凭证	122	kh0005	1122	146,884.00	0.00	146,884.00
	1	2023-03-01	记账凭证	14	kh0005	1122	81,602.00	0.00	81,602.00

（8）调用total_month()函数，计算制单日期与截止日期的日期差，创建"账龄"列，同时调用age()函数，创建"账龄区间"列。

【In】
```
enddate = pd.to_datetime('2023-12-31 ') # 设置截止日期，并将其转换为日期格式
df3[' 账龄 '] = df3[' 制单日期 '].apply(lambda x: total_month(x, enddate))
df3[' 账龄区间 '] = df3[' 账龄 '].map(age)
df3.head()
```

【Out】

		制单日期	凭证类别	凭证号	客户编码	科目编码	借方金额	贷方金额	实际应收	账龄	账龄区间
0	0	2020-11-29	记账凭证	29	kh0001	1122	375,080.00	0.00	375,080.00	37.07	3年以上
2	0	2022-01-29	记账凭证	191	kh0003	1122	259,285.00	0.00	259,285.00	23.07	1～2年
3	0	2022-05-08	记账凭证	95	kh0004	1122	238,710.00	0.00	238,710.00	19.77	1～2年
4	0	2023-10-22	记账凭证	122	kh0005	1122	146,884.00	0.00	146,884.00	2.30	1年以内
	1	2023-03-01	记账凭证	14	kh0005	1122	81,602.00	0.00	81,602.00	10.00	1年以内

（9）使用pivot_table()函数对df3进行数据透视，按照"客户编码"和"账龄区间"对实际应收账款进行汇总。

【In】
```
result = pd.pivot_table(df3, index=['客户编码'], columns=['账龄区间'],
values=['实际应收'], aggfunc=sum, fill_value=0)
result
```

【Out】

	实际应收			
账龄区间	1年以内	1～2年	2～3年	3年以上
客户编码				
kh0001	0	0	0	375080
kh0003	0	259285	0	0
kh0004	0	238710	0	0
kh0005	228486	375672	0	0
kh0007	0	199116	0	0
kh0008	262606	0	0	0
kh0010	0	328242	307625	0
kh0011	129738	0	50208	0
kh0012	0	543559	0	0
kh0013	0	320806	0	0
kh0014	222956	0	0	223050
kh0015	0	0	0	130000

拓展练习 7-4

投资到期时间管理

岗课赛证 7-2

应收账款合并

业务总结

利用Python创建应收账款分析模型，可实现对应收账款的自动化管理，减少人工操作，提高工作效率，实现降本增效。应用此模型，财务人员可以快速、准确地分析应收账款数据，并获取客户的欠款情况等重要信息。这不仅有助于企业更好地制定收款策略，还可以提前发现潜在风险，避免坏账产生。对于其他涉及大量数据的业务场景，财务人员可以结合使用多个Python模块来提高工作效率和质量。例如，使用pandas模块实现对数据的快速读取和处理；使用numpy模块进行高效的数值计算；使用matplotlib模块将数据可视化，以便更好地理解数据并为决策提供支持。

任务六　利用数据连接创建银行对账模型

微课 7-6

利用数据连接创建银行对账模型

银行对账是财务人员每月末都要执行的重要任务。财务人员需要将银行存款日记账与当月的银行对账单逐笔进行核对，以找出未达账项并编制银行余额调节表。为了提高效率，财务人员可以利用Python开发银行对账模型，自动化匹配银行存款日记账和银行对账单，并快速找出未匹配的项目，提升财务管理数据的精准度和可信度。

业务场景7-6　银行对账管理

通过对账，财务人员能够验证账务记录与银行流水是否相符，从而及时发现并修正错误，为公司的财务安全提供保障。随着业务的迅猛发展，飞翔集团每月底在银行对账环节需要花费大量的时间，因此实现银行对账的自动化显得尤为重要。由于银行存款日记账与银行对账单的数据量较大，本任务仅展示前10行数据，具体如表7-7、表7-8所示。

表7–7　　　　　　　　　　　　　　银行存款日记账　　　　　　　　　　　　　单位：元

序号	日期	凭证类别	凭证号	科目编码	对方户名	借方金额	贷方金额
1	2023-01-04	记账凭证	49	1002	华力体育股份有限公司		84 023.00
2	2023-01-05	记账凭证	51	1002	华力体育股份有限公司	258 832.00	
3	2023-01-06	记账凭证	52	1002	北京西亚特体育有限公司		151 056.00
4	2023-01-07	记账凭证	71	1002	北京东凡体育有限公司	221 898.00	
5	2023-01-07	记账凭证	99	1002	北京西亚特体育有限公司	262 630.00	
6	2023-01-10	记账凭证	100	1002	天津天马体育用品有限公司		76 516.00
7	2023-01-14	记账凭证	120	1002	杭州博创股份有限公司	46 883.00	
8	2023-01-14	记账凭证	122	1002	万里体育有限公司	286 058.00	
9	2023-01-14	记账凭证	131	1002	安动文化科技有限公司		72 946.00
10	2023-01-14	记账凭证	135	1002	郑州佳宜有限公司	92 277.00	

表7–8　　　　　　　　　　　　　　银行对账单　　　　　　　　　　　　　　单位：元

序号	日期	收入	支出	对方账号	对方户名
1	2023-01-02	258 832.00		68049947212687	华力体育股份有限公司
2	2023-01-03	134 569.00		68849868310067	北京西亚特体育有限公司
3	2023-01-04		23 460.00	71072653646212	厦门久产有限公司
4	2023-01-05		84 023.00	49721658381677	华力体育股份有限公司
5	2023-01-05	221 898.00		45204695529076	北京东凡体育有限公司
6	2023-01-06	262 630.00		55848625185236	北京西亚特体育有限公司
7	2023-01-07		151 056.00	68849868310067	北京西亚特体育有限公司
8	2023-01-09		76 516.00	88034204615002	天津天马体育用品有限公司
9	2023-01-11	92 277.00		74839899401864	郑州佳宜有限公司
10	2023-01-15	46 883.00		27777458326043	杭州博创股份有限公司

先整合银行存款日记账和银行对账单的明细数据，再将整合后的数据分别与银行存款日记账、银行对账单进行比对，以找到未匹配的项目。

代码实现

（1）导入pandas、warnings模块。

```
【In】    import pandas as pd
          from pandas.tseries.offsets import DateOffset
          import warnings
          warnings.filterwarnings('ignore')
```

（2）读取"7-6　银行对账.xlsx"文件中的"银行存款日记账"工作表，并将缺失值替换为0。

```
【In】    file = '7-6  银行对账 .xlsx'
          journal = pd.read_excel(file, sheet_name = ' 银行存款日记账 ').fillna(0)
          journal.head()              # 展示前 5 行数据
```

【Out】

	序号	日期	凭证类别	凭证号	科目编码	对方户名	借方金额	贷方金额
0	1	2023-01-04	记账凭证	49	1002	华力体育股份有限公司	0.0	84023.0
1	2	2023-01-05	记账凭证	51	1002	华力体育股份有限公司	258832.0	0.0
2	3	2023-01-06	记账凭证	52	1002	北京西亚特体育有限公司	0.0	151056.0
3	4	2023-01-07	记账凭证	71	1002	北京东凡体育有限公司	221898.0	0.0
4	5	2023-01-07	记账凭证	99	1002	北京西亚特体育有限公司	262630.0	0.0

（3）查看"银行存款日记账"工作表的行数。

【In】　`journal.shape[0]`

【Out】　28

（4）读取"7-6　银行对账.xlsx"文件中的"银行对账单"工作表，并将缺失值替换为0。

【In】　`statement = pd.read_excel(file, sheet_name = '银行对账单').fillna(0)`
　　　　`statement.head()`

【Out】

	序号	日期	收入	支出	对方账号	对方户名
0	1	2023-01-02	258832.0	0.0	68049947212687	华力体育股份有限公司
1	2	2023-01-03	134569.0	0.0	68849868310067	北京西亚特体育有限公司
2	3	2023-01-04	0.0	23460.0	71072653646212	厦门久产有限公司
3	4	2023-01-05	0.0	84023.0	49721658381677	华力体育股份有限公司
4	5	2023-01-05	221898.0	0.0	45204695529076	北京东凡体育有限公司

（5）查看"银行对账单"工作表的行数。

【In】　`statement.shape[0]`

【Out】　26

（6）计算银行存款日记账、银行对账单每行的金额合计，并进行合并。

【In】　`journal['金额'] = journal['借方金额']-journal['贷方金额']`
　　　　`statement['金额'] = statement['收入']-statement['支出']`
　　　　`total_list = journal.merge(statement, how='outer', on=['日期','金额',`
　　　　`'对方户名'])`　　　　`# 合并方式为根据"日期"、"金额"和"对方户名"进行外连接`
　　　　`total_list.head()`

【Out】

	序号_x	日期	凭证类别	凭证号	科目编码	对方户名	借方金额	贷方金额	金额	序号_y	收入	支出	对方账号
0	1.0	2023-01-04	记账凭证	49.0	1002.0	华力体育股份有限公司	0.0	84023.0	-84023.0	NaN	NaN	NaN	NaN
1	2.0	2023-01-05	记账凭证	51.0	1002.0	华力体育股份有限公司	258832.0	0.0	258832.0	NaN	NaN	NaN	NaN
2	3.0	2023-01-06	记账凭证	52.0	1002.0	北京西亚特体育有限公司	0.0	151056.0	-151056.0	NaN	NaN	NaN	NaN
3	4.0	2023-01-07	记账凭证	71.0	1002.0	北京东凡体育有限公司	221898.0	0.0	221898.0	NaN	NaN	NaN	NaN
4	5.0	2023-01-07	记账凭证	99.0	1002.0	北京西亚特体育有限公司	262630.0	0.0	262630.0	NaN	NaN	NaN	NaN

（7）查看合并后的行数。

【In】　`total_list.shape[0]`

【Out】　53

（8）筛选出匹配成功的项目。从代码运行结果可以看出，银行存款日记账中共有28行，银行对账单中共有26行，合并后有53行，说明仅有一条记录匹配成功。

```
【In】   fit_list = total_list.loc[(total_list['序号_x']>0)&(total_list['序号_
        y']>0)]
        fit_list
```

【Out】

	序号_x	日期	凭证类别	凭证号	科目代码	对方户名	借方金额	贷方金额	金额	序号_y	收入	支出	对方账号
17	18.0	2023-01-20	记账凭证	227.0	1002.0	安动文化科技有限公司	0.0	97932.0	-97932.0	15.0	0.0	97932.0	2.984810e+13

（9）核对无法匹配的原因，发现是银行存款日记账和银行对账单之间存在时间差异。因此，对银行存款日记账的日期进行调整，调整范围为比对账单早4天至晚4天。

```
【In】   match=pd.DataFrame()
        for i in list(range(-4, 4)):
            journal['日期2']=journal['日期']+DateOffset(days=i)
            result=journal.merge(statement, how='left',left_on=['日期2','金额',
        '对方户名'],right_on=['日期','金额','对方户名'])
            match=pd.concat([match,result.loc[result['序号_y']>0]])
        match.head()
```

【Out】

	序号_x	日期_x	凭证类别	凭证号	科目编码	对方户名	借方金额	贷方金额	金额	日期2	序号_y	日期_y	收入	支出	对方账号
1	2	2023-01-05	记账凭证	51	1002	华力体育股份有限公司	258832.0	0.0	258832.0	2023-01-02	1.0	2023-01-02	258832.0	0.0	6.804995e+13
9	10	2023-01-14	记账凭证	135	1002	郑州佳宜公司	92277.0	0.0	92277.0	2023-01-11	9.0	2023-01-11	92277.0	0.0	7.483990e+13
25	26	2023-01-29	记账凭证	329	1002	安动文化科技有限公司	0.0	136348.0	-136348.0	2023-01-26	25.0	2023-01-26	0.0	136348.0	9.565129e+13
3	4	2023-01-07	记账凭证	71	1002	北京东凡体育有限公司	221898.0	0.0	221898.0	2023-01-05	5.0	2023-01-05	221898.0	0.0	4.520470e+13
21	22	2023-01-23	记账凭证	304	1002	北京西亚特体育有限公司	14663.0	0.0	14663.0	2023-01-21	18.0	2023-01-21	14663.0	0.0	2.456476e+13

（10）查看合并后的match表的行数。

```
【In】   match.shape[0]
```

【Out】 21

（11）从银行存款日记账中查看未匹配成功的项目。可以看出，调整日期后匹配成功的记录有21条，说明银行存款日记账中有7条记录未匹配成功。因此，将银行存款日记账与合并后的match表进行合并。

```
【In】   # 将银行存款日记账与合并后的 match 表进行左连接
        # 连接的条件是银行存款日记账中的"序号"列与合并后的 match 表中的"序号_x"列值相等
        journal_1=journal.merge(match[['序号_x','序号_y','日期_y','对方户名']],
        how='left',left_on=['序号'],right_on=['序号_x'])
        journal_1.head()
```

【Out】

	序号	日期	凭证类别	凭证号	科目编码	对方户名_x	借方金额	贷方金额	金额	日期2	序号_x	序号_y	日期_y	对方户名_y
0	1	2023-01-04	记账凭证	49	1002	华力体育股份有限公司	0.0	84023.0	-84023.0	2023-01-07	1.0	4.0	2023-01-05	华力体育股份有限公司
1	2	2023-01-05	记账凭证	51	1002	华力体育股份有限公司	258832.0	0.0	258832.0	2023-01-08	2.0		2023-01-02	华力体育股份有限公司
2	3	2023-01-06	记账凭证	52	1002	北京西亚特体育有限公司	0.0	151056.0	-151056.0	2023-01-09	3.0	7.0	2023-01-07	北京西亚特体育有限公司
3	4	2023-01-07	记账凭证	71	1002	北京东凡体育有限公司	221898.0	0.0	221898.0	2023-01-10	4.0	5.0	2023-01-05	北京东凡体育有限公司
4	5	2023-01-07	记账凭证	99	1002	北京西亚特体育有限公司	262630.0	0.0	262630.0	2023-01-10	5.0	6.0	2023-01-06	北京西亚特体育有限公司

（12）筛选银行存款日记账中未匹配成功的项目。

```
【In】   non_match = journal_1[journal_1['序号_x'].isnull()]
        non_match
```

【Out】

	序号	日期	凭证类别	凭证号	科目编码	对方户名_x	借方金额	贷方金额	金额	日期2	序号_x	序号_y	日期_y	对方户名_y
11	12	2023-01-15	记账凭证	138	1002	天津动咚科技有限公司	81521.0	0.0	81521.0	2023-01-18	NaN	NaN	NaT	NaN
12	13	2023-01-15	记账凭证	191	1002	郑州佳宜有限公司	127965.0	0.0	127965.0	2023-01-18	NaN	NaN	NaT	NaN
15	16	2023-01-20	记账凭证	227	1002	广州双双集团有限公司	0.0	61541.0	-61541.0	2023-01-23	NaN	NaN	NaT	NaN
16	17	2023-01-20	记账凭证	229	1002	天津动咚科技有限公司	284081.0	0.0	284081.0	2023-01-23	NaN	NaN	NaT	NaN
22	23	2023-01-25	记账凭证	306	1002	天津天马体育用品有限公司	13864.0	0.0	13864.0	2023-01-28	NaN	NaN	NaT	NaN
23	24	2023-01-25	记账凭证	324	1002	长沙高育文化股份有限公司	78146.0	0.0	78146.0	2023-02-02	NaN	NaN	NaT	NaN
27	28	2023-01-30	记账凭证	346	1002	广州双双集团有限公司	0.0	37093.0	-37093.0	2023-02-02	NaN	NaN	NaT	NaN

（13）将银行存款日记账未匹配成功的结果输出到"7-6 银行存款日记账匹配结果.xlsx"文件中。

【In】
```
non_match.drop(['金额','日期2','序号_x','序号_y','日期_y','对方户名_y'],axis=1,inplace=True)
non_match.to_excel('7-6 银行存款日记账匹配结果.xlsx',index=False)
```

（14）从银行对账单中查看未匹配成功的项目。调整日期后匹配成功的记录有21条，说明银行对账单中有5条记录未匹配成功。因此，将银行对账单与合并后的match表进行合并。

【In】
```
# 将银行对账单与合并后的match表进行左连接
# 连接的条件是银行对账单中的"序号"列与合并后的match表中的"序号_y"列值相等
statement_1=statement.merge(match[['序号_x','序号_y','日期_x','对方户名']],how='left',left_on=['序号'],right_on=['序号_y'])
statement_1.head()
```

【Out】

	序号	日期	收入	支出	对方账号	对方户名_x	金额	序号_x	序号_y	日期_x	对方户名_y
0	1	2023-01-02	258832.0	0.0	68049947212687	华力体育股份有限公司	258832.0	2.0	1.0	2023-01-05	华力体育股份有限公司
1	2	2023-01-03	134569.0	0.0	68849868310067	北京西亚特体育有限公司	134569.0	NaN	NaN	NaT	NaN
2	3	2023-01-04	0.0	23460.0	71072653646212	厦门久产有限公司	-23460.0	NaN	NaN	NaT	NaN
3	4	2023-01-05	0.0	84023.0	49721658381677	华力体育股份有限公司	-84023.0	1.0	4.0	2023-01-04	华力体育股份有限公司
4	5	2023-01-05	221898.0	0.0	45204695529076	北京东凡体育有限公司	221898.0	4.0	5.0	2023-01-07	北京东凡体育有限公司

（15）筛选银行对账单中未匹配成功的项目。

【In】
```
non_match2 = statement_1[statement_1['序号_y'].isnull()]
non_match2
```

【Out】

	序号	日期	收入	支出	对方账号	对方户名_x	金额	序号_x	序号_y	日期_x	对方户名_y
1	2	2023-01-03	134569.0	0.0	68849868310067	北京西亚特体育有限公司	134569.0	NaN	NaN	NaT	NaN
2	3	2023-01-04	0.0	23460.0	71072653646212	厦门久产有限公司	-23460.0	NaN	NaN	NaT	NaN
13	14	2023-01-19	127965.0	0.0	22592516851236	郑州佳宜有限公司	127965.0	NaN	NaN	NaT	NaN
16	17	2023-01-20	23468.0	0.0	78207996527050	长沙高育文化股份有限公司	23468.0	NaN	NaN	NaT	NaN
23	24	2023-01-25	0.0	34569.0	45204695529076	北京东凡体育有限公司	-34569.0	NaN	NaN	NaT	NaN

（16）将银行对账单未匹配成功的结果输出到"7-6 银行对账单匹配结果.xlsx"文件中。

【In】
```
non_match2.drop(['金额','序号_x','序号_y','日期_x','对方户名_y'],axis=1,inplace=True)
non_match2.to_excel('7-6 银行对账单匹配结果.xlsx',index=False)
```

业务总结

银行对账模型基于Python实现了自动逐笔核对银行存款日记账和银行对账单，并能找出未匹配项目。此模型大大提高了对账的效率与准确性，解决了传统手动对账方式存在的效率低下等问题；同时，能及时发现未达账项和其他问题，增强了会计信息的及时性和准确性，为企业更好地防范财务风险提供了有力支持。

拓展练习7-5

销售订单与开票明细核对

拓展思考

1. 财务数据是企业重要的数据资产，增强数据安全预警和溯源能力至关重要。请举例说明，企业如何通过大数据的财务预警实现风险防范。

2. 财税政策是国家进行宏观调控的重要手段之一，对于经济发展、社会稳定等方面都有着重要的影响。你认为国家制定的财税政策与个体之间有什么关系，请举例说明。

3. 假设你是一家企业（一般纳税人）的财务人员，需要计算某笔销售收入应缴纳的增值税（税率为13%）。请编写一个Python程序，通过自定义函数计算企业销售业务应缴纳的增值税。

利用Python创建管理会计模型

学习目标

【知识目标】

1. 掌握Python自定义函数、pandas模块的常见用法。
2. 掌握pyecharts可视化分析方法在管理决策中的基本应用。
3. 掌握利用pathlib、xlwings等模块处理Excel等文件的方法。

【能力目标】

1. 能根据管理会计的决策要求，按照业务实际计算货币时间价值，创建项目投资决策、本量利分析、标准成本分析等管理会计模型。
2. 能根据数据结构和业务要求，利用pyecharts等模块创建可视化分析模型，并进行决策。
3. 能利用文件处理模块，按照业务要求对Excel等文件进行批量的结构化操作和处理。

【素养目标】

1. 树立专业自信，培养批判性思维，对管理会计模型进行反思和优化，以更好地服务企业财务管理工作。
2. 在坚持传统会计理论和方法的基础上，勇于尝试新的思路和方法。

项目导读

数字经济时代，业务、财务数据爆炸式增长，驱动企业财务管理从传统的核算型、管理型向战略型转型。以优化财务、业务流程为基础，以实现高附加值的经营分析、风险管理、绩效管理等为手段，以支持战略决策为目标的管理会计，成为企业财务转型的重要方向。Python的出现，使财务会计和管理会计工作发生了重大变革。本项目以企业业务数据为基础，对数据采集方式、数据处理方法、数据处理效率、数据处理流程等进行优化，从而改进传统管理会计分析模型，挖掘数据价值。

微课8-1

利用自定义
函数计算货币
时间价值

任务一 利用自定义函数计算货币时间价值

资金是企业开展生产经营活动、支撑财务活动的重要保障。货币时间价值作为财务管理中的重要内容，在企业投资决策、筹资决策中发挥着重要作用。同时，货币时间价值也是个人理财、购房还贷、教育投资等决策中的关键要素。

 ## 业务场景8-1　分步计算货币时间价值

飞翔集团有一个投资资金池，项目经理需要通过计算相应财务指标，对项目进行综合评估，考虑风险、收益，最终做出投资决策。但是，由于项目的投资金额和投资时点往往不固定，直接套用复利、年金等公式进行计算的传统方式满足不了项目投资决策的需求。下面计算投资金额在目标时点的终值。

代码实现

（1）读取飞翔集团"8-1　项目投资数据.xlsx"文件中各个项目的投资金额（单位：万元）、投资时点，以数据表形式存储。

```
【In】    import pandas as pd
          import datetime as dt
          data = pd.read_excel('8-1  项目投资数据.xlsx',index_col=0)
          data.head(5)                          # 显示前 5 条数据
```

序号	项目名称	投资金额	投资时点
1	数字化转型创新项目	2000	2022-01-01
2	人工智能驱动的商业模式优化项目	1500	2022-03-17
3	工业4.0智能制造项目	3000	2022-06-14
4	云计算与大数据平台建设项目	2500	2022-09-01
5	数字化营销与销售优化项目	1800	2022-11-01

（2）根据已知的投资回报率和目标时点，定义变量并赋值，将文本格式的投资时点、目标时点转换为datetime格式，以便计算二者的间隔天数。

```
【In】    rate_annual = 0.08                    # 投资回报率
          target_time = '2024-12-31'           # 目标时点
          data['投资时点'] = pd.to_datetime(data['投资时点'])
          target = dt.datetime.strptime(target_time,'%Y-%m-%d')
          data.dtypes                          # 显示元素类型
```

```
【Out】   项目名称              object
          投资金额               int64
          投资时点        datetime64[ns]
          dtype: object
```

（3）计算目标时点与投资时点的间隔天数。

```
【In】    data['间隔天数'] = (target-data['投资时点']).dt.days
          data.head(5)
```

序号	项目名称	投资金额	投资时点	间隔天数
1	数字化转型创新项目	2000	2022-01-01	1095
2	人工智能驱动的商业模式优化项目	1500	2022-03-17	1020
3	工业4.0智能制造项目	3000	2022-06-14	931
4	云计算与大数据平台建设项目	2500	2022-09-01	852
5	数字化营销与销售优化项目	1800	2022-11-01	791

（4）将投资回报率转换为日利率（日利率=年利率÷365），根据日利率和间隔天数计算系数，并计算出终值。

【In】
```
rate_daily = (1+rate_annual)**(1/365)-1
data['系数'] = (1+rate_daily)**data['间隔天数']
data['投资金额_终值'] = data['投资金额']*data['系数']
data
```

【Out】

序号	项目名称	投资金额	投资时点	间隔天数	系数	投资金额_终值
1	数字化转型创新项目	2000	2022-01-01	1095	1.259712	2519.424000
2	人工智能驱动的商业模式优化项目	1500	2022-03-17	1020	1.239948	1859.921568
3	工业4.0智能制造项目	3000	2022-06-14	931	1.216896	3650.688050
4	云计算与大数据平台建设项目	2500	2022-09-01	852	1.196794	2991.984198
5	数字化营销与销售优化项目	1800	2022-11-01	791	1.181499	2126.698398
6	企业级物联网解决方案项目	2200	2022-03-01	1036	1.244138	2737.103394
7	高级数据分析与商业智能项目	2800	2022-06-11	934	1.217666	3409.464844
8	软件定义网络创新项目	3500	2022-09-03	850	1.196289	4187.011823
9	云计算安全与风险管理项目	3200	2022-08-15	869	1.201091	3843.492058
10	5G通信技术驱动的创新项目	4000	2023-03-01	671	1.151980	4607.918172

业务总结

Excel提供了内置的财务函数，可以直接计算货币时间价值。以上分步骤计算投资金额终值的方式稍显烦冗，可以采用Python自定义函数来进行优化，以提高代码的复用性。

 业务场景8-2　自定义函数计算货币时间价值

飞翔集团的投资资金池专门为优质项目设置，项目经理经常需要根据企业战略目标从多个项目中做出投资决策。因此，可以自定义一个计算货币时间价值的函数，以便面对新项目时能快速读取数据，计算出不同投资项目的终值，为项目决策提供支持。

自定义货币时间价值函数，将【业务场景8-1】中分步计算的过程封装到函数中，以便重复调用。

代码实现

（1）定义函数TVM()，通过传入投资回报率、目标时点、项目投资数据（投资金额、投资时点）等参数，返回投资金额的终值及其合计金额。

【In】
```
def TVM(rate_annual,target_time,data):
    rate_daily = (1+rate_annual)**(1/365)-1
    target = dt.datetime.strptime(target_time,'%Y-%m-%d')
    data['投资时点'] = pd.to_datetime(data['投资时点'])
    data['间隔天数'] = (target-data['投资时点']).dt.days
    data['系数'] = (1+rate_daily)**data['间隔天数']
    data['投资金额_终值'] = data['投资金额']*data['系数']
    return data,data['投资金额_终值'].sum()
```

（2）将飞翔集团项目投资的相关数据传入自定义函数TVM()中，计算各项目投资金额的终值。

```
【In】    import pandas as pd
         import datetime as dt
         data = pd.read_excel('8-1  项目投资数据 .xlsx',index_col=0)
         data_final,sum_final = TVM(0.08,'2024-12-31',data)        # 调用 TVM() 函数
         data
```

【Out】

序号	项目名称	投资金额	投资时点	间隔天数	系数	投资金额_终值
1	数字化转型创新项目	2000	2022-01-01	1095	1.259712	2519.424000
2	人工智能驱动的商业模式优化项目	1500	2022-03-17	1020	1.239948	1859.921568
3	工业4.0智能制造项目	3000	2022-06-14	931	1.216896	3650.688050
4	云计算与大数据平台建设项目	2500	2022-09-01	852	1.196794	2991.984198
5	数字化营销与销售优化项目	1800	2022-11-01	791	1.181499	2126.698398
6	企业级物联网解决方案项目	2200	2022-03-01	1036	1.244138	2737.103394
7	高级数据分析与商业智能项目	2800	2022-06-11	934	1.217666	3409.464844
8	软件定义网络创新项目	3500	2022-09-03	850	1.196289	4187.011823
9	云计算安全与风险管理项目	3200	2022-08-15	869	1.201091	3843.492058
10	5G通信技术驱动的创新项目	4000	2023-03-01	671	1.151980	4607.918172

```
【In】    print(' 投资金额终值合计: ',round(sum_final,2))        # 返回投资金额终值
         的合计数，保留两位小数
```

【Out】   投资金额终值合计： 31933.71

使用TVM()函数，可以快速、准确地计算出投资金额在投资期内任意时点的终值。仍以飞翔集团为例，将目标时点改为2025-12-31，再次运行TVM()函数。

```
【In】    data_final,sum_final = TVM(0.08,'2025-12-31',data)
         data
```

【Out】

序号	项目名称	投资金额	投资时点	间隔天数	系数	投资金额_终值
1	数字化转型创新项目	2000	2022-01-01	1460	1.360489	2720.977920
2	人工智能驱动的商业模式优化项目	1500	2022-03-17	1385	1.339144	2008.715293
3	工业4.0智能制造项目	3000	2022-06-14	1296	1.314248	3942.743094
4	云计算与大数据平台建设项目	2500	2022-09-01	1217	1.292537	3231.342934
5	数字化营销与销售优化项目	1800	2022-11-01	1156	1.276019	2296.834270
6	企业级物联网解决方案项目	2200	2022-03-01	1401	1.343669	2956.071666
7	高级数据分析与商业智能项目	2800	2022-06-11	1299	1.315079	3682.222031
8	软件定义网络创新项目	3500	2022-09-03	1215	1.291992	4521.972769
9	云计算安全与风险管理项目	3200	2022-08-15	1234	1.297179	4150.971422
10	5G通信技术驱动的创新项目	4000	2023-03-01	1036	1.244138	4976.551626

拓展练习8-1

存款的终值计算

岗课赛证8-1

理财收益计算

业务总结

货币时间价值是财务管理的重要基石，涉及大量的计算，但基本都围绕复利和年金问题展开。这些计算公式的应用范围基本固定，可以被重复使用。企业可以根据自身的需求，利用Python自定义函数封装常用的计算公式，有效提高计算的效率和准确性。

任务二　利用pandas创建项目投资决策模型

项目投资决策是企业财务管理的重要环节，是对投资活动进行分析，做出最后决断的过程。

在实际业务中，企业需要考虑货币时间价值，选择合适的财务分析指标，对项目进行综合评价，最后完成投资决策。常用的项目投资决策方法有两种：净现值法和投资回收期法。

微课 8-2

利用 pandas 创建项目投资决策模型

 业务场景8-3 项目投资决策——净现值法

飞翔集团的投资资金池中有数字化转型创新项目，项目经理需要评估投资计划是否可行。项目总投资2 000万元，建设期2年，第1年年初投资1 200万元，第二年年初投资800万元。项目投产后，预计每年年末销售收入、付现成本、折旧与摊销如表8-1所示。飞翔集团属于被重点扶持的高新技术企业，减按15%的税率征收企业所得税，项目预期投资回报率为8%。

表8-1　　　　　投产后各年年末销售收入、付现成本、折旧与摊销　　　　　单位：万元

时间	销售收入	付现成本	折旧与摊销
投产后第1年年末	1 200	800	300
投产后第2年年末	1 600	1 000	300
投产后第3年年末	2 000	1 200	300
投产后第4年年末	2 400	1 400	300
投产后第5年年末	2 500	1 600	300
投产后第6年年末	2 200	1 800	300

该项目可运用净现值法和投资回收期法进行评估，相关知识可参考图8-1所示的知识导图。

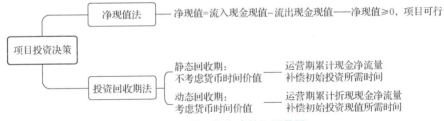

图8-1　项目投资决策知识导图

使用净现值法评估飞翔集团投资项目的可行性，要先计算各期现金净流量，再通过折现系数将其折现，最终得到项目的净现值。若项目净现值≥0，则表明该项目具备财务可行性。使用投资回收期法，则可利用累计函数计算现金净流量累计值。

代码实现

（1）以字典方式引入飞翔集团初始投资、销售收入、付现成本、折旧与摊销数据，列表中的数据以年为间隔。

```
【In】    import pandas as pd
          pd.options.display.float_format = '{:.2f}'.format  # 数据输出格式保留两位小数
          data = {' 初始投资 ':[1200,800,0,0,0,0,0,0,0],
                  '销售收入 ':[0,0,0,1200,1600,2000,2400,2500,2200],
                  '付现成本 ':[0,0,0,800,1000,1200,1400,1600,1800],
                  '折旧与摊销 ':[0,0,0,300,300,300,300,300,300]}
          # 为提高代码复用性，一般将数据写入 Excel 文件，此处用字典主要是为了展现不同的数据构造方式
          data= pd.DataFrame(data)
          data
```

【Out】

	初始投资	销售收入	付现成本	折旧与摊销
0	1200	0	0	0
1	800	0	0	0
2	0	0	0	0
3	0	1200	800	300
4	0	1600	1000	300
5	0	2000	1200	300
6	0	2400	1400	300
7	0	2500	1600	300
8	0	2200	1800	300

（2）计算各年营业利润、所得税费用、税后营业利润、现金净流量。

【In】
```
data['营业利润'] = data['销售收入']-data['付现成本']-data['折旧与摊销']
data['所得税费用'] = data['营业利润']*0.15
data['税后营业利润'] = data['营业利润']-data['所得税费用']
data['现金净流量']=data['税后营业利润']+data['折旧与摊销']-data['初始投资']
data
```

【Out】

	初始投资	销售收入	付现成本	折旧与摊销	营业利润	所得税费用	税后营业利润	现金净流量
0	1200	0	0	0	0	0.00	0.00	-1200.00
1	800	0	0	0	0	0.00	0.00	-800.00
2	0	0	0	0	0	0.00	0.00	0.00
3	0	1200	800	300	100	15.00	85.00	385.00
4	0	1600	1000	300	300	45.00	255.00	555.00
5	0	2000	1200	300	500	75.00	425.00	725.00
6	0	2400	1400	300	700	105.00	595.00	895.00
7	0	2500	1600	300	600	90.00	510.00	810.00
8	0	2200	1800	300	100	15.00	85.00	385.00

（3）计算折现系数。折现系数的计算公式为$(1+i)^{-t}$，i为利率，t为相应的年数，t的值可以取行索引[0,1,2,3,4,5,6,7,8]。

【In】
```
data['折现系数'] = (1+0.08)**(-data.index)
data
```

【Out】

	初始投资	销售收入	付现成本	折旧与摊销	营业利润	所得税费用	税后营业利润	现金净流量	折现系数
0	1200	0	0	0	0	0.00	0.00	-1200.00	1.00
1	800	0	0	0	0	0.00	0.00	-800.00	0.93
2	0	0	0	0	0	0.00	0.00	0.00	0.86
3	0	1200	800	300	100	15.00	85.00	385.00	0.79
4	0	1600	1000	300	300	45.00	255.00	555.00	0.74
5	0	2000	1200	300	500	75.00	425.00	725.00	0.68
6	0	2400	1400	300	700	105.00	595.00	895.00	0.63
7	0	2500	1600	300	600	90.00	510.00	810.00	0.58
8	0	2200	1800	300	100	15.00	85.00	385.00	0.54

（4）计算各年折现现金净流量。

【In】
```
data['折现现金净流量'] = data['现金净流量']*data['折现系数']
data
```

【Out】

	初始投资	销售收入	付现成本	折旧与摊销	营业利润	所得税费用	税后营业利润	现金净流量	折现系数	折现现金净流量
0	1200	0	0	0	0	0.00	0.00	-1200.00	1.00	-1200.00
1	800	0	0	0	0	0.00	0.00	-800.00	0.93	-740.74
2	0	0	0	0	0	0.00	0.00	0.00	0.86	0.00
3	0	1200	800	300	100	15.00	85.00	385.00	0.79	305.63
4	0	1600	1000	300	300	45.00	255.00	555.00	0.74	407.94
5	0	2000	1200	300	500	75.00	425.00	725.00	0.68	493.42
6	0	2400	1400	300	700	105.00	595.00	895.00	0.63	564.00
7	0	2500	1600	300	600	90.00	510.00	810.00	0.58	472.63
8	0	2200	1800	300	100	15.00	85.00	385.00	0.54	208.00

（5）将各年折现现金净流量相加，计算项目净现值。

【In】
```
NPV = format(data['折现现金净流量'].sum(),'.2f')
print('项目净现值 NPV 为：',NPV)
if float(NPV)>=0:
    print('NPV>=0，项目具备财务可行性。')
else:
    print('NPV<0，项目不具备财务可行性。')
```

【Out】
```
项目净现值 NPV 为：510.88
NPV>=0，项目具备财务可行性。
```

 业务场景8-4　项目投资决策——投资回收期法

回收期分静态回收期和动态回收期，二者的区别在于动态回收期考虑了货币时间价值。静态回收期是以现金净流量为基准计算的，而动态回收期是以折现现金净流量为基准计算的，使用 cumsum() 函数求解。沿用【业务场景8-3】的数据，分析该项目何时可以回本（分静态回收期和动态回收期两种情形进行讨论）。

代码实现

计算现金净流量、折现现金净流量累计值。

【In】
```
data[['现金净流量','折现现金净流量']].cumsum()
```

【Out】

	现金净流量	折现现金净流量
0	-1200.00	-1200.00
1	-2000.00	-1940.74
2	-2000.00	-1940.74
3	-1615.00	-1635.12
4	-1060.00	-1227.17
5	-335.00	-733.75
6	560.00	-169.75
7	1370.00	302.88
8	1755.00	510.88

运行结果显示，采用静态回收期，在项目周期的第5、6年之间可以回本；如果采用动态回收期，则需要在项目周期的第6、7年之间方能回本。

拓展练习 8-2

项目投资决策
——现值指数法

业务总结

项目投资决策的常用方法有净现值法、投资回收期法、内含报酬率法等，这些方法在Excel中都有相应的内置函数。然而，当企业需要处理大量决策项目时，构建统一的数据基础表并批量读取项目信息，同时将通用的项目投资决策方法封装为函数，将极大地简化计算过程。这样，每次进行投资决策的计算过程就可以简化为读取数据——调用函数——输出结果，大大提升计算的效率和准确性。这正是Python等编程语言在处理大量、重复性高的数据时所具有的优势。

任务三　利用自定义函数创建本量利分析模型

微课 8-3

利用自定义函数
创建本量利分析
模型

随着财务会计向管理会计转型，本量利分析模型作为经典的成本管理模型，在帮助企业降低成本、实现预期收益中发挥着重要作用。企业可以合理利用本量利关系，建立直观、可靠的盈亏平衡模型，通过对未来相关成本收益进行分析和预测，实现成本控制和提高效益的经营目标。

 业务场景8-5　单一产品本量利分析预测

近年来，许多年轻消费者对国产品牌运动鞋特别青睐，飞翔集团敏锐地嗅到商机，准备投建生产线生产运动鞋。经过初步的市场调研，运动鞋市场售价约为100元/双，预估每双运动鞋的原材料、人工成本等变动成本为50元，预估房租、机器设备等固定成本为100 000元/月。根据电商贸易数据的预测模型，运动鞋预计销售量为3 000双/月。

（1）如果对市场的预测完全准确，根据本量利公式，运动鞋的单位边际贡献、月销售额、月边际贡献、月营业利润分别是多少？

（2）每个月销售量达到多少才能不亏本？

（3）如果希望每个月可以盈利100 000元，那么月销量要达到多少才能保证实现盈利目标？

本业务可运用本量利知识进行保本分析、保利分析、安全边际分析和敏感性分析，相关知识可参考图8-2所示的知识导图。

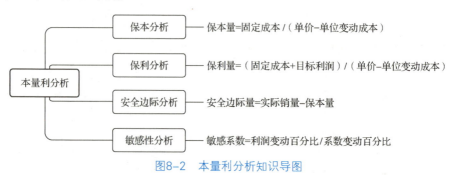

图8-2　本量利分析知识导图

　　为了方便企业更准确、便捷地计算，可以创建一个自定义函数，通过输入单价、单位变动成本、固定成本、销售量4个参数，计算销售额、单位边际贡献、边际贡献、变动成本和营业利润。

代码实现

　　（1）对根据市场调研获取的信息进行整理，将结果保存在Python程序所在路径下的"8-3　运动鞋本量利分析数据.xlsx"文件中，并读取数据。

```
【In】   import pandas as pd                                # 导入 pandas
        pd.options.display.float_format = '{:.2f}'.format  # 数据输出格式保留两位小数
        df = pd.read_excel('8-3  运动鞋本量利分析数据 .xlsx')
        df
```

【Out】

	单价	单位变动成本	固定成本	销售量
0	100	50	100000	3000

　　（2）创建自定义函数，通过输入单价（p）、单位变动成本（uvc）、固定成本（fc）和销售量（q）4个参数，计算销售额（s）、单位边际贡献（umc）、边际贡献（mc）、变动成本（vc）和营业利润（pro）。

```
【In】   def CVP(p,uvc,q,fc):
            s = p * q           # 销售额 = 单价 × 销售量
            umc = p - uvc       # 单位边际贡献 = 单价 - 单位变动成本
            mc = umc * q        # 边际贡献 = 单位边际贡献 × 销售量
            vc = uvc * q        # 变动成本 = 单位变动成本 × 销售量
            pro = (p-uvc) * q-fc    # 营业利润 =（单价 - 单位变动成本）× 销售量 - 固定成本
        # 返回单价、单位变动成本、单位边际贡献、销售量、销售额、变动成本、边际贡献、固定成本、营业利润
            return [p, uvc, umc, q, s, vc, mc, fc, pro]
```

　　（3）为变量赋值并调用CVP()函数。

```
【In】   p = df['单价 ']
        uvc = df['单位变动成本 ']
        q = df['销售量 ']
        fc = df['固定成本 ']
        df1 = pd.DataFrame(CVP(p,uvc,q,fc),index=['单价 ','单位变动成本 ','单位边际贡献 ','销售量 ','销售额 ','变动成本 ','边际贡献 ','固定成本 ','营业利润 ']).T
        df1
```

【Out】

	单价	单位变动成本	单位边际贡献	销售量	销售额	变动成本	边际贡献	固定成本	营业利润
0	100	50	50	3000	300000	150000	150000	100000	50000

　　（4）计算保本时的销售量，即保本量。

```
【In】   # 计算保本量，保本量 = 固定成本 / 单位边际贡献
        df1['保本量 '] = fc / df1['单位边际贡献 ']
        df1
```

【Out】

	单价	单位变动成本	单位边际贡献	销售量	销售额	变动成本	边际贡献	固定成本	营业利润	保本量
0	100	50	50	3000	300000	150000	150000	100000	50000	2000.00

　　（5）安全边际量即实际销售量超过盈亏平衡点的部分，可直接用实际销售量减去保本量计算。

【In】
```
df1['安全边际量'] = df1['销售量'] - df1['保本量']
df1
```

【Out】

	单价	单位变动成本	单位边际贡献	销售量	销售额	变动成本	边际贡献	固定成本	营业利润	保本量	安全边际量
0	100	50	50	3000	300000	150000	150000	100000	50000	2000.00	1000.00

（6）计算目标利润为100 000元时的保利量。

【In】
```
df1['保利量'] = (fc + 100000)/df1['单位边际贡献']
df1
```

【Out】

	单价	单位变动成本	单位边际贡献	销售量	销售额	变动成本	边际贡献	固定成本	营业利润	保本量	安全边际量	保利量
0	100	50	50	3000	300000	150000	150000	100000	50000	2000.00	1000.00	4000.00

 业务场景8-6　多品种产品本量利分析预测

经过一段时间的经营，飞翔集团打算加大对运动服饰的投入，准备投建生产线生产运动服和运动裤，新生产线预计固定成本为500 000元/年。经过市场调研，各运动服（如运动短袖、运动长袖）和运动裤的单价、变动成本、预计每年的销售量如表8-2所示。

表8-2　　　　　　　　　　运动服和运动裤本量利分析数据

产品名称	单价/（元/件）	变动成本/元	销售量/件
运动短袖_A	120	60	1 000
运动短袖_B	180	100	650
运动短袖_C	200	120	500
运动短袖_D	140	80	900
运动短袖_E	160	100	750
运动裤_A	220	140	400
运动裤_B	100	60	1 200
运动裤_C	240	160	300
运动裤_D	220	120	550
运动裤_E	80	50	1 500
运动长袖_A	200	100	800
运动长袖_B	160	80	1 000
运动长袖_C	180	120	650
运动长袖_D	120	60	900
运动长袖_E	140	80	750

（1）根据本量利公式，保本时每种产品的销售量分别是多少？

（2）飞翔集团希望新生产线每年可以盈利800 000元，那么每种产品要达到多少销售量才能保证实现盈利目标？

本业务可运用本量利知识进行多种产品的保本分析、保利分析，相关知识点如下。

① 综合边际贡献率 = Σ（某种产品的边际贡献率×该种产品销售额占总收入的比重）。

② 保本点销售额 = 固定成本总额 / 综合边际贡献率。

③ 每种产品的保本销售额 = 保本点销售额×各产品销售额占比。

④ 每种产品的保本销售量 = 该产品保本销售额 / 该产品单价。

⑤ 保利目标销售额 =（固定成本总额 + 目标利润）/ 综合边际贡献率。

代码实现

（1）对根据市场调研获取的信息进行整理，将结果保存在 Python 程序所在路径下的"8-3　运动服和运动裤本量利分析数据.xlsx"文件中，并读取数据。

```
【In】    import pandas as pd                               # 导入 pandas
         pd.options.display.float_format = '{:.2f}'.format  # 数据输出格式保留两位小数
         df2 = pd.read_excel('8-3 运动服和运动裤本量利分析数据 .xlsx')
         df2.head(5)
```

【Out】

	名称	单价	变动成本	销售量	固定成本总额
0	运动短袖_A	120	60	1000	500000
1	运动短袖_B	180	100	650	500000
2	运动短袖_C	200	120	500	500000
3	运动短袖_D	140	80	900	500000
4	运动短袖_E	160	100	750	500000

（2）为变量赋值，并计算各产品销售额、单位边际贡献、边际贡献率、销售额占比。

```
【In】    df2['销售额'] = df2['单价'] * df2['销售量']
         df2['单位边际贡献'] = df2['单价'] - df2['变动成本']
         df2['边际贡献率'] = (df2['单价'] - df2['变动成本']) / df2['单价']
         df2['销售额占比'] = df2['销售额'] / df2['销售额'].sum()
         df2.head(5)
```

【Out】

	名称	单价	变动成本	销售量	固定成本总额	销售额	单位边际贡献	边际贡献率	销售额占比
0	运动短袖_A	120	60	1000	500000	120000	60	0.50	0.07
1	运动短袖_B	180	100	650	500000	117000	80	0.44	0.07
2	运动短袖_C	200	120	500	500000	100000	80	0.40	0.06
3	运动短袖_D	140	80	900	500000	126000	60	0.43	0.07
4	运动短袖_E	160	100	750	500000	120000	60	0.38	0.07

（3）创建自定义函数 beq()，通过输入销售额（s1）、单位边际贡献（umc1）、固定成本总额（fc1）、单价（p1）4 个参数，计算总销售额（ts）、综合边际贡献率（ocmr）、保本点销售额（bs）。

```
【In】    def beq(s1,umc1,fc1,p1):
             ts = s1.sum()                        # 总销售额
             ocmr =sum((s1/ts) *(umc1/p1))        # 综合边际贡献率
             bs = fc1 / ocmr                      # 保本点销售额 = 固定成本总额 / 综合边际贡献率
             return [ts,ocmr,bs]                  # 返回总销售额、综合边际贡献率、保本点销售额
```

（4）为变量赋值并调用 beq() 函数。

```
【In】    s1 = df2['销售额']
         umc1 = df2['单位边际贡献']
         fc1 = df2['固定成本总额'][1]
         p1 = df2['单价']
         [ts,ocmr,bs] = beq(s1,umc1,fc1,p1)
         print('总销售额:',ts, '综合边际贡献率:',round(ocmr,2),'保本点销售额:',round
         (bs,2))
```

【Out】   总销售额：1754000 综合边际贡献率：0.43 保本点销售额：1164674.63

（5）计算各产品保本销售额。

```
【In】  df2['保本销售额'] = bs * df2['销售额占比']
       df2.head(5)
```

【Out】

	名称	单价	变动成本	销售量	固定成本总额	销售额	单位边际贡献	边际贡献率	销售额占比	保本销售额
0	运动短袖_A	120	60	1000	500000	120000	60	0.50	0.07	79681.27
1	运动短袖_B	180	100	650	500000	117000	80	0.44	0.07	77689.24
2	运动短袖_C	200	120	500	500000	100000	80	0.40	0.06	66401.06
3	运动短袖_D	140	80	900	500000	126000	60	0.43	0.07	83665.34
4	运动短袖_E	160	100	750	500000	120000	60	0.38	0.07	79681.27

（6）计算各产品保本销售量。

```
【In】  df2['保本销售量'] = df2['保本销售额'] / df2['单价']
       df2.head(5)
```

【Out】

	名称	单价	变动成本	销售量	固定成本总额	销售额	单位边际贡献	边际贡献率	销售额占比	保本销售额	保本销售量
0	运动短袖_A	120	60	1000	500000	120000	60	0.50	0.07	79681.27	664.01
1	运动短袖_B	180	100	650	500000	117000	80	0.44	0.07	77689.24	431.61
2	运动短袖_C	200	120	500	500000	100000	80	0.40	0.06	66401.06	332.01
3	运动短袖_D	140	80	900	500000	126000	60	0.43	0.07	83665.34	597.61
4	运动短袖_E	160	100	750	500000	120000	60	0.38	0.07	79681.27	498.01

（7）计算目标利润为 800 000 元时的保利量。

```
【In】  fc1 = df2['固定成本总额'][1] + 800000
       [ts,ocmr,bs] = beq(s1,umc1,fc1,p1)
       df2['保利销售量'] = bs * df2['销售额占比'] / df2['单价']
       df2.head(5)
```

【Out】

	名称	单价	变动成本	销售量	固定成本总额	销售额	单位边际贡献	边际贡献率	销售额占比	保本销售额	保本销售量	保利销售量
0	运动短袖_A	120	60	1000	500000	120000	60	0.50	0.07	79681.27	664.01	1726.43
1	运动短袖_B	180	100	650	500000	117000	80	0.44	0.07	77689.24	431.61	1122.18
2	运动短袖_C	200	120	500	500000	100000	80	0.40	0.06	66401.06	332.01	863.21
3	运动短袖_D	140	80	900	500000	126000	60	0.43	0.07	83665.34	597.61	1553.78
4	运动短袖_E	160	100	750	500000	120000	60	0.38	0.07	79681.27	498.01	1294.82

拓展练习 8-3

本量利分析

业务总结

本量利分析以成本性态分析和变动成本法为基础。通过保本分析，我们可以确定企业的最低生存条件；通过安全边际分析，可以确定企业的安全运营状况。使用自定义函数，可以对本量利分析模型的基础数据与参数进行及时调整，保证本量利分析结果的准确性和可靠性，从而为企业经营决策提供更好的支持。

知识拓展 8-1

敏感性分析

任务四 利用自定义函数创建标准成本分析模型

成本管理是企业财务管理的重要环节。标准成本法能够清晰反映出产品或服务的成本组成，是一种量化的成本分析方法，具有核算效率高、成本控制好、管理风险低等优势，被广泛应用于企业的成本核算中。同时，按照标准成本法编制预算，分析标准成本和实际成本的差异，可为合理编制生产预算提供保证，提升成本控制和成本管理的科学性。

微课 8-4
利用自定义函数创建标准成本分析模型

业务场景8-7　标准成本差异分析

2023年5月，运动鞋生产基本稳定后，飞翔集团拓展了新的制衣生产线。经过3个月的运营，8月各项目的预算数与实际数对比（弹性预算根据销售量及标准成本计算）如表8-3所示，单位产品标准成本与实际成本如表8-4所示。请据此进行标准成本差异分析（直接材料、直接人工、变动制造费用差异分析）。

表8-3　　　　　　　　　　　8月各项目的预算数与实际数对比

项目	预算数	实际数	差异
销售量	500件	500件	0
单价	1 800元/件	1 900元/件	100元/件
销售额	900 000元	950 000元	50 000元
变动成本	531 000元	588 300元	57 300元
边际贡献	369 000元	361 700元	-7 300元
变动制造费用	234 500元	243 400元	8 900元
营业利润	134 500元	118 300元	-16 200元

表8-4　　　　　　　　　　　单位产品标准成本与实际成本

成本项目	实际用量	实际价格	标准用量	标准价格
直接材料-布	2米	35元/米	1.8米	33元/米
直接材料-纽扣	10个	1元/个	10个	0.5元/个
直接材料-拉链	1条	3元/条	1条	2.5元/条
直接材料-线	1.5米	5元/米	2米	5.5元/米
直接材料-里布	1.5米	24元/米	2米	26元/米
直接人工	10工时	36元/工时	9工时	28元/工时
变动制造费用-电	100千瓦时	0.3元/千瓦时	100千瓦时	0.35元/千瓦时
变动制造费用-水	50立方米	0.6元/立方米	70立方米	0.5元/立方米
变动制造费用-维修	2工时	20元/工时	2工时	10元/工时

该业务应用标准成本法进行计算，相关知识参考图8-3所示的知识导图。

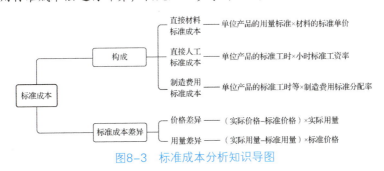

图8-3　标准成本分析知识导图

　　组成标准成本的直接材料标准成本、直接人工标准成本、制造费用标准成本，都包括用量标准和价格标准。计算标准成本差异时，将成本差异统一分为价格差异和用量差异。

代码实现

（1）读取"8-4　单位产品标准成本与实际成本.xlsx"文件中单位产品成本项目的标准价格、标准用量、实际价格、实际用量等数据。

```
【In】    import pandas as pd
          pd.options.display.float_format = '{:.2f}'.format
          cost = pd.read_excel('8-4 单位产品标准成本与实际成本 .xlsx',sheet_name =
          ' 成本数据 ')
          cost.fillna(0,inplace = True)                              # 将缺失值填充为 0
          cost
```

【Out】

	成本项目	实际用量	实际价格	标准用量	标准价格
0	直接材料-布	2.00	35.00	1.80	33.00
1	直接材料-纽扣	10.00	1.00	10.00	0.50
2	直接材料-拉链	1.00	3.00	1.00	2.50
3	直接材料-线	1.50	5.00	2.00	5.50
4	直接材料-里布	1.50	24.00	2.00	26.00
5	直接人工	10.00	36.00	9.00	28.00
6	变动制造费用-电	100.00	0.30	100.00	0.35
7	变动制造费用-水	50.00	0.60	70.00	0.50
8	变动制造费用-维修	2.00	20.00	2.00	10.00

（2）计算单位产品每个成本项目的实际成本和标准成本，以及两者的差异。

```
【In】    cost[' 实际成本 '] = cost[' 实际用量 ']*cost[' 实际价格 ']
          cost[' 标准成本 '] = cost[' 标准用量 ']*cost[' 标准价格 ']
          cost[' 成本差异 '] = cost[' 实际成本 ']-cost[' 标准成本 ']
          cost
```

【Out】

	成本项目	实际用量	实际价格	标准用量	标准价格	实际成本	标准成本	成本差异
0	直接材料-布	2.00	35.00	1.80	33.00	70.00	59.40	10.60
1	直接材料-纽扣	10.00	1.00	10.00	0.50	10.00	5.00	5.00
2	直接材料-拉链	1.00	3.00	1.00	2.50	3.00	2.50	0.50
3	直接材料-线	1.50	5.00	2.00	5.50	7.50	11.00	-3.50
4	直接材料-里布	1.50	24.00	2.00	26.00	36.00	52.00	-16.00
5	直接人工	10.00	36.00	9.00	28.00	360.00	252.00	108.00
6	变动制造费用-电	100.00	0.30	100.00	0.35	30.00	35.00	-5.00
7	变动制造费用-水	50.00	0.60	70.00	0.50	30.00	35.00	-5.00
8	变动制造费用-维修	2.00	20.00	2.00	10.00	40.00	20.00	20.00

（3）计算单位产品每个成本项目的价格差异与用量差异。

```
【In】    cost[' 价格差异 '] = cost[' 实际用量 ']*(cost[' 实际价格 ']-cost[' 标准价格 '])
          cost[' 用量差异 '] = (cost[' 实际用量 ']-cost[' 标准用量 '])*cost[' 标准价格 ']
          cost
```

【Out】

	成本项目	实际用量	实际价格	标准用量	标准价格	实际成本	标准成本	成本差异	价格差异	用量差异
0	直接材料-布	2.00	35.00	1.80	33.00	70.00	59.40	10.60	4.00	6.60
1	直接材料-纽扣	10.00	1.00	10.00	0.50	10.00	5.00	5.00	5.00	0.00
2	直接材料-拉链	1.00	3.00	1.00	2.50	3.00	2.50	0.50	0.50	0.00
3	直接材料-线	1.50	5.00	2.00	5.50	7.50	11.00	-3.50	-0.75	-2.75
4	直接材料-里布	1.50	24.00	2.00	26.00	36.00	52.00	-16.00	-3.00	-13.00
5	直接人工	10.00	36.00	9.00	28.00	360.00	252.00	108.00	80.00	28.00
6	变动制造费用-电	100.00	0.30	100.00	0.35	30.00	35.00	-5.00	-5.00	0.00
7	变动制造费用-水	50.00	0.60	70.00	0.50	30.00	35.00	-5.00	5.00	-10.00
8	变动制造费用-维修	2.00	20.00	2.00	10.00	40.00	20.00	20.00	20.00	0.00

（4）根据已知的实际销量，计算实际销量下每个成本项目的成本差异总额。

【In】
```
cost[['差异总额','价格差异总额','用量差异总额']] = cost[['成本差异','价格差异','用量差异']]*500
cost
```

【Out】

	成本项目	实际用量	实际价格	标准用量	标准价格	实际成本	标准成本	成本差异	价格差异	用量差异	差异总额	价格差异总额	用量差异总额
0	直接材料-布	2.00	35.00	1.80	33.00	70.00	59.40	10.60	4.00	6.60	5300.00	2000.00	3300.00
1	直接材料-纽扣	10.00	1.00	10.00	0.50	10.00	5.00	5.00	5.00	0.00	2500.00	2500.00	0.00
2	直接材料-拉链	1.00	3.00	1.00	2.50	3.00	2.50	0.50	0.50	0.00	250.00	250.00	0.00
3	直接材料-线	1.50	5.00	2.00	5.50	7.50	11.00	-3.50	-0.75	-2.75	-1750.00	-375.00	-1375.00
4	直接材料-里布	1.50	24.00	2.00	26.00	36.00	52.00	-16.00	-3.00	-13.00	-8000.00	-1500.00	-6500.00
5	直接人工	10.00	36.00	9.00	28.00	360.00	252.00	108.00	80.00	28.00	54000.00	40000.00	14000.00
6	变动制造费用-电	100.00	0.30	100.00	0.35	30.00	35.00	-5.00	-5.00	0.00	-2500.00	-2500.00	0.00
7	变动制造费用-水	50.00	0.60	70.00	0.50	30.00	35.00	-5.00	5.00	-10.00	-2500.00	2500.00	-5000.00
8	变动制造费用-维修	2.00	20.00	2.00	10.00	40.00	20.00	20.00	20.00	0.00	10000.00	10000.00	0.00

（5）计算各成本项目的差异总额、价格差异总额、用量差异总额。

【In】
```
cost_diff = cost[['差异总额','价格差异总额','用量差异总额']].sum()
pd.DataFrame(cost_diff,columns=['合计'])
```

【Out】

	合计
差异总额	57300.00
价格差异总额	52875.00
用量差异总额	4425.00

业务总结

　　分析成本差异是企业成本管理的重点，找到成本差异原因，并及时进行跟踪处理，是企业成本管理的最终目标。通过利用本业务的代码，企业在每次核算成本差异数据时，只需读取不同产品的成本数据，即可直接得出计算结果，极大简化了计算流程，有助于企业更关注标准成本和实际成本产生差异的原因，从而为企业的成本控制提供更科学有效的依据。

拓展练习 8-4　　岗课赛证 8-2

直接人工成本　　生产成本预测
差异分析　　　　计算

任务五　利用自定义函数编制固定预算和弹性预算

　　加强预算管理，有助于企业合理利用内部资源，实现资源优化配置。固定预算和弹性预算

微课 8-5

利用自定义函数
编制固定预算和
弹性预算

法、定期预算和滚动预算法等，都是财务管理中编制预算的重要方法，各有优缺点。企业需要熟练掌握各种编制预算的方法，结合自身情况，综合考虑各方面因素，选择符合企业特点和发展需求的预算编制方法，从而提升预算管理效果。

📢 业务场景8-8　编制固定预算和弹性预算

飞翔集团按照固定预算法编制2023年度销售预算，预测运动鞋年销售量为30 000双，单价为100元/双，单位变动成本为40元/双，固定成本为1 000 000元。2023年年末，经过核算，运动鞋的实际销售量为36 000双，单价为120元/双，单位变动成本为45元/双，固定成本为1 200 000元。据此做预算和实际差异分析。

（1）按固定预算法编制2023年利润预算，并分析2023年实际执行数与预算数的差异。

（2）如果采用弹性预算法，请编制2023年弹性利润预算，并分析其与实际执行数的差异。

本业务运用管理会计的固定预算法和弹性预算法解决问题，相关知识点如表8-5所示。

表8-5　　　　　　　　　　　　固定预算法和弹性预算法的相关知识点

项目	固定预算法	弹性预算法
概念	以预算期内正常的、最可能实现的某一业务量水平为固定基础，不考虑可能发生变动的预算编制方法	在分析业务量与预算项目之间数量依存关系的基础上，分别确定不同业务量及相应预算项目所消耗资源的预算编制方法
特征	业务量固定在某一预计水平上	分别按一系列可能达到的预计业务量水平编制能适应多种情况的预算
优点	工作量小，简单易行	考虑预算期可能的不同业务量水平，更贴近企业经营实际
缺点	过于机械呆板，可比性差	工作量大，受预测准确性影响
适用范围	业务量较为稳定的企业	市场、产能等存在较大不确定性的企业

可以直接调用【业务场景8-5】本量利分析中自定义的CVP()函数进行计算。根据计算结果，分别将固定预算法下的预算数、弹性预算法下的预算数与实际执行数进行比较。

代码实现

（1）创建自定义函数（同【业务场景8-5】），通过输入单价（p）、单位变动成本（uvc）、固定成本（fc）和销售量（q）4个参数的值，计算销售额（s）、单位边际贡献（umc）、边际贡献（mc）、变动成本（vc）和营业利润（pro）的值。

```
【In】    def CVP(p,uvc,q,fc):
          s = p * q                    # 销售额 = 单价 × 销售量
          umc = p - uvc                # 单位边际贡献 = 单价 - 单位变动成本
          mc = umc * q                 # 边际贡献 = 单位边际贡献 × 销售量
          vc = uvc * q                 # 变动成本 = 单位变动成本 × 销售量
          pro = (p-uvc) * q-fc         # 营业利润 =（单价 - 单位变动成本）× 销售量 - 固定成本
          return [p, uvc, umc, q, s, vc, mc, fc, pro]   # 返回单价、单位变动成本、
          # 单位边际贡献、销售量、销售额、变动成本、边际贡献、固定成本、营业利润
```

（2）根据2023年销售预算数据，调用CVP()函数计算固定预算数。

```
【In】   import pandas as pd
        dt = pd.DataFrame(CVP(100,40,30000,1000000),columns=['固定预算数'],index=
        ['单价','单位变动成本','单位边际贡献','销售量','销售额','变动成本','边际贡献',
        '固定成本','营业利润'])
        dt
```

【Out】

	固定预算数
单价	100
单位变动成本	40
单位边际贡献	60
销售量	30000
销售额	3000000
变动成本	1200000
边际贡献	1800000
固定成本	1000000
营业利润	800000

（3）根据2023年年末的实际生产和销售数据，调用CVP()函数计算实际执行数，并用实际执行数减去固定预算数，计算固定预算执行差异。

```
【In】   dt['实际执行数'] = CVP(120,45,36000,1200000)
        dt['实际-固定预算'] = dt['实际执行数'] - dt['固定预算数']
        dt
```

【Out】

	固定预算数	实际执行数	实际-固定预算
单价	100	120	20
单位变动成本	40	45	5
单位边际贡献	60	75	15
销售量	30000	36000	6000
销售额	3000000	4320000	1320000
变动成本	1200000	1620000	420000
边际贡献	1800000	2700000	900000
固定成本	1000000	1200000	200000
营业利润	800000	1500000	700000

（4）若采用弹性预算法，以实际销售量36 000为弹性预算预计销售量，其他参数仍用预测数。调用CVP()函数计算弹性预算数。同时，用实际执行数减去弹性预算数，计算弹性预算执行差异。

```
【In】   dt['弹性预算数'] = CVP(100,40,36000,1000000)
        dt['实际-弹性预算'] = dt['实际执行数'] - dt['弹性预算数']
        dt
```

【Out】

	固定预算数	实际执行数	实际-固定预算	弹性预算数	实际-弹性预算
单价	100	120	20	100	20
单位变动成本	40	45	5	40	5
单位边际贡献	60	75	15	60	15
销售量	30000	36000	6000	36000	0
销售额	3000000	4320000	1320000	3600000	720000
变动成本	1200000	1620000	420000	1440000	180000
边际贡献	1800000	2700000	900000	2160000	540000
固定成本	1000000	1200000	200000	1000000	200000
营业利润	800000	1500000	700000	1160000	340000

岗课赛证8-3

固定预算与
弹性预算

业务总结

本业务调用了本量利分析模型中的自定义函数CVP()进行计算，这也是编程语言定义函数的意义所在。企业可以根据实际需求，将重复性的、使用频率高的计算过程加以封装，或者将常用的代码打包成自己的模块，充分利用Python的开源性和可移植性，减少重复工作，提升工作效率。

任务六　利用自定义函数编制定期预算和滚动预算

微课8-6

利用自定义函数
编制定期预算和
滚动预算

同弹性预算一样，滚动预算能够保持预算的完整性和连续性，有助于企业通过动态预算对未来一定时期的生产经营活动有更准确的把握，但也会大大增加预算编制的工作量。为简化滚动预算编制流程，本任务采用自定义函数的方式，帮助企业管理人员根据实际情况，快速调整预算资料，保证经营管理工作的有序进行。

 业务场景8-9　编制定期预算和滚动预算

飞翔集团的运动鞋生产线经过初步运营，2023年10—12月的经营数据如表8-6所示。

表8-6　　　　　　　　　　　　　运动鞋生产线经营数据

项目	2023年10月	2023年11月	2023年12月
单价/（元/双）	110	120	115
单位变动成本/（元/双）	45	46	44
销售量/双	3 000	2 900	3 200
固定成本/元	110 000	90 000	100 000

（1）根据本量利公式，计算2023年10—12月的实际营业利润。

（2）如果未来运动鞋的单价每月提高0.3%，单位变动成本每月增加0.2%，销售量、固定成本分别在前3个月平均数的基础上增加0.2%、0.1%，请以月为编制周期，编制滚动预算表，预测未来6个月的营业利润。

本业务运用管理会计的定期预算法和滚动预算法求解，相关知识点如表8-7所示。

表8-7　　　　　　　　　定期预算法和滚动预算法的相关知识点

项目	定期预算法	滚动预算法
概念	在编制预算时，以不变的会计期间（如日历年度）作为预算期的一种预算编制方法	企业根据上一期预算执行情况和新的预测结果，按既定的预测编制周期和滚动频率，对原有的预算方案进行调整和补充、逐期滚动、持续推进的一种预算编制方法
特征	以不变的会计期间（如日历年度）作为预算期	将预算期与会计年度脱离，逐期向后滚动
优点	预算期与会计年度相配合，便于考核和评价预算的执行结果	预算比较精确，连续性好
缺点	具有盲目性、滞后性、间断性	工作量大
适用范围	一般适用于年度预算的编制	一般适用于季度预算的编制

　　计算每月的销售额、变动成本，同样可以直接调用【业务场景8-5】中定义的CVP()函数进行计算。根据计算结果和滚动预测期情况，调整相关参数，再次调用CVP()函数计算滚动预测期的营业利润。

代码实现

（1）创建自定义函数（同【业务场景8-5】），通过输入单价（p）、单位变动成本（uvc）、固定成本（fc）和销售量（q）4个参数的值，计算销售额（s）、单位边际贡献（umc）、边际贡献（mc）、变动成本（vc）和营业利润（pro）的值。

```
【In】    def CVP(p,uvc,q,fc):
             s = p * q                # 销售额 = 单价 × 销售量
             umc = p - uvc            # 单位边际贡献 = 单价 - 单位变动成本
             mc = umc * q             # 边际贡献 = 单位边际贡献 × 销售量
             vc = uvc * q             # 变动成本 = 单位变动成本 × 销售量
             pro = (p-uvc) * q-fc     # 营业利润 =（单价 - 单位变动成本）× 销售量 - 固定成本
             return [p, uvc, umc, q, s, vc, mc, fc, pro]
```

（2）根据2023年10—12月的经营数据，调用CVP()函数计算此期间的实际营业利润。

```
【In】    import pandas as pd
         actual = {'202310': CVP(110,45,3000,110000),
                   '202311': CVP(120,46,2900,90000),
                   '202312': CVP(115,44,3200,100000)}
         dt = pd.DataFrame(actual,index = [' 单价 ',' 单位变动成本 ',' 单位边际贡献 ',
         ' 销售量 ',' 销售额 ',' 变动成本 ',' 边际贡献 ',' 固定成本 ',' 营业利润 '])
         dt
```

```
【Out】                202310   202311   202312
         单价           110      120      115
         单位变动成本     45       46       44
         单位边际贡献     65       74       71
         销售量         3000     2900     3200
         销售额        330000   348000   368000
         变动成本      135000   133400   140800
         边际贡献      195000   214600   227200
         固定成本      110000    90000   100000
         营业利润       85000   124600   127200
```

（3）根据滚动预测期相关参数的变动情况，定义滚动预测期单价（F_p）、滚动预测期单位变动成本（F_uvc）、滚动预测期销售量（F_q）和滚动预测固定成本（F_fc）4个变量，并自定义roll()函数计算滚动预测期的营业利润。

```
【In】    def roll(n):
             for i in range(0,6,1):
                 F_p = dt.iloc[0, n - 1] * 1.003        # 滚动预测期单价
                 F_uvc = dt.iloc[1, n - 1] * 1.002      # 滚动预测期单位变动成本
                 F_q = (dt.iloc[3, n - 1] + dt.iloc[3, n - 2] + dt.iloc[3,
         n -3]) / 3 * 1.002                            # 滚动预测期销售量
                 F_fc = (dt.iloc[7, n - 1] + dt.iloc[7, n - 2] + dt.iloc[7,
         n -3]) / 3 * 1.001                            # 滚动预测期固定成本
                 dt[' 预测未来第 ' + str(i + 1) + ' 个月 '] = CVP(F_p,F_uvc,F_q,F_fc)
                 n+=1
             return  dt
```

（4）调用自定义函数roll()，预测未来6个月的营业利润。

【In】 `roll(3)`

【Out】

	202310	202311	202312	预测未来第1个月	预测未来第2个月	预测未来第3个月	预测未来第4个月	预测未来第5个月	预测未来第6个月
单价	110	120	115	115.3450	115.691035	116.038108	116.386222	116.735381	117.085587
单位变动成本	45	46	44	44.0880	44.176176	44.264528	44.353057	44.441764	44.530647
单位边际贡献	65	74	71	71.2570	71.514859	71.773580	72.033165	72.293618	72.554940
销售量	3000	2900	3200	3039.4000	3052.559600	3103.514506	3071.288352	3081.939061	3091.751801
销售额	330000	348000	368000	350579.5930	353153.779523	360125.951799	357455.649227	359771.330797	361999.575209
变动成本	135000	133400	140800	134001.0672	134850.410140	137375.605859	136221.028574	136966.806941	137677.708214
边际贡献	195000	214600	227200	216578.5258	218303.369383	222750.345940	221234.620652	222804.523856	224321.866995
固定成本	110000	90000	100000	100100.0000	96796.700000	99064.532233	98752.397822	98302.747895	98805.265876
营业利润	85000	124600	127200	116478.5258	121506.669383	123685.813706	122482.222830	124501.775961	125516.601119

（5）2024年1月的单价、单位变动成本、销售量、固定成本分别为114、45、3 100、99 000，调用CVP()函数计算实际营业利润。

【In】
```
dt.insert(3,column='202401',value=CVP(114,45,3100,99000))
dt
```

【Out】

	202310	202311	202312	202401	预测未来第1个月	预测未来第2个月	预测未来第3个月	预测未来第4个月	预测未来第5个月	预测未来第6个月
单价	110	120	115	114	115.3450	115.691035	116.038108	116.386222	116.735381	117.085587
单位变动成本	45	46	44	45	44.0880	44.176176	44.264528	44.353057	44.441764	44.530647
单位边际贡献	65	74	71	69	71.2570	71.514859	71.773580	72.033165	72.293618	72.554940
销售量	3000	2900	3200	3100	3039.4000	3052.559600	3103.514506	3071.288352	3081.939061	3091.751801
销售额	330000	348000	368000	353400	350579.5930	353153.779523	360125.951799	357455.649227	359771.330797	361999.575209
变动成本	135000	133400	140800	139500	134001.0672	134850.410140	137375.605859	136221.028574	136966.806941	137677.708214
边际贡献	195000	214600	227200	213900	216578.5258	218303.369383	222750.345940	221234.620652	222804.523856	224321.866995
固定成本	110000	90000	100000	99000	100100.0000	96796.700000	99064.532233	98752.397822	98302.747895	98805.265876
营业利润	85000	124600	127200	114900	116478.5258	121506.669383	123685.813706	122482.222830	124501.775961	125516.601119

（6）根据2023年10月—2024年1月的经营数据，再次调用roll()函数，预测未来6个月的营业利润。

【In】 `roll(4)`

【Out】

	202310	202311	202312	202401	预测未来第1个月	预测未来第2个月	预测未来第3个月	预测未来第4个月	预测未来第5个月	预测未来第6个月
单价	110	120	115	114	114.342000	114.685026	115.029081	115.374168	115.720291	116.067452
单位变动成本	45	46	44	45	45.090000	45.180180	45.270540	45.361081	45.451804	45.542707
单位边际贡献	65	74	71	69	69.252000	69.504846	69.758541	70.013087	70.268487	70.524744
销售量	3000	2900	3200	3100	3072.800000	3130.515200	3107.307277	3109.747907	3122.088508	3119.273993
销售额	330000	348000	368000	353400	351350.097600	359023.217105	357430.700677	358784.578488	361288.990162	362046.183545
变动成本	135000	133400	140800	139500	138552.552000	141437.240229	140669.479485	141061.528081	141904.553711	142060.182184
边际贡献	195000	214600	227200	213900	212797.545600	217585.976877	216761.221192	217723.050407	219384.436451	219986.001361
固定成本	110000	90000	100000	99000	96429.666667	98575.032111	98099.567826	97799.123623	98256.065761	98149.637322
营业利润	85000	124600	127200	114900	116367.878933	119010.944766	118661.653366	119923.926784	121128.370690	121836.364038

拓展练习 8-5

销售费用滚动预算

业务总结

　　预算管理是系统性的工作，不管是弹性预算法，还是滚动预算法，计算工作量都比较大，其准确性和可靠性受到市场预测的准确性、参数调整的及时性等因素的影响。本业务通过调用本量利分析中的CVP()函数，以及计算滚动预算期营业利润的roll()函数，只需一行调用代码，如roll(3)、roll(4)，便能快速更新预测数据信息，大大减轻计算负担，保证预算可以更加准确、及时。函数、模块等程序来源于大量真实业务实践，是无数程序开发人员经验积累的成果和智慧的结晶。合理设计、开发、运用和优化函数、模块，有助于解决实际问题，提高开发效率，以及提升程序的可维护性和可复用性。

任务七　利用pyecharts实现收入可视化分析

微课 8-7

利用 pyecharts
实现收入
可视化分析

Python在财务领域中具有广泛的应用，企业可以借助Python强大的数据处理功能，进行数据的处理与统计。在收入分析方面，可以使用Python进行数据清洗、整理和统计分析，挖掘数据蕴含的经济价值。此外，企业还可以借助可视化工具，生成可视化图形，直观地展示收入情况和趋势，支持企业制定决策和优化业务。

 业务场景8-10　收入汇总统计

随着全民健身国家战略深入实施，人民群众通过健身促进健康的热情日益高涨，向健康中国和体育强国建设迈出了新步伐。飞翔集团预测运动服饰具有较大的市场潜力，因此实施了扩张型战略，扩大了企业规模。飞翔集团旗下有北京飞翔体育用品有限公司、广州飞翔体育服装有限公司、杭州飞翔体育服饰有限公司、深圳飞翔体育有限公司、天津飞翔体育用品有限公司5家子公司，生产的运动服饰分别销往不同城市，集团公司之间不存在关联交易。以北京飞翔体育用品有限公司为例，2023年1—4季度的收入明细如表8-8所示。在开发收入汇总模型前，针对不同公司、不同会计期间的收入，集团需要定期将所有数据手动汇总到一张表上，再针对收入情况进行分析。这样不仅耗时，而且容易产生人为差错。因此，财务部利用Python开发了收入汇总统计模型。

表8-8　　　　　　　　　　　　2023年北京飞翔体育用品有限公司收入明细　　　　　　　　　　　单位：元

公司名称	期间	收入	运动鞋	运动短袖	运动卫衣	运动外套	运动裤
北京飞翔体育用品有限公司	第一季度	1 560 198	325 180	347 195	289 085	322 619	276 119
北京飞翔体育用品有限公司	第二季度	1 586 740	286 355	339 970	335 993	332 664	291 758
北京飞翔体育用品有限公司	第三季度	1 478 302	293 673	263 670	315 579	331 497	273 883
北京飞翔体育用品有限公司	第四季度	1 542 547	283 281	344 260	275 923	341 546	297 537

开发收入汇总统计模型时，可以引入glob模块和openpyxl模块。glob模块是Python自带的文件操作相关模块，用于查找符合条件的文件，功能类似于Windows下的文件搜索，支持通配符操作。openpyxl模块是Python的第三方开源模块，用于读取/写入.xlsx或.xlsm文件，基本可以实现Excel的所有功能，常用于Excel文档的操作。pandas模块是处理Excel表格数据的利器，但是对于Excel文档本身的操作，如格式转换等，openpyxl是更好的选择。

代码实现

（1）导入模块。

```
【In】    import glob
         from openpyxl import *
         import pandas as pd
```

（2）获取汇总表、明细表文件路径。用glob()函数查找符合条件的文件时，常用的函数语法格式为glob.glob(pathname,*,recursive=False)，glob模块支持的通配符如表8-9所示。recursive的默认值为False，指的是对pathname同级目录扫描得到结果后就返回，如果recursive=True，可用两个星号**遍历指定路径的所有子目录和子目录里的文件。

表8-9　　　　　　　　　　　　　　glob模块支持的通配符

通配符	功能
*	匹配0或多个字符
**	匹配所有文件、目录、子目录和子目录里的文件
?	匹配1个字符
[exp]	匹配指定范围内的字符，如[1-9]表示匹配1至9范围内的字符
[!exp]	匹配不在指定范围内的字符

```
【In】    file_hz='收入汇总统计—业务数据/2023年飞翔集团收入汇总主表.xlsx'  # 获取汇总表路径
         files_mx=glob.glob('收入汇总统计—业务数据/* 明细 *.xlsx')    # 获取明细表路径
```

（3）打开汇总表，删除表头之外的行。

```
【In】    wb=load_workbook(file_hz)                # 调用 load_workbook() 函数加载汇总表文件
         ws_1=wb['飞翔集团']                        # 获取名为"飞翔集团"的工作表
         ws_1.delete_rows(idx=3,amount=10000)     # 删除工作表从第 3 行开始的 10000 行数据
         wb.save(file_hz)
```

（4）读取汇总表及各个明细表，并将这些表格进行合并。

```
【In】    df_hz=pd.read_excel(file_hz,header=1)     # 读取汇总表的数据，并将其存储在变量 df_hz 中
         for i in files_mx:                        # 遍历明细表文件的路径列表
             df_mx=pd.read_excel(i,header=1)       # 依次读取每个明细表的数据，并存储在 df_mx 中
             df_hz=pd.concat([df_hz,df_mx])        # 将 df_hz 和 df_mx 进行合并
         df_hz
```

【Out】

	公司名称	期间	收入	运动鞋	运动短袖	运动卫衣	运动外套	运动裤
0	北京飞翔体育用品有限公司	第一季度	1560198	325180	347195	289085	322619	276119
1	北京飞翔体育用品有限公司	第二季度	1586740	286355	339970	335993	332664	291758
2	北京飞翔体育用品有限公司	第三季度	1478302	293673	263670	315579	331497	273883
3	北京飞翔体育用品有限公司	第四季度	1542547	283281	344260	275923	341546	297537
0	天津飞翔体育用品有限公司	第一季度	581702	107874	106523	112074	138819	116412
1	天津飞翔体育用品有限公司	第二季度	648649	142471	135111	100391	146178	124498
2	天津飞翔体育用品有限公司	第三季度	639195	148763	136617	110417	112015	131383
3	天津飞翔体育用品有限公司	第四季度	553167	110706	114359	117945	100899	109258
0	广州飞翔体育服装有限公司	第一季度	982125	274353	278233	161004	22463	246072
1	广州飞翔体育服装有限公司	第二季度	728323	261539	54820	82505	237535	91924
2	广州飞翔体育服装有限公司	第三季度	749982	251114	88867	168876	121215	119910
3	广州飞翔体育服装有限公司	第四季度	626557	20510	150804	127789	72098	255356
0	杭州飞翔体育服饰有限公司	第一季度	1114649	211590	219765	258077	219806	205411
1	杭州飞翔体育服饰有限公司	第二季度	1249743	278637	266686	238005	218950	247465
2	杭州飞翔体育服饰有限公司	第三季度	1237996	228705	266125	222121	225891	295154
3	杭州飞翔体育服饰有限公司	第四季度	1337323	264125	261673	278904	247111	285510
0	深圳飞翔体育有限公司	第一季度	809459	163819	178332	151856	156878	158574
1	深圳飞翔体育有限公司	第二季度	852105	175447	179251	179919	154736	162752
2	深圳飞翔体育有限公司	第三季度	832637	179318	177623	152065	166952	156679
3	深圳飞翔体育有限公司	第四季度	808386	155516	167591	157043	167648	160588

（5）把汇总后的数据写入Excel工作簿。

【In】
```
for row in df_hz.values.tolist():          # 将 df_hz 的数据转换为二维列表
    ws_1.append(row)
wb.save(file_hz)
```

 业务场景8-11　收入可视化分析

日常财务工作中，完成数据分析处理后，需要将数据以图形的方式展现出来，以便更直观地了解数据的变动趋势、分布情况等。因此，飞翔集团调用了Python的第三方可视化模块pyecharts，读取了各子公司2023年收入汇总数据，如表8-10所示，以构建收入的可视化分析模型。

表8-10　　　　　　　　　　　　　2023年飞翔集团收入汇总　　　　　　　　　　　　单位：元

公司名称	期间	收入	运动鞋	运动短袖	运动卫衣	运动外套	运动裤
北京飞翔体育用品有限公司	第一季度	1 560 198	325 180	347 195	289 085	322 619	276 119
北京飞翔体育用品有限公司	第二季度	1 586 740	286 355	339 970	335 993	332 664	291 758
北京飞翔体育用品有限公司	第三季度	1 478 302	293 673	263 670	315 579	331 497	273 883
北京飞翔体育用品有限公司	第四季度	1 542 547	283 281	344 260	275 923	341 546	297 537
天津飞翔体育用品有限公司	第一季度	581 702	107 874	106 523	112 074	138 819	116 412
天津飞翔体育用品有限公司	第二季度	648 649	142 471	135 111	100 391	146 178	124 498
天津飞翔体育用品有限公司	第三季度	639 195	148 763	136 617	110 417	112 015	131 383
天津飞翔体育用品有限公司	第四季度	553 167	110 706	114 359	117 945	100 899	109 258
广州飞翔体育服装有限公司	第一季度	982 125	274 353	278 233	161 004	22 463	246 072
广州飞翔体育服装有限公司	第二季度	728 323	261 539	54 820	82 505	237 535	91 924
广州飞翔体育服装有限公司	第三季度	749 982	251 114	88 867	168 876	121 215	119 910
广州飞翔体育服装有限公司	第四季度	626 557	20 510	150 804	127 789	72 098	255 356
杭州飞翔体育服饰有限公司	第一季度	1 114 649	211 590	219 765	258 077	219 806	205 411
杭州飞翔体育服饰有限公司	第二季度	1 249 743	278 637	266 686	238 005	218 950	247 465
杭州飞翔体育服饰有限公司	第三季度	1 237 996	228 705	266 125	222 121	225 891	295 154
杭州飞翔体育服饰有限公司	第四季度	1 337 323	264 125	261 673	278 904	247 111	285 510
深圳飞翔体育有限公司	第一季度	809 459	163 819	178 332	151 856	156 878	158 574
深圳飞翔体育有限公司	第二季度	852 105	175 447	179 251	179 919	154 736	162 752
深圳飞翔体育有限公司	第三季度	832 637	179 318	177 623	152 065	166 952	156 679
深圳飞翔体育有限公司	第四季度	808 386	155 516	167 591	157 043	167 648	160 588

代码实现

（1）读取数据，了解数据基本情况。

【In】
```
df=pd.read_excel(io=file_hz,header=1)          # 去除表头
df.head(5)
```

【Out】

	公司名称	期间	收入	运动鞋	运动短袖	运动卫衣	运动外套	运动裤
0	北京飞翔体育用品有限公司	第一季度	1560198	325180	347195	289085	322619	276119
1	北京飞翔体育用品有限公司	第二季度	1586740	286355	339970	335993	332664	291758
2	北京飞翔体育用品有限公司	第三季度	1478302	293673	263670	315579	331497	273883
3	北京飞翔体育用品有限公司	第四季度	1542547	283281	344260	275923	341546	297537
4	天津飞翔体育用品有限公司	第一季度	581702	107874	106523	112074	138819	116412

（2）通过数据透视表，查看不同季度、不同公司、不同产品的收入情况。

【In】
```
#  使用 pd.pivot_table() 函数进行数据透视，按照 " 期间 " 和 " 公司名称 " 进行分组，对指定列求和
order = [' 第一季度 ', ' 第二季度 ', ' 第三季度 ', ' 第四季度 ']
df[' 期间 '] = pd.Categorical(df[' 期间 '], categories=order, ordered=True)    # 定义季度顺序，并将"期间"列转换为有序的分类变量
df_pivot1 =pd.pivot_table(df,index=[' 期间 ',' 公司名称 '],values=[' 收入 ',' 运动卫衣 ',' 运动外套 ',' 运动短袖 ',' 运动裤 ',' 运动鞋 '],aggfunc='sum')
df_pivot1
```

【Out】

期间	公司名称	收入	运动卫衣	运动外套	运动短袖	运动裤	运动鞋
第一季度	北京飞翔体育用品有限公司	1560198	289085	322619	347195	276119	325180
	天津飞翔体育用品有限公司	581702	112074	138819	106523	116412	107874
	广州飞翔体育服装有限公司	982125	161004	22463	278233	246072	274353
	杭州飞翔体育服饰有限公司	1114649	258077	219806	219765	205411	211590
	深圳飞翔体育有限公司	809459	151856	156878	178332	158574	163819
第二季度	北京飞翔体育用品有限公司	1586740	335993	332664	339970	291758	286355
	天津飞翔体育用品有限公司	648649	100391	146178	135111	124498	142471
	广州飞翔体育服装有限公司	728323	82505	237535	54820	91924	261539
	杭州飞翔体育服饰有限公司	1249743	238005	218950	266686	247465	278637
	深圳飞翔体育有限公司	852105	179919	154736	179251	162752	175447
第三季度	北京飞翔体育用品有限公司	1478302	315579	331497	263670	273883	293673
	天津飞翔体育用品有限公司	639195	110417	112015	136617	131383	148763
	广州飞翔体育服装有限公司	749982	168876	121215	88867	119910	251114
	杭州飞翔体育服饰有限公司	1237996	222121	255891	266125	295154	228705
	深圳飞翔体育有限公司	832637	152065	166952	177623	156679	179318
第四季度	北京飞翔体育用品有限公司	1542547	275923	341546	344260	297537	283281
	天津飞翔体育用品有限公司	553167	117945	100899	114359	109258	110706
	广州飞翔体育服装有限公司	626557	127789	72098	150804	255356	20510
	杭州飞翔体育服饰有限公司	1337323	278904	247111	261673	285510	264125
	深圳飞翔体育有限公司	808386	157043	167648	167591	160588	155516

（3）通过数据透视表，查看收入在各季度的分布情况。

【In】
```
df_pivot2 = pd.pivot_table(df, index = ' 期间 ', columns = ' 公司名称 ',
values = ' 收入 ', aggfunc = 'sum')
df_pivot2
```

【Out】

公司名称	北京飞翔体育用品有限公司	天津飞翔体育用品有限公司	广州飞翔体育服装有限公司	杭州飞翔体育服饰有限公司	深圳飞翔体育有限公司
期间					
第一季度	1560198	581702	982125	1114649	809459
第二季度	1586740	648649	728323	1249743	852105
第三季度	1478302	639195	749982	1237996	832637
第四季度	1542547	553167	626557	1337323	808386

（4）以北京飞翔体育用品有限公司的收入为例，绘制饼图。

【In】
```
from pyecharts.charts import *            # 导入绘图模块
from pyecharts import options as opts      # 导入附加功能模块
x_data =['2023年第一季度','2023年第二季度' , '2023年第三季度' , '2023年第四季度']                                # 创建 x 轴数据
y1 = df_pivot2 [' 北京飞翔体育用品有限公司 ']
pie = Pie()
pie.add(('),[list(z) for z in zip(x_data, y1)])       # 将数据添加到饼图中
# 对饼图进行配置，格式化图例和标签
pie.set_series_opts(label_opts=opts.LabelOpts(formatter='{b}:{c}'))
pie.set_global_opts(title_opts = opts.TitleOpts(title = ' 北京飞翔收入构成 '))
pie.render_notebook()
```

【Out】

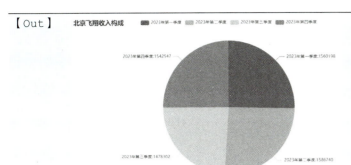

（5）通过数据透视表，查看飞翔集团不同产品收入在各季度的分布情况。

【In】
```
# 进行数据透视，按照"期间"对指定列求和
df_pivot3 = pd.pivot_table(df, index = '期间', values =['运动卫衣','运动外套','运动短袖','运动裤','运动鞋'], aggfunc = 'sum')
df_pivot3
```

【Out】

期间	运动卫衣	运动外套	运动短袖	运动裤	运动鞋
第一季度	972096	860585	1130048	1002588	1082816
第二季度	936813	1090063	975838	918397	1144449
第三季度	969058	957570	932902	977009	1101573
第四季度	957604	929302	1038687	1108249	834138

（6）以第一季度为例，绘制飞翔集团不同产品收入构成的南丁格尔玫瑰图。

【In】
```
x_data =df_pivot3.loc[:'第一季度','运动卫衣':'运动鞋']    # 创建 x 轴数据
y1 = df_pivot3.loc ['第一季度']                        # 创建 y 轴数据
pie = Pie()
pie.add((''),[list(z) for z in zip(x_data, y1)],
        radius=['30%', '55%'],
        center=['50%', '50%'],
        rosetype= ' radius ')
# 对饼图进行配置，格式化图例和标签，设置标题位置
pie.set_series_opts(label_opts=opts.LabelOpts(formatter='{b}:{c}'))
pie.set_global_opts(title_opts = opts.TitleOpts(title = '2023年第一季度飞翔集团收入构成 ',pos_top='10%'),legend_opts=opts.LegendOpts(pos_bottom='2%'))
pie.render_notebook()
```

【Out】

（7）按季度绘制飞翔集团不同产品收入的堆积柱形图。

【In】
```
x_data =[' 运动卫衣 ',' 运动外套 ',' 运动短袖 ',' 运动裤 ',' 运动鞋 ']
y1 = df_pivot3.loc [' 第一季度 ']
y2 = df_pivot3.loc [' 第二季度 ']
y3 = df_pivot3.loc [' 第三季度 ']
y4 = df_pivot3.loc [' 第四季度 ']
bar = (
    Bar()
    .add_xaxis(x_data)
    .add_yaxis(' 第一季度 ', y1.tolist(), stack='stack1')
    .add_yaxis(' 第二季度 ', y2.tolist(), stack='stack1')
    .add_yaxis(' 第三季度 ', y3.tolist(), stack='stack1')
    .add_yaxis(' 第四季度 ', y4.tolist(), stack='stack1')
    .set_series_opts(label_opts=opts.LabelOpts(is_show=True,
position='inside', font_size=12, color='#FFFFFF'))
    .set_global_opts(title_opts=opts.TitleOpts(title=' 飞翔集团各季度收入
构成 '), xaxis_opts=opts.AxisOpts(type_='category', axislabel_opts=opts.
LabelOpts(rotate=45),)))
bar.render_notebook()
```

【Out】

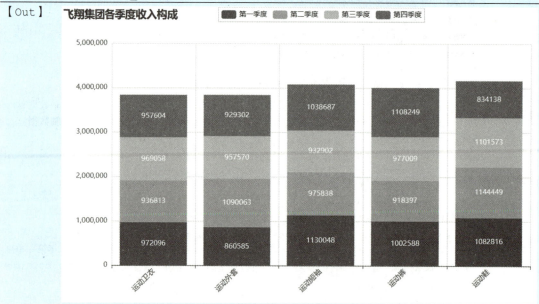

（8）以运动卫衣为例，通过数据透视图，按公司汇总各季度的收入。

【In】
```
df_pivot4 = pd.pivot_table(df, index = ' 期间 ', columns = ' 公司名称 ',
values = ' 运动卫衣 ', aggfunc = 'sum')
df_pivot4
```

【Out】

公司名称	北京飞翔体育用品有限公司	天津飞翔体育用品有限公司	广州飞翔体育服装有限公司	杭州飞翔体育服饰有限公司	深圳飞翔体育有限公司
期间					
第一季度	289085	112074	161004	258077	151856
第二季度	335993	100391	82505	238005	179919
第三季度	315579	110417	168876	222121	152065
第四季度	275923	117945	127789	278904	157043

（9）将以上数据绘制为柱形图，展示不同公司、不同季度的运动卫衣销售数据。

【In】
```
x_data =['第一季度','第二季度' , '第三季度', '第四季度' ]
y1 = df_pivot4 ['北京飞翔体育用品有限公司']
y2 = df_pivot4 ['天津飞翔体育用品有限公司']
y3 = df_pivot4 ['广州飞翔体育服装有限公司']
y4 = df_pivot4 ['杭州飞翔体育服饰有限公司']
y5 = df_pivot4 ['深圳飞翔体育有限公司']
bar = Bar()
bar.add_xaxis(x_data)
bar.add_yaxis('北京飞翔', y1.tolist())
bar.add_yaxis('天津飞翔', y2.tolist())
bar.add_yaxis('广州飞翔', y3.tolist())
bar.add_yaxis('杭州飞翔', y4.tolist())
bar.add_yaxis('深圳飞翔', y5.tolist())
bar.set_global_opts(
    title_opts=opts.TitleOpts(title='一到四季度飞翔各公司运动卫衣收入比较',
pos_top='5%'),
    toolbox_opts=opts.ToolboxOpts())          # 在图像中添加工具箱
bar.render_notebook()
```

【Out】
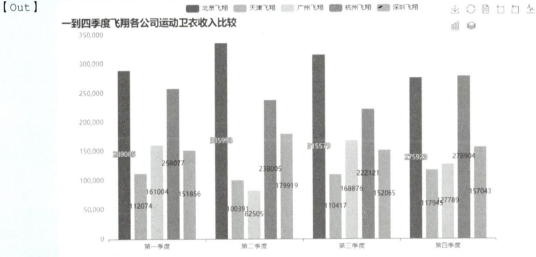

（10）以运动外套为例，通过数据透视图，按公司汇总各季度的收入。

【In】
```
df_pivot5 = pd.pivot_table(df, index = '期间', columns = '公司名称',
values = '运动外套', aggfunc = 'sum')
df_pivot5
```

【Out】

公司名称	北京飞翔体育用品有限公司	天津飞翔体育用品有限公司	广州飞翔体育服装有限公司	杭州飞翔体育服饰有限公司	深圳飞翔体育有限公司
期间					
第一季度	322619	138819	22463	219806	156878
第二季度	332664	146178	237535	218950	154736
第三季度	331497	112015	121215	225891	166952
第四季度	341546	100899	72098	247111	167648

（11）将以上数据绘制为散点图，展示不同公司、不同季度的运动外套销售数据。

```
【In】    x_data =['第一季度','第二季度' ,  '第三季度', '第四季度']
         y1 = df_pivot5 ['北京飞翔体育用品有限公司']
         y2 = df_pivot5 ['天津飞翔体育用品有限公司']
         y3 = df_pivot5 ['广州飞翔体育服装有限公司']
         y4 = df_pivot5 ['杭州飞翔体育服饰有限公司']
         y5 = df_pivot5 ['深圳飞翔体育有限公司']
         scatter = Scatter()
         scatter.add_xaxis(x_data)
         scatter.add_yaxis('北京飞翔', y1)
         scatter.add_yaxis('天津飞翔', y2)
         scatter.add_yaxis('广州飞翔', y3)
         scatter.add_yaxis('杭州飞翔', y4)
         scatter.add_yaxis('深圳飞翔', y5)
         scatter.set_global_opts(title_opts = opts.TitleOpts(title = '一到四季
         度飞翔各公司运动外套收入比较',pos_top='5%'))
         scatter.render_notebook()
```

【Out】

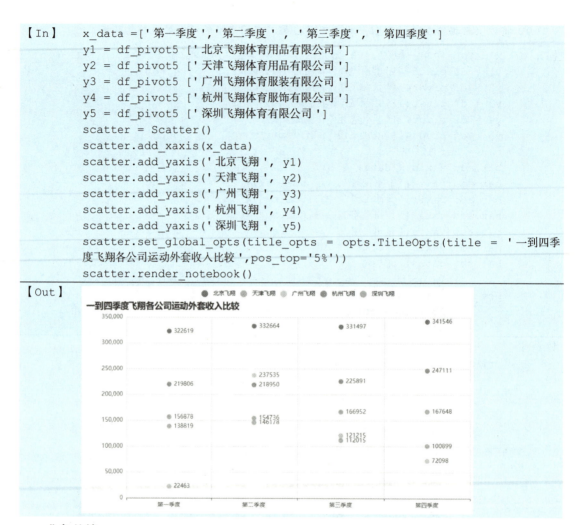

业务总结

收入汇总统计模型展示了利用Python快速完成数据统计汇总的过程。Python的自动化操作，不仅体现在财务数据的处理上，在日常办公中的应用也越来越多，尤其是在处理大量、重复的数据迁移、计算、整理等方面。用户可以根据实际业务需要，对代码进行调整，提高工作效率。

收入可视化模型主要利用pyecharts模块绘制不同图表并进行配置。无论是企业决策还是趋势预测，数据可视化都可以为非财务人员提供更为直观、易懂的数据信息，帮助管理层了解公司经营和发展状况。pyecharts、matplotlib等可视化模块，提供了多样化的方法，可以将财务报表等数据拆解成直观的分析结果，展示数据内在规律，方便数据分析结果的应用和数据价值挖掘。

任务八　利用文件处理模块批量制作销售订单

在业财融合的背景下，财务管理与业务发展紧密相连。财务人员不仅要关注企业的财务数据，还要了解企业的经营状况，以便更好地支持业务决策。财务人员可以借助 Python 了解企业的经营状况，例如，可以利用 Python 对企业的销售订单，按照不同的维度（如产品类型、客户类型、销售区域等）进行拆分。这样，企业可以更加清晰地了解各类型产品的销售情况、各区域市场的需求情况，以及不同客户群体的购买行为等，帮助企业更好地制定销售策略，提高业务运营效果。

微课 8-8

利用文件处理模块批量制作销售订单

 业务场景8-12 销售订单批量处理

随着全民健身热情高涨，飞翔集团订单量呈现上涨趋势。以北京飞翔体育用品有限公司2023年1月1—5日的订单为例，ERP系统里导出的所有订单数据都在一张Excel表中，如表8-11所示。发货前，需要将订单按日期导出，并逐日确认。因此，要将销售订单表按照订单日期分类整理成多张销售订单，表8-12所示为销售订单模板。

表8-11　　　　北京飞翔体育用品有限公司销售订单　　　　金额单位：元

序号	订单号	订单日期	存货编码	存货名称	数量	单价	金额	单位
1	xs0001	2023/1/1	ydcx_01	运动长袖_A	47	200.00	9 400.00	件
2	xs0002	2023/1/1	ydk_02	运动裤_B	41	100.00	4 100.00	条
3	xs0003	2023/1/2	yddx_02	运动短袖_B	32	180.00	5 760.00	件
4	xs0004	2023/1/2	yddx_03	运动短袖_C	32	200.00	6 400.00	件
5	xs0005	2023/1/2	ydx_01	运动鞋	46	100.00	4 600.00	双
6	xs0006	2023/1/2	ydx_01	运动鞋	48	100.00	4 800.00	双
7	xs0007	2023/1/3	ydk_01	运动裤_A	39	220.00	8 580.00	条
8	xs0008	2023/1/3	ydcx_02	运动长袖_B	48	160.00	7 680.00	件
9	xs0009	2023/1/3	yddx_01	运动短袖_A	32	120.00	3 840.00	件
10	xs0010	2023/1/3	ydk_04	运动裤_D	33	220.00	7 260.00	条
11	xs0011	2023/1/4	yddx_05	运动短袖_E	34	160.00	5 440.00	件
12	xs0012	2023/1/4	ydcx_05	运动长袖_E	45	140.00	6 300.00	件
13	xs0013	2023/1/4	ydcx_03	运动长袖_C	36	180.00	6 480.00	件
14	xs0014	2023/1/5	ydcx_04	运动长袖_D	38	120.00	4 560.00	件
15	xs0015	2023/1/5	ydx_01	运动鞋	50	100.00	5 000.00	双
16	xs0016	2023/1/5	ydx_01	运动鞋	39	100.00	3 900.00	双
17	xs0017	2023/1/5	ydk_03	运动裤_C	40	240.00	9 600.00	条
18	xs0018	2023/1/5	ydx_01	运动鞋	30	100.00	3 000.00	双

表8-12　　　　　　　　　销售订单模板　　　　　　　　金额单位：元

序号	订单号	存货编码	存货名称	数量	单价	金额	单位
1	xs0001	ydcx_01	运动长袖_A	47	200.00	9 400.00	件

为了拆分销售订单表，可以引入pathlib模块、pandas模块和xlwings模块。pathlib模块是Python标准模块中处理文件和目录路径的模块。使用pathlib模块，可以创建、操作、组合文件和目录路径，向文件写入内容，打开和关闭文件等。xlwings是一个可在Python和Excel之间进行交互的模块，可以在Python中操作Excel文件，以及在Excel中调用Python函数和脚本。

代码实现

（1）导入模块。

```
【In】    from pathlib import Path        # 导入 pathlib 模块
         import pandas as pd            # 导入 pandas 模块
         import xlwings as xw           # 导入 xlwings 模块
```

（2）创建文件夹。用pathlib模块创建文件夹，用于存放生成的销售订单表。

【In】
```
des_folder = Path('每日销售订单表')
des_folder.mkdir(parents=True, exist_ok=True)   # 创建目录，如果目录已存在，则跳过
```

（3）读取销售订单并进行分组。读取"8-8　北京飞翔体育用品有限公司销售订单.xlsx"文件，并按照"订单日期"列对数据进行分组。

【In】
```
# 读取数据，将第一个工作表的数据存储在变量 data 中
data = pd.read_excel('8-8　北京飞翔体育用品有限公司销售订单.xlsx', sheet_name=0)
# 对数据按照"订单日期"进行分组，将分组结果存储在变量 a 中
a = data.groupby(by='订单日期')
```

（4）对分组数据进行格式化和导出。将分组后的数据分别写入工作表，应用模板中的格式，再保存成独立的工作簿。

【In】
```
with xw.App(visible=False,add_book=False) as app:
# 打开"销售订单模板.xlsx"工作簿
    workbook = app.books.open('销售订单模板.xlsx')
# 选择"模板"工作表
    template_sheet = workbook.sheets['模板']
# 在"模板"工作表中选取已设置好格式的模板数据行
    template_row = template_sheet.range('A4').expand('right')
# 遍历循环
    for gp_name, gp_data in a:
# 使用 shape 属性和 range() 函数创建整数序列，从 1 开始并赋值给"序号"列
        gp_data['序号'] = range(1, gp_data.shape[0] + 1)
# 使用 drop() 函数删除"订单日期"
        gp_data.drop(columns='订单日期', inplace=True)
# 创建一个新的工作簿
        wb_new = app.books.add()
# 使用 strftime() 函数将分组名称时间转换为"年-月-日"形式
        ws_name = gp_name.strftime('%Y-%m-%d')
# 将模板工作表复制到新建工作簿的第 1 个工作表之前，并用以上日期命名
        ws_copy= template_sheet.copy(before=wb_new.sheets[0], name=ws_name)
        ws_copy.range('G2').value = gp_name
        ws_copy.range('A4').options(index=False,header=False).value= gp_data
        template_row.copy()
# 在复制工作表中选取数据区域，再将剪贴板中模板数据行的单元格格式粘贴到所选的数据区域中
# 将模板数据行的行高应用到所选的数据区域中
        data_row = ws_copy.range('A4').expand('table')
        data_row.paste(paste='formats')
        data_row.row_height = template_row.row_height
# 将新建工作簿保存到前面创建的文件夹"每日销售订单表"下，文件名为出库日期，然后关闭
        wb_path = des_folder / f'{ws_name}.xlsx'
        wb_new.save(wb_path)
        wb_new.close()
# 关闭模板工作簿
    workbook.close()
```

【Out】
```
2023-01-01
2023-01-02
2023-01-03
2023-01-04
2023-01-05
```

业务总结

批量制作销售订单模型，实现了利用Python对Excel数据进行拆分和处理的功能，可以节省大量时间和成本，减少错误率。财务人员可以结合多种Python模块，快速处理和分析大量数据，并将结果以可读性强的方式进行呈现、单元格设置和自动化处理，以提高财务工作的效率和质量。

拓展练习 8-7

批量制作
入库单

拓展思考

1. 税收，一头连着"政"，一头连着"民"。深化税收征管改革，既是服务国家治理现代化的制度建设，推进新发展阶段税收现代化的重大举措，也是顺应纳税人期盼的重大民心工程。你认为在税务管理部门打造"数智"税务新生态的过程中，大数据发挥了怎样的作用，你是如何理解"利用大数据，可以为管理决策提供精准支持"的。

2. 实体经济和数字经济融合发展是当前经济发展的新趋势。这种融合不仅为实体经济注入了新的活力，也推动了数字经济的发展。例如：制造业企业通过引入数字化技术，实现了智能制造和个性化定制的生产模式；互联网企业则通过与传统产业合作，拓展了业务领域和市场空间。请结合自身体会，谈谈这种融合对于环境保护和提高人民生活水平等方面的作用。

3. 甲公司希望根据当前的销售情况来预测未来3个月的销售费用。销售费用由固定销售费用和变动销售费用组成，其中变动销售费用与销售额成正比。公司已经知道了当前的销售额，并预计销售额每个月将按固定的比例增长。请编写一个Python程序，基于当前的销售额和预计的月增长率来编制未来3个月的销售费用滚动预算，具体数据如下：固定销售费用为2 000元，变动销售费用占比为20%，当前销售额为10 000元，每月预计销售额增长率为10%。

项目九

Python综合应用，挖掘数据价值

学习目标

【知识目标】

1. 了解Python在数据分析领域的应用及优势，掌握使用Python进行数据分析的基本思路和方法。

2. 掌握使用Python进行财务大数据可视化分析和应用的方法。

【能力目标】

1. 能够使用Python进行基本的数据分析操作，包括数据清洗、数据加工、数据可视化等，并能够熟练使用常见的第三方数据分析模块。

2. 能够使用Python进行财务大数据的可视化分析，并能够根据分析结果为企业决策者和投资者提供参考。

【素养目标】

1. 面对数字经济时代大量复杂的数据和信息，能够运用批判性思维进行分析和判断，理解技术应用在财务领域的重要性和局限性，能够在技术应用中遵守行业规范和职业道德准则，保证分析结果的客观性和准确性。

2. 结合财务数据分析的特点，注重细节，不断寻求改进和优化，对分析结果进行反复验证和审核，确保数据的准确性和可靠性。通过不断学习和实践，提高专业素养和技术水平，成为具有工匠精神的财务数据分析专业人才。

项目导读

数字经济时代，以"大智移云物区"等技术为代表的新技术驱动财会产业链数字化升级，业务、财务、税务数据逐渐融合形成数字网络，会计核算职能逐渐弱化，对财务人员的财务决策和管理能力需求逐渐提升。利用传统的财务分析工具分析海量的、细颗粒度的、多维度的数据体系时，不能很好地满足企业财务管理的需求。本项目的两个综合案例，将完整呈现图9-1所示的从数据采集、数据加工、数据分析和数据应用，到为企业提供管理决策的流程。

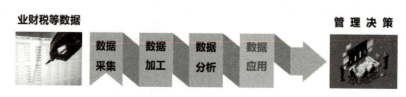

图9-1 数据分析完整流程

任务一 财务指标可视化分析与应用

传统财务分析方法通过对企业盈利能力、营运能力、成长能力、偿债能力、现金流量等不同维度指标的计算，综合评价一个企业的财务状况。而在数字经济时代，随着大数据体系的逐步建立，这些数据都很容易从开放的数据源中获取，从而减少了大量简单、重复的计算，财务人员可以将更多关注点放在数据分析和数据价值的挖掘上。获取上市公司年报数据的常用途径如图9-2所示。

图9-2 获取上市公司年报数据的常用途径

📢 业务场景9-1 上市公司财务指标可视化分析与应用

以中兴通讯（股票代码：sz.000063）为例，通过完整的数据分析流程，对其2013—2022年的财务指标进行分析和可视化呈现。企业数据仍使用项目五中的数据接口方法获取。

思路分析

1 数据采集：通过baostock数据接口采集数据
2 数据加工：对采集的数据进行整理、清洗和加工
3 数据分析：通过计算、模型构建、可视化等方式进行数据分析
4 数据应用：根据数据分析结果，为企业管理决策提供支持

代码实现

如果首次使用新的第三方模块，需要使用pip命令安装。

【In】　　　pip install baostock

（1）导入baostock数据接口、pandas模块。

【In】
```
import baostock as bs          # 导入数据接口
import pandas as pd
```

（2）利用query_profit_data()数据接口获取数据（详细方法可查阅项目五）。

【In】
```
lg = bs.login()                # 登录系统
result_list = []
# 新建一个列表用于接收数据接口返回的数据，取名为"结果列表"
year_list =pd.date_range( ' 20131231 ' , periods=10, freq= ' 1Y ' ).
strftime ( '%Y' )
# 利用 date_range() 函数生成年度数据，便于查询
for year in year_list:
    # 查询季频盈利能力数据
    return_data = bs.query_profit_data(code= ' sz.000063 ' , year=year,
quarter=4)
```

```
        while (return_data.error_code == '0') & return_data.next():
            result_list.append(return_data.get_row_data())
    # 将查询结果添至结果列表
    result_table = pd.DataFrame(result_list, columns=return_data.fields)
    # 将结果保存为 DataFrame 格式
    bs.logout()                    # 退出系统
    result_table                   # 输出结果
```

【Out】

	code	pubDate	statDate	roeAvg	npMargin	gpMargin	netProfit	epsTTM	MBRevenue	totalShare	liqaShare
0	sz.000063	2014-03-27	2013-12-31	0.061662	0.019056	0.293855	1433636000.000000	0.394950	74748695000.000000	3437541278.00	2800730118.00
1	sz.000063	2015-03-26	2014-12-31	0.111095	0.033481	0.315586	2727730000.000000	0.766121	81471300000.000000	3437541278.00	2801185255.00
2	sz.000063	2016-04-07	2015-12-31	0.117637	0.037333	0.310281	3740270000.000000	0.772837	100186400000.000000	4150791215.00	3386437445.00
3	sz.000063	2017-03-24	2016-12-31	-0.084102	-0.013907	0.307533	-1407869000.000000	-0.563628	101233200000.000000	4184628172.00	3417841635.00
4	sz.000063	2018-03-16	2017-12-31	0.157393	0.049500	0.310705	5386342000.000000	1.089561	108815300000.000000	4192671843.00	3432348364.00
5	sz.000063	2019-03-28	2018-12-31	-0.256072	-0.081266	0.329137	-6949340000.000000	-1.665683	85513150000.000000	4192671843.00	3433568341.00
6	sz.000063	2020-03-28	2019-12-31	0.199050	0.063664	0.371716	5776669000.000000	1.217703	90736600000.000000	4227529869.00	3471533813.00
7	sz.000063	2021-03-17	2020-12-31	0.118124	0.046542	0.316129	4721692000.000000	0.923336	101450670000.000000	4613434898.00	3476253800.00
8	sz.000063	2022-03-09	2021-12-31	0.143765	0.061437	0.352438	7035890000.000000	1.440126	114521600000.000000	4730795972.00	3889384374.00
9	sz.000063	2023-03-11	2022-12-31	0.146750	0.063370	0.371901	7791610000.000000	1.706103	122954400000.000000	4736112508.00	3979881731.00

（3）按证券宝提供的query_profit_data()参数说明（参阅表5-1），更改各数据列名。

【In】
```
new_columns=['证券代码','发布日期','财报日期','净资产收益率','销售净利率',
'销售毛利率','净利润','每股收益','主营业务收入','总股本','流通股本']
result_table.columns =new_columns
result_table
```

【Out】

	证券代码	发布日期	财报日期	净资产收益率	销售净利率	销售毛利率	净利润	每股收益	主营业务收入	总股本	流通股本
0	sz.000063	2014-03-27	2013-12-31	0.061662	0.019056	0.293855	1433636000.000000	0.394950	74748695000.000000	3437541278.00	2800730118.00
1	sz.000063	2015-03-26	2014-12-31	0.111095	0.033481	0.315586	2727730000.000000	0.766121	81471300000.000000	3437541278.00	2801185255.00
2	sz.000063	2016-04-07	2015-12-31	0.117637	0.037333	0.310281	3740270000.000000	0.772837	100186400000.000000	4150791215.00	3386437445.00
3	sz.000063	2017-03-24	2016-12-31	-0.084102	-0.013907	0.307533	-1407869000.000000	-0.563628	101233200000.000000	4184628172.00	3417841635.00
4	sz.000063	2018-03-16	2017-12-31	0.157393	0.049500	0.310705	5386342000.000000	1.089561	108815300000.000000	4192671843.00	3432348364.00
5	sz.000063	2019-03-28	2018-12-31	-0.256072	-0.081266	0.329137	-6949340000.000000	-1.665683	85513150000.000000	4192671843.00	3433568341.00
6	sz.000063	2020-03-28	2019-12-31	0.199050	0.063664	0.371716	5776669000.000000	1.217703	90736600000.000000	4227529869.00	3471533813.00
7	sz.000063	2021-03-17	2020-12-31	0.118124	0.046542	0.316129	4721692000.000000	0.923336	101450670000.000000	4613434898.00	3476253800.00
8	sz.000063	2022-03-09	2021-12-31	0.143765	0.061437	0.352438	7035890000.000000	1.440126	114521600000.000000	4730795972.00	3889384374.00
9	sz.000063	2023-03-11	2022-12-31	0.146750	0.063370	0.371901	7791610000.000000	1.706103	122954400000.000000	4736112508.00	3979881731.00

（4）提取用于盈利分析的数据。由于接口提供的数据为文本格式，为了便于计算及处理，将其转换为数值格式，并将净利润和主营业务收入的单位转换为"万元"。

【In】
```
# 使用 astype() 函数将文本格式转换为数值格式
result_table = result_table.astype({'净资产收益率':'float','销售净利率':
'float','销售毛利率':'float','每股收益':'float'})
# 为了优化数据显示，将净利润和主营业务收入的单位转换为"万元"
result_table['净利润（万元）'] = (result_table['净利润'].astype(float)/
10000)
result_table['主营业务收入（万元）'] = (result_table['主营业务收入'].astype
(float)/10000)
pd.options.display.float_format = '{:.2f}'.format    # 数据保留两位小数
profit_data = result_table.iloc[:, [0,1,2,3,4,5,7,11,12]]
# 提取用于盈利分析的数据
profit_data
```

【Out】

	证券代码	发布日期	财报日期	净资产收益率	销售净利率	销售毛利率	每股收益	净利润（万元）	主营业务收入（万元）
0	sz.000063	2014-03-27	2013-12-31	0.06	0.02	0.29	0.39	143363.60	7474869.50
1	sz.000063	2015-03-26	2014-12-31	0.11	0.03	0.32	0.77	272773.00	8147130.00
2	sz.000063	2016-04-07	2015-12-31	0.12	0.04	0.31	0.77	374027.00	10018640.00
3	sz.000063	2017-03-24	2016-12-31	-0.08	-0.01	0.31	-0.56	-140786.90	10123320.00
4	sz.000063	2018-03-16	2017-12-31	0.16	0.05	0.31	1.09	538634.20	10881530.00
5	sz.000063	2019-03-28	2018-12-31	-0.26	-0.08	0.33	-1.67	-694934.00	8551315.00
6	sz.000063	2020-03-28	2019-12-31	0.20	0.06	0.37	1.22	577666.90	9073660.00
7	sz.000063	2021-03-17	2020-12-31	0.12	0.05	0.32	0.92	472169.20	10145067.00
8	sz.000063	2022-03-09	2021-12-31	0.14	0.06	0.35	1.44	703589.00	11452160.00
9	sz.000063	2023-03-11	2022-12-31	0.15	0.06	0.37	1.71	779161.00	12295440.00

（5）为了更直观地看到盈利能力的变化情况，将2013—2022年这10年的净资产收益率、销售净利率、销售毛利率绘制成条形图。

【In】
```
from pyecharts.charts import Bar
from pyecharts import options as opts
bar = Bar()
bar.add_xaxis(profit_data['财报日期'].tolist())
# 通过 tolist() 将 DataFrame 数据转换为列表后进行绘图
bar.add_yaxis('净资产收益率',[round(x,2) for x in profit_data['净资产收益率'].tolist()])
bar.add_yaxis('销售净利率',[round(x,2) for x in profit_data['销售净利率'].tolist()])
bar.add_yaxis('销售毛利率',[round(x,2) for x in profit_data['销售毛利率'].tolist()])
bar.set_series_opts(label_opts=opts.LabelOpts(position='right'))
# 将数据标签在右侧显示
bar.reversal_axis()                      # 将柱形图转换为条形图
bar.set_global_opts(title_opts=opts.TitleOpts(title='2013—2022年盈利能力变化'))
bar.render_notebook()
```

【Out】

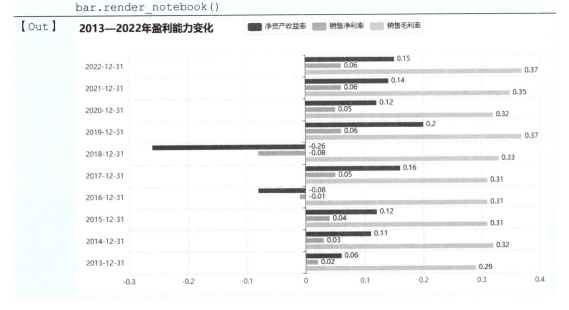

（6）通过折线图展示2013—2022年每股收益的变化情况。

【In】
```
from pyecharts.charts import Line
from pyecharts import options as opts
line = Line()
line.add_xaxis(profit_data['财报日期'].tolist())
line.add_yaxis('每股收益',[round(x,2) for x in profit_data['每股收益']
.tolist()])
line.set_global_opts(xaxis_opts=opts.AxisOpts(splitline_opts = opts.
SplitLineOpts(is_show=True)))
line.set_global_opts(xaxis_opts=opts.AxisOpts(axislabel_opts={'rotate':45}))
line.set_global_opts(title_opts=opts.TitleOpts(title='2013—2022年每股
收益变化'))
line.render_notebook()
```

【Out】

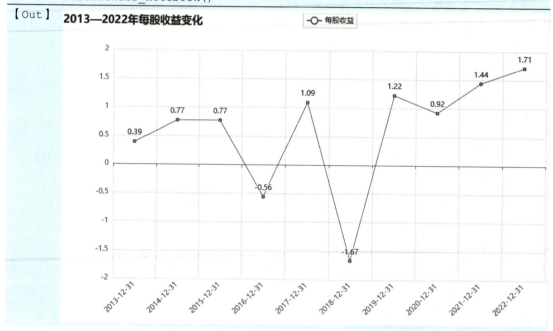

（7）通过两组柱形图展示2013—2022年主营业务收入和净利润的变化情况，并对最大值进行标注，找出表现最优的年份。

【In】
```
from pyecharts import options as opts
bar = Bar()
bar.add_xaxis(profit_data['财报日期'].tolist())
bar.add_yaxis('主营业务收入（万元）',profit_data['主营业务收入（万元）'].tolist())
bar.add_yaxis('净利润（万元）',profit_data['净利润（万元）'].tolist())
bar.set_series_opts(markline_opts=opts.MarkLineOpts(
    data=[opts.MarkLineItem(type_='max',name='最大值')]))
bar.set_global_opts(xaxis_opts=opts.AxisOpts(axislabel_opts={'rotate':
20}), legend_opts=opts.LegendOpts(is_show=True,pos_right='10%'))
bar.set_series_opts(label_opts=opts.LabelOpts(is_show=False))
bar.set_global_opts(title_opts=opts.TitleOpts(title='2013—2022年主营业
务收入与净利润变化'))
bar.render_notebook()
```

【Out】

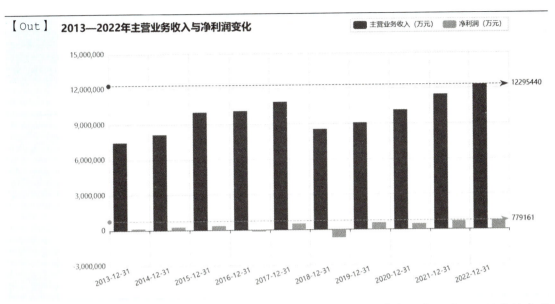

2013—2022年主营业务收入与净利润变化　　■ 主营业务收入（万元）　■ 净利润（万元）

（8）从2013—2022年主营营业收入与净利润的比较情况可以看出，中兴通讯2022年的表现最优，接下来采集2022年各个季度的数据进行深入分析。

【In】
```
lg = bs.login()              # 登录系统
result_list = []             # 新建一个列表用于接收数据接口返回的数据，取名为"结果列表"
for quarter in range(1,5):        # 生成 2022 年各个季度的数据，便于查询
                                  # 查询季频盈利能力数据
    return_data = bs.query_profit_data(code='sz.000063', year='2022',
quarter=quarter)
    while (return_data.error_code == '0') & return_data.next():
        result_list.append(return_data.get_row_data())
# 将查询结果添至结果列表
result_table = pd.DataFrame(result_list, columns=return_data.fields)
bs.logout()                  # 退出系统
result_table                 # 输出结果
```

【Out】

	code	pubDate	statDate	roeAvg	npMargin	gpMargin	netProfit	epsTTM	MBRevenue	totalShare	liqaShare
0	sz.000063	2022-04-26	2022-03-31	0.042134	0.072848	0.377804	2034655000.000000	1.446584		4733876968.00	3892465370.00
1	sz.000063	2022-08-27	2022-06-30	0.085794	0.076008	0.370378	4546652000.000000	1.541473	59750685000.000000	4735828580.00	3894272660.00
2	sz.000063	2022-10-27	2022-09-30	0.125375	0.072281	0.374258	6690245000.000000	1.642703		4736112508.00	3894556588.00
3	sz.000063	2023-03-11	2022-12-31	0.146750	0.063370	0.371901	7791610000.000000	1.706103	122954400000.000000	4736112508.00	3979881731.00

（9）更改数据列名，对数据进行清洗和加工。

【In】
```
new_columns=['证券代码','发布日期','财报日期','净资产收益率','销售净利率',
'销售毛利率','净利润','每股收益','主营业务收入','总股本','流通股本']
result_table.columns =new_columns
result_table
```

【Out】

	证券代码	发布日期	财报日期	净资产收益率	销售净利率	销售毛利率	净利润	每股收益	主营业务收入	总股本	流通股本
0	sz.000063	2022-04-26	2022-03-31	0.042134	0.072848	0.377804	2034655000.000000	1.446584		4733876968.00	3892465370.00
1	sz.000063	2022-08-27	2022-06-30	0.085794	0.076008	0.370378	4546652000.000000	1.541473	59750685000.000000	4735828580.00	3894272660.00
2	sz.000063	2022-10-27	2022-09-30	0.125375	0.072281	0.374258	6690245000.000000	1.642703		4736112508.00	3894556588.00
3	sz.000063	2023-03-11	2022-12-31	0.146750	0.063370	0.371901	7791610000.000000	1.706103	122954400000.000000	4736112508.00	3979881731.00

（10）提取净利润数据进行分析。

【In】
```
# 以净利润为例，将文本格式转换为数值格式
result_table['净利润（万元）'] = (result_table['净利润'].astype(float)/
10000)
pd.options.display.float_format = '{:.2f}'.format      # 数据保留两位小数
profit_data_quarter = result_table.iloc[:, [0,1,2,11]]
profit_data_quarter
```

【Out】

	证券代码	发布日期	财报日期	净利润（万元）
0	sz.000063	2022-04-26	2022-03-31	203465.50
1	sz.000063	2022-08-27	2022-06-30	454665.20
2	sz.000063	2022-10-27	2022-09-30	669024.50
3	sz.000063	2023-03-11	2022-12-31	779161.00

（11）通过饼图展示4个季度净利润的贡献情况。

【In】
```
from pyecharts.charts import Pie
from pyecharts import options as opts
x=profit_data_quarter['财报日期'].tolist()
y=profit_data_quarter['净利润（万元）'].tolist()
pie = Pie()
pie.add('',[list(z) for z in zip(x,y)],radius=['30%','80%'])
pie.set_global_opts(title_opts=opts.TitleOpts(title='2022年各季度净利
润贡献率'))
pie.set_series_opts(label_opts=opts.LabelOpts(formatter='{b}:{d}%'))
pie.render_notebook()
```

【Out】

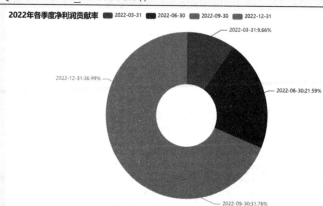

（12）对中兴通讯的季频成长能力进行分析，通过query_growth_data()函数获取数据。

【In】
```
import baostock as bs
import pandas as pd
lg = bs.login()                    # 登录系统
result_list = []
# 新建一个列表用于接收数据接口返回的数据，取名为"结果列表"
year_list =pd.date_range('20131231', periods=10, freq='1Y').
strftime('%Y')
# 利用date_range()函数生成年度数据，便于查询
for year in year_list:
    # 查询季频成长能力数据
    return_data = bs.query_growth_data(code='sz.000063', year=year,
quarter=4)
```

```
    while (return_data.error_code == '0') & return_data.next():
        result_list.append(return_data.get_row_data())
result_table = pd.DataFrame(result_list, columns=return_data.fields)
# 将结果列表数据转为 DataFrame 格式
bs.logout()                              # 退出系统
result_table                             # 输出结果
```

【Out】

	code	pubDate	statDate	YOYEquity	YOYAsset	YOYNI	YOYEPSBasic	YOYPNI
0	sz.000063	2014-03-27	2013-12-31	0.050151	-0.068563	1.550420	1.469880	1.477886
1	sz.000063	2015-03-26	2014-12-31	0.104112	0.061298	0.902666	0.974359	0.939791
2	sz.000063	2016-04-07	2015-12-31	0.192194	0.138208	0.371202	0.218750	0.218074
3	sz.000063	2017-03-24	2016-12-31	-0.109876	0.134655	-1.376408	-1.730769	-1.734882
4	sz.000063	2018-03-16	2017-12-31	0.198693	0.016389	4.825883	2.912281	2.937786
5	sz.000063	2019-03-28	2018-12-31	-0.276466	-0.101495	-2.290178	-2.532110	-2.528765
6	sz.000063	2020-03-28	2019-12-31	0.258948	0.091622	1.831254	1.730539	1.737131
7	sz.000063	2021-03-17	2020-12-31	0.501960	0.066803	-0.182627	-0.245902	-0.172523
8	sz.000063	2022-03-09	2021-12-31	0.189050	0.120347	0.490120	0.597826	0.599375
9	sz.000063	2023-03-11	2022-12-31	0.139060	0.072232	0.107409	0.163265	0.186022

（13）按证券宝提供的query_growth_data()参数说明，如表9-1所示，对各数据列更改列名。

表9-1　　　　　　　　　　季频成长能力query_growth_data()参数说明

参数名称	参数描述	算法说明
code	证券代码	—
pubDate	公司发布财报的日期	—
statDate	财报统计季度的最后一天，比如2023-03-31、2023-06-30	—
YOYEquity	净资产同比增长率	（本期净资产-上年同期净资产）/上年同期净资产的绝对值×100%
YOYAsset	总资产同比增长率	（本期总资产-上年同期总资产）/上年同期总资产的绝对值×100%
YOYNI	净利润同比增长率	（本期净利润-上年同期净利润）/上年同期净利润的绝对值×100%
YOYEPSBasic	基本每股收益同比增长率	（本期基本每股收益-上年同期基本每股收益）/上年同期基本每股收益的绝对值×100%
YOYPNI	归属母公司股东净利润同比增长率	（本期归属母公司股东净利润-上年同期归属母公司股东净利润）/上年同期归属母公司股东净利润的绝对值×100%

【In】
```
newcol=['证券代码','发布日期','财报日期','净资产同比增长率','总资产同比增长率',
'净利润同比增长率','基本每股收益同比增长率','归属母公司股东净利润同比增长率']
result_table.columns=newcol
# 利用 columns=[] 进行重命名，新列名与旧列名长度须一致
result_table
```

【Out】

	证券代码	发布日期	财报日期	净资产同比增长率	总资产同比增长率	净利润同比增长率	基本每股收益同比增长率	归属母公司股东净利润同比增长率
0	sz.000063	2014-03-27	2013-12-31	0.050151	-0.068563	1.550420	1.469880	1.477886
1	sz.000063	2015-03-26	2014-12-31	0.104112	0.061298	0.902666	0.974359	0.939791
2	sz.000063	2016-04-07	2015-12-31	0.192194	0.138208	0.371202	0.218750	0.218074
3	sz.000063	2017-03-24	2016-12-31	-0.109876	0.134655	-1.376408	-1.730769	-1.734882
4	sz.000063	2018-03-16	2017-12-31	0.198693	0.016389	4.825883	2.912281	2.937786
5	sz.000063	2019-03-28	2018-12-31	-0.276466	-0.101495	-2.290178	-2.532110	-2.528765
6	sz.000063	2020-03-28	2019-12-31	0.258948	0.091622	1.831254	1.730539	1.737131
7	sz.000063	2021-03-17	2020-12-31	0.501960	0.066803	-0.182627	-0.245902	-0.172523
8	sz.000063	2022-03-09	2021-12-31	0.189050	0.120347	0.490120	0.597826	0.599375
9	sz.000063	2023-03-11	2022-12-31	0.139060	0.072232	0.107409	0.163265	0.186022

（14）将数据接口提供的文本格式数据转换为数值格式数据。

```
【In】   growth_data = result_table.astype({'净资产同比增长率':'float','总资产同比
        增长率':'float','净利润同比增长率':'float','基本每股收益同比增长率':'float',
        '归属母公司股东净利润同比增长率':'float'})
        # 将文本格式转换为数值格式
        pd.options.display.float_format = '{:.2f}'.format        # 数据保留两位小数
        growth_data
```

【Out】

	证券代码	发布日期	财报日期	净资产同比增长率	总资产同比增长率	净利润同比增长率	基本每股收益同比增长率	归属母公司股东净利润同比增长率
0	sz.000063	2014-03-27	2013-12-31	0.05	-0.07	1.55	1.47	1.48
1	sz.000063	2015-03-26	2014-12-31	0.10	0.06	0.90	0.97	0.94
2	sz.000063	2016-04-07	2015-12-31	0.19	0.14	0.37	0.22	0.22
3	sz.000063	2017-03-24	2016-12-31	-0.11	0.13	-1.38	-1.73	-1.73
4	sz.000063	2018-03-16	2017-12-31	0.20	0.13	4.83	2.91	2.94
5	sz.000063	2019-03-28	2018-12-31	-0.28	-0.10	-2.29	-2.53	-2.53
6	sz.000063	2020-03-28	2019-12-31	0.26	0.09	1.83	1.73	1.74
7	sz.000063	2021-03-17	2020-12-31	0.50	0.07	-0.18	-0.25	-0.17
8	sz.000063	2022-03-09	2021-12-31	0.19	0.12	0.49	0.60	0.60
9	sz.000063	2023-03-11	2022-12-31	0.14	0.07	0.11	0.16	0.19

（15）前文使用pyecharts模块展示盈利指标变化情况，也可采用matplotlib模块对2013—2022年的成长能力进行多维分析。

```
【In】   import matplotlib.pyplot as plt
        plt.rcParams['font.family'] = 'SimHei'                  # 设置中文字体为黑体
        plt.rcParams['axes.unicode_minus'] = False             # 中文状态下负号正常显示
        figure,axes = plt.subplots(5,1,figsize=(12,10),sharex=True)
        ax0 = growth_data.plot('财报日期',['净资产同比增长率'],title='2013—2022
        年净资产同比增长率比较',kind='bar',color='gold',ax=axes[0])
        ax1 = growth_data.plot('财报日期',['总资产同比增长率'],title='2013—2022
        年总资产同比增长率比较',kind='bar',color='red',ax=axes[1])
        ax2 = growth_data.plot('财报日期',['净利润同比增长率'],title='2013—2022
        年净利润同比增长率比较',kind='bar',color='blue',ax=axes[2])
        ax3 = growth_data.plot('财报日期',['基本每股收益同比增长率'],title='2013—
        2022年基本每股收益同比增长率比较',kind='bar',color='green',ax=axes[3])
        ax4 = growth_data.plot('财报日期',['归属母公司股东净利润同比增长率'],title=
        '2013—2022年归属母公司股东净利润同比增长率比较',kind='bar',color='orange',
        ax=axes[4])
```

【Out】

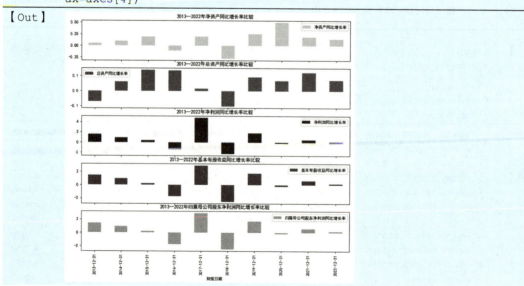

业务总结

在财务分析的入门阶段，分析的数据主要来源于财务报表、科目余额表、账务数据等，Excel的函数和图表分析功能基本能够满足初级数据分析的需求，尤其是在数据量不大的时候，Excel的操作便捷性可能优于Python的pandas等模块。在业财融合阶段，交易产生的海量业务数据、非财务数据同财务数据融合在一起，在这样的情况下进行数据分析，就需要通过复杂的数据抽取、模型构建、数据挖掘等操作来实现，Excel很难满足这样的应用需求，而用Python读取海量数据的效率和处理加工高阶数据的优势便显现出来。需要注意的是，可视化分析只是数据分析的一个环节，将得到的数据分析结果应用于管理决策，才是数据分析的真正意义所在。

知识拓展9-1

利用 matplotlib
进行财务指标
可视化分析

任务二　财务大数据可视化分析与应用

微课9-2

财务大数据
可视化分析与
应用

企业的业务、财务、税务数据中蕴含了大量关于企业经营、管理和运行的信息，通过行业大数据分析，或者拉长数据分析的时间线，我们可以更清晰地确定企业在行业中的市场机会，也可以及时发现企业的异常波动，规避风险。

📢 **业务场景9-2　上市公司行业数据分析**

近年来，计算机通信行业发展迅猛。为了更好地了解行业发展状况，我们从中商产业研究院官网获取了计算机通信行业的企业列表，如图9-3所示。拟使用Python编写自动化程序，获取相关企业的财报信息，以便对整个行业进行综合分析。

图9-3　计算机通信行业企业的相关信息

思路分析

1　**数据采集**：从中商产业研究院官网或其他可靠来源获取某行业的企业列表。
2　**数据加工**：读取企业列表，获取每家企业的财报数据，对采集到的数据进行清洗、加工、处理等。
3　**数据分析**：通过计算、模型构建、可视化等方式，对加工后的财报数据进行综合分析和比较。
4　**数据应用**：根据分析结果，得出行业的整体发展状况、竞争格局等结论，为企业决策者和投资者提供参考。

代码实现

（1）导入数据分析常用的第三方模块，包括pandas、matplotlib、pyecharts等。

```
【In】    import pandas as pd
         import matplotlib.pyplot as plt
         from pyecharts.charts import WordCloud, Bar, Grid, Line, Tab
         from pyecharts import options as opts
         pd.options.display.float_format = '{:.2f}'.format        # 数据保留两位小数
         plt.rcParams['font.family'] = 'SimHei'                   # 设置中文字体为黑体
         plt.rcParams['axes.unicode_minus'] = False              # 中文状态下负号正常显示
```

（2）查找计算机通信行业数据，获得相应企业的股票代码，并以DataFrame格式存储，作为财务大数据分析的对象。

```
【In】    # 使用 for...in 循环遍历，构造新的 URL 地址，并读取 HTML 表格，把每张表格存入 stock_list
         stock_list = []
         for i in range(1, 10):
             url = f'https://s.askci.com/stock/a-ci0000001526-0/{i}/'
             df = pd.read_html(url)[0]
             stock_list.append(df)
         # 使用 pd.concat() 函数把所有表格合并成一个表格
         final_stock_list = pd.concat(stock_list)
         # 对股票代码进行补零操作
         sr = final_stock_list['股票代码']
         stockcodes = []
         for i, v in sr.items():
             digit_no = len(str(v))
             s = ''
             for j in range(6 - digit_no):
                 s = s + '0'
             s = s + str(v)
             stockcodes.append(s)
         # 以 DataFrame 格式存储数据
         final_stock_list['股票代码'] = stockcodes
         final_stock_list
```

【Out】

	序号	股票代码	股票名称	公司全称	上市日期	招股书	公司财报	行业分类	主营业务
0	1	000021	深科技	深圳长城开发科技股份有限公司	1994-02-02	--	NaN	PC、服务器及硬件	致力于为全球客户提供技术研发、工艺设计、生产加工、采购管理、物流支持等电子产品制造服务。
1	2	000063	中兴通讯	中兴通讯股份有限公司	1997-11-18	--	NaN	通信传输设备	为客户提供满意的ICT产品及解决方案，集"设计、开发、生产、销售、服务"等一体，聚焦于"运营...
2	3	000066	中国长城	中国长城科技集团股份有限公司	1997-06-26	--	NaN	PC、服务器及硬件	计算机及相关设备制造、高新电子业务，涉及军事通信、卫星与定位导航、海洋信息安全产业及军用自主...
3	4	000070	特发信息	深圳市特发信息股份有限公司	2000-01-31	--	NaN	通信传输设备	"光纤光缆+智能接入+军工信息化+智能服务"四大产业的研发、生产和销售。
4	5	000547	航天发展	航天工业发展股份有限公司	1993-11-30	--	NaN	通信传输设备	以电子信息科技为主业，致力于军用、民用信息领域。
...	...	...	...	...	...	...	...	...	...
16	257	603860	中公高科	中公高科养护科技股份有限公司	2017-08-02	NaN	NaN	公路养护系统	公路养护决策咨询服务、路况快速检测设备生产与销售、公路养护信息系统开发与销售。
17	258	603881	数据港	上海数据港股份有限公司	2017-02-08	NaN	NaN	IDC服务业	IDC业务、IDC解决方案业务、云服务销售业务。
18	259	603918	金桥信息	上海金桥信息股份有限公司	2015-05-28	NaN	NaN	行业应用软件	为客户提供定制化的智慧信息化解决方案及服务。
19	260	603933	睿能科技	福建睿能科技股份有限公司	2017-07-06	NaN	NaN	针织横机电脑控制系统	工业自动化控制产品的研发、生产、销售和IC产品分销。
20	261	603990	麦迪科技	苏州麦迪斯顿医疗科技股份有限公司	2016-12-08	NaN	NaN	行业应用软件	提供临床医疗管理信息系统(CIS)系列应用软件和临床信息整体解决方案。

261 rows × 9 columns

（3）绘制词云图，了解计算机通信行业分类的分布情况。

【In】
```
counts = final_stock_list['行业分类'].value_counts()  # 获取数据，绘制词云图
data = counts.to_dict()                          # 把数据对象转换为字典
wordcloud = WordCloud()                          # 创建一个词云对象
wordcloud.add('', list(data.items()))            # 添加数据，将数据转换为二元组的列表
wordcloud.set_global_opts(title_opts=opts.TitleOpts(title='计算机通信行
业分类的分布情况'))
wordcloud.render_notebook()                       # 显示词云图
```

【Out】　**计算机通信行业分类的分布情况**

（4）以行业分类中的PC、服务器及硬件为例，展开二级行业的具体分析。

【In】
```
PC_stock_list=final_stock_list[final_stock_list['行业分类']=='PC、服务器
及硬件']                      # 筛选出股票代码
PC_stock_list
```

【Out】

	序号	股票代码	股票名称	公司全称	上市日期	招股书	公司财报	行业分类	主营业务
0	1	000021	深科技	深圳长城开发科技股份有限公司	1994-02-02	--	NaN	PC、服务器及硬件	致力于为全球客户提供技术研发、工艺设计、生产加工、采购管理、物流支持等电子产品制造服务。
2	3	000066	中国长城	中国长城科技集团股份有限公司	1997-06-26	--	NaN	PC、服务器及硬件	计算机及相关设备制造，高新电子业务，涉及军事通信、卫星与定位导航、海洋信息安全产业和军用自主...
13	14	000938	紫光股份	紫光股份有限公司	1999-11-04	--	NaN	PC、服务器及硬件	提供技术领先的网络、计算、存储、云计算、安全和智能终端等全栈ICT基础设施及服务。
16	17	000977	浪潮信息	浪潮电子信息产业股份有限公司	2000-06-08	--	NaN	PC、服务器及硬件	服务器等云计算基础设施产品的研发、生产、销售。
3	34	002236	大华股份	浙江大华技术股份有限公司	2008-05-20	--	NaN	PC、服务器及硬件	为城市、企业、家庭数字化转型提供一站式智慧物联服务与解决方案。
23	54	002415	海康威视	杭州海康威视数字技术股份有限公司	2010-05-28	--	NaN	PC、服务器及硬件	以视频技术为核心打造从研发、制造到营销的完整价值链。
3	64	002577	雷柏科技	深圳雷柏科技股份有限公司	2011-04-28	--	NaN	PC、服务器及硬件	消费电子产品的自主研发、设计及销售。
20	81	300042	朗科科技	深圳市朗科科技股份有限公司	2010-01-08	--	NaN	PC、服务器及硬件	存储产品研发、生产和销售，致力于为全球存储应用领域提供解决方案。
26	207	600100	同方股份	同方股份有限公司	1997-06-27	--	NaN	PC、服务器及硬件	核技术应用、智慧能源和信息产业。
14	225	600601	方正科技	方正科技集团股份有限公司	1990-12-19	--	NaN	PC、服务器及硬件	生产和销售PCB产品，IT系统集成及解决方案，互联网接入服务。
25	236	600850	电科数字	中电科数字技术股份有限公司	1994-03-24	--	NaN	PC、服务器及硬件	数字化产品、行业数字化和数字新基建三大业务板块。

（5）获取行业内11家企业2022年的盈利及营运能力数据。

以海康威视（股票代码：002415）为例，可以从中商产业研究院网站查看海康威视的主要经济指标（见表9-2）、主要盈利及营运能力分析（见表9-3）、偿债能力分析（见表9-4）、成本费用分析（见表9-5）等数据。该网站还提供了企业三大报表和完整版的财务报告，便于对数据价值做进一步的挖掘。

表9-2   海康威视主要经济指标   单位：亿元

年份	类别						
	营业收入	营业利润	利润总额	净利润	资产总计	负债合计	股东权益合计
2006	7.02	1.93	2.19	2.05	4.77	1.40	3.38
2007	11.85	3.43	3.90	3.65	8.72	3.27	5.45
2008	17.42	5.35	6.05	5.49	13.70	4.00	9.70
2009	21.02	6.58	7.66	7.06	21.97	7.00	14.97
2010	36.05	9.86	11.43	10.52	65.49	9.07	56.42
2011	52.32	14.72	17.27	14.82	83.17	15.03	68.14
2012	72.14	19.89	23.14	21.40	105.89	19.18	86.71
2013	107.46	29.47	33.86	30.77	140.72	29.59	111.13
2014	172.33	43.78	52.06	46.81	212.91	64.11	148.79
2015	252.71	54.94	67.50	58.82	303.16	110.19	192.97
2016	319.35	68.33	83.14	74.24	413.48	168.70	244.79
2017	419.05	104.43	104.87	93.78	515.71	209.67	306.04
2018	498.37	123.34	124.37	113.80	634.92	255.29	379.63
2019	576.58	137.08	137.55	124.65	753.58	298.85	454.73
2020	635.03	151.97	152.73	136.78	887.02	342.22	544.80
2021	814.20	184.74	184.68	175.11	1038.65	384.70	653.95
2022	831.66	147.83	148.55	135.57	1192.35	462.64	729.71

表9-3   海康威视主要盈利及营运能力分析

年份	类别						
	盈利能力指标				营运能力指标		
	销售毛利率/%	营业利润率/%	总资产利润率/%	净资产收益率/%	存货周转率/次	应收账款周转率/次	总资产周转率/次
2006	27.64	31.2	45.91	—	2.98	8.18	1.47
2007	29.03	32.91	44.72	80.76	3.42	13.1	1.36
2008	30.83	34.73	44.16	76.27	3.87	15.31	1.27
2009	31.4	36.44	34.87	60.18	3.29	10.97	0.96
2010	27.24	31.71	17.45	27.35	3.42	9.21	0.55
2011	28.12	33.01	20.76	23.98	3.78	7.07	0.63
2012	27.59	32.08	21.85	27.70	4.1	5.67	0.68
2013	27.06	31.51	24.06	30.92	4.6	4.8	0.76
2014	24.51	30.21	24.45	36.27	5.15	4.81	0.81
2015	21.21	26.71	22.27	35.28	5.92	4.07	0.83
2016	21.4	26.03	20.11	34.56	5.61	3.3	0.77
2017	20.72	25.03	20.34	34.96	5.35	3.23	0.81
2018	20.43	24.96	19.59	33.99	5.15	3.18	0.78
2019	20.39	23.86	18.25	30.53	3.67	3.04	0.77
2020	19.9	24.05	17.22	27.72	2.99	2.93	0.72
2021	19.25	22.68	17.78	28.99	3.08	3.38	0.78
2022	14.74	17.86	12.46	19.62	2.60	2.97	0.70

    注：中商产业研究院网站展示盈利能力数据时，实际包含了存货周转率、应收账款周转率、总资产周转率3个反映营运能力的指标。本书按照财务管理理论，将标题调整为"盈利及营运能力"，下同。

表9-4　　　　　　　　　　　　　海康威视偿债能力分析

年份	类别			
	资产负债率/%	股东权益比率/%	流动比率	速动比率
2006	29.35	70.86	3.21	2.19
2007	37.50	62.50	2.49	1.81
2008	29.20	70.80	3.22	2.66
2009	31.86	68.14	2.84	2.22
2010	13.85	86.15	6.69	5.95
2011	18.07	81.93	5.00	4.43
2012	18.11	81.89	4.65	4.00
2013	21.03	78.97	4.39	3.01
2014	30.11	69.88	3.13	2.23
2015	36.35	63.65	2.60	2.10
2016	40.80	59.20	3.01	2.33
2017	40.66	59.34	2.60	2.06
2018	40.21	59.79	2.17	1.88
2019	39.66	60.34	2.72	2.18
2020	38.58	61.42	2.39	1.97
2021	37.04	62.96	2.58	1.97
2022	38.80	61.20	2.85	2.23

表9-5　　　　　　　　　　　　海康威视成本费用分析　　　　　　　　　　单位：元

年份	类别			
	营业成本	销售费用	管理费用	财务费用
2006	5.08亿	4 786.64万	5 843.22万	-39.29万
2007	8.41亿	1.18亿	9 704.06万	-320.80万
2008	12.05亿	1.91亿	1.45亿	-550.09万
2009	14.42亿	2.27亿	2.01亿	-910.71万
2010	26.23亿	4.65亿	3.73亿	-1 900.88万
2011	37.61亿	6.26亿	5.03亿	-7 928.81万
2012	52.24亿	7.32亿	7.71亿	-7 172.42万
2013	78.38亿	9.27亿	10.96亿	-8 655.79万
2014	130.10亿	15.33亿	16.46亿	-8 202.94万
2015	199.10亿	21.79亿	22.11亿	-1.53亿
2016	251.01亿	29.91亿	31.09亿	-2.25亿
2017	332.24亿	44.30亿	10.11亿	2.65亿
2018	396.57亿	58.93亿	13.77亿	-4.24亿
2019	459.00亿	72.57亿	18.22亿	-6.40亿
2020	508.66亿	73.78亿	17.90亿	3.96亿
2021	657.45亿	85.86亿	21.32亿	-1.33亿
2022	709.11亿	97.73亿	26.42亿	-9.90亿

　　观察海康威视（股票代码：002415）财报分析（年度）数据页面的网址https://s.askci.com/stock/financialanalysis/002415/，可以发现网址最后一部分为海康威视的股票代码。因此，修改股票代码就能获取其他企业的数据。前面已经获得了PC、服务器及硬件行业11家企业的股票代

码和股票名称，只需循环访问便可获得相关数据。下面以采集盈利及营运能力数据为例，获取该行业11家企业2022年的数据，并将其存放到新的DataFrame即df_profit中。

```
【In】    import pandas as pd
         # 从采集到的 PC_stock_list 中获取股票代码和股票名称
         stockcodes=PC_stock_list['股票代码'].tolist()
         company_names=PC_stock_list['股票名称'].tolist()
         df_profit=pd.DataFrame()
         columns=list()
         for stock in stockcodes:
             url = f'https://s.askci.com/stock/financialanalysis/{stock}/'
             tables=pd.read_html(url, header=None, index_col=None)
             df=tables[1]
             if len(columns)==0:
                 columns=df.iloc[0].tolist()
             sr=df[df.iloc[:,0]=='2022']        # 获取 2022 年的盈利及营运能力数据
             sr=sr.iloc[sr.shape[0]-1]          # 转换为 Series
             df_profit.insert(df_profit.shape[1],stock,sr)
         # 把 11 家企业 2022 年的盈利及营运能力数据放到 df_profit 中
         df_profit=df_profit.T
         df_profit.columns = columns
         df_profit.index =company_names          # 使用 company_names 列表作为行名
         df_profit
```

【Out】

	类别\年份	销售毛利率（%）	营业利润率（%）	总资产利润率（%）	净资产收益率	存货周转率	应收账款周转率（次）	总资产周转率（次）
深科技	2022	7.21	5.01	2.91	6.54%	3.52	5.92	0.58
中国长城	2022	0.13	1.80	0.75	0.90%	1.48	2.95	0.41
紫光股份	2022	4.05	5.70	5.70	6.98%	3.04	6.15	1.00
浪潮信息	2022	2.50	3.11	5.27	13.39%	3.30	6.04	1.69
大华股份	2022	3.45	7.48	4.94	9.49%	2.69	2.03	0.66
海康威视	2022	14.74	17.86	12.46	19.62%	2.60	2.97	0.70
雷柏科技	2022	6.49	9.75	3.59	3.33%	5.02	3.58	0.37
朗科科技	2022	2.60	3.83	5.01	5.43%	6.97	15.37	1.31
同方股份	2022	-4.99	-2.39	-1.05	-5.01%	2.02	4.05	0.44
方正科技	2022	-14.05	-8.73	-7.41	--	4.51	5.13	0.85
电科数字	2022	5.18	5.76	5.12	13.40%	2.27	8.50	0.89

 小贴士

输出结果中的"类别\年份"为网站数据抓取结果，这种表述不规范，但为保证代码运行的准确性，保留这一列名，下同。建议读者在学习过程中，重点关注利用Python解决复杂财务问题的思路和方法。

（6）数据清洗、加工。

① 由于方正科技的净资产收益率存在缺失值，且2021年为ST股票，删除该行，比较剩余10家企业数据。

```
【In】    df_profit=df_profit[~df_profit['净资产收益率'].isin(['--'])]
         # 找出"净资产收益率"列中，包含"--"的部分，通过取反，选取不包含"--"的行
         df_profit
```

【Out】	类别\年份	销售毛利率 (%)	营业利润率 (%)	总资产利润率 (%)	净资产收益率	存货周转率	应收账款周转率 (次)	总资产周转率 (次)
深科技	2022	7.21	5.01	2.91	6.54%	3.52	5.92	0.58
中国长城	2022	0.13	1.80	0.75	0.90%	1.48	2.95	0.41
紫光股份	2022	4.05	5.70	5.70	6.98%	3.04	6.15	1.00
浪潮信息	2022	2.50	3.11	5.27	13.39%	3.30	6.04	1.69
大华股份	2022	3.45	7.48	4.94	9.49%	2.69	2.03	0.66
海康威视	2022	14.74	17.86	12.46	19.62%	2.60	2.97	0.70
雷柏科技	2022	6.49	9.75	3.59	3.33%	5.02	3.58	0.37
朗科科技	2022	2.60	3.83	5.01	5.43%	6.97	15.37	1.31
同方股份	2022	-4.99	-2.39	-1.05	-5.01%	2.02	4.05	0.44
电科数字	2022	5.18	5.76	5.12	13.40%	2.27	8.50	0.89

② 继续进行数据清洗，替换百分号，并更新列名。

【In】
```
dt_pro=df_profit.replace({ '%' : '' } , regex = True )    # 替换掉百分号
dt_pro=dt_pro.iloc[:,1:].astype(float)    # 转换成浮点数
dt_pro.columns=[ '销售毛利率', '营业利润率', '总资产利润率', '净资产收益率',
'存货周转率', '应收账款周转率', '总资产周转率']
dt_pro
```

【Out】	销售毛利率	营业利润率	总资产利润率	净资产收益率	存货周转率	应收账款周转率	总资产周转率
深科技	7.21	5.01	2.91	6.54	3.52	5.92	0.58
中国长城	0.13	1.80	0.75	0.90	1.48	2.95	0.41
紫光股份	4.05	5.70	5.70	6.98	3.04	6.15	1.00
浪潮信息	2.50	3.11	5.27	13.39	3.30	6.04	1.69
大华股份	3.45	7.48	4.94	9.49	2.69	2.03	0.66
海康威视	14.74	17.86	12.46	19.62	2.60	2.97	0.70
雷柏科技	6.49	9.75	3.59	3.33	5.02	3.58	0.37
朗科科技	2.60	3.83	5.01	5.43	6.97	15.37	1.31
同方股份	-4.99	-2.39	-1.05	-5.01	2.02	4.05	0.44
电科数字	5.18	5.76	5.12	13.40	2.27	8.50	0.89

（7）为了解行业基本布局和市场竞争情况，绘制组合图，通过对比盈利及营运能力指标了解行业概况。

【In】
```
bar = (
    Bar()
    .add_xaxis(dt_pro.index.tolist())
    .add_yaxis('销售毛利率', dt_pro['销售毛利率'].tolist())
    .add_yaxis('营业利润率', dt_pro['营业利润率'].tolist())
    .add_yaxis('总资产利润率', dt_pro['总资产利润率'].tolist())
    .add_yaxis('净资产收益率', dt_pro['净资产收益率'].tolist())
    .set_global_opts(title_opts=opts.TitleOpts(title= '2022 年度行业盈利
能力比较'))
)
bar.set_series_opts(markpoint_opts=opts.MarkPointOpts(
```

```
    data=[opts.MarkPointItem(type_='max', name='最大值')]))
bar.set_series_opts(label_opts=opts.LabelOpts(is_show=False))
line = (
    Line()
    .add_xaxis(dt_pro.index.tolist())
    .add_yaxis('存货周转率', dt_pro['存货周转率'].tolist())
    .add_yaxis('应收账款周转率', dt_pro['应收账款周转率'].tolist())
    .add_yaxis('总资产周转率', dt_pro['总资产周转率'].tolist())
    .set_global_opts(
        title_opts=opts.TitleOpts(title='2022年度行业营运能力比较', pos_top='48%'),
        legend_opts=opts.LegendOpts(pos_top='48%'),
    )
)
line.set_series_opts(markpoint_opts=opts.MarkPointOpts(
    data=[opts.MarkPointItem(type_='max', name='最大值')]))
line.set_series_opts(label_opts=opts.LabelOpts(is_show=False))
grid = (
    Grid()
    .add(bar, grid_opts=opts.GridOpts(pos_bottom='60%'))
    .add(line, grid_opts=opts.GridOpts(pos_top='60%'))
)
grid.render_notebook()
```

【Out】

从盈利及营运能力上看，在PC、服务器及硬件行业的10家上市企业中，海康威视的盈利能力表现良好，朗科科技的营运能力表现更优。

（8）为了更深入地分析行业竞争状况，选取所有企业各项盈利及营运能力指标的最优值，作为行业标杆参照数据，使用describe()函数获取行业盈利及营运数据的最小值、均值、最大值等信息。

【In】
```
dt_pro_st=dt_pro.describe()          # 描述统计
dt_pro_st
```

【Out】

	销售毛利率	营业利润率	总资产利润率	净资产收益率	存货周转率	应收账款周转率	总资产周转率
count	10.00	10.00	10.00	10.00	10.00	10.00	10.00
mean	4.14	5.79	4.47	7.41	3.29	5.76	0.81
std	5.09	5.36	3.57	7.02	1.61	3.91	0.43
min	-4.99	-2.39	-1.05	-5.01	1.48	2.03	0.37
25%	2.52	3.29	3.08	3.85	2.35	3.12	0.47
50%	3.75	5.36	4.97	6.76	2.87	4.98	0.68
75%	6.16	7.05	5.23	12.42	3.46	6.12	0.97
max	14.74	17.86	12.46	19.62	6.97	15.37	1.69

　　考虑到数据的可比性，读取主营业务范围相近的海康威视和大华股份数据，比较作为行业龙头的海康威视、大华股份与行业标杆之间的差距。

【In】
```
pro_st=dt_pro_st.loc[['mean','50%','max'],:]
pro_compare=pd.concat([pro_st,dt_pro.loc['大华股份':'海康威视',]])
pro_compare
```

【Out】

	销售毛利率	营业利润率	总资产利润率	净资产收益率	存货周转率	应收账款周转率	总资产周转率
mean	4.14	5.79	4.47	7.41	3.29	5.76	0.81
50%	3.75	5.36	4.97	6.76	2.87	4.98	0.68
max	14.74	17.86	12.46	19.62	6.97	15.37	1.69
大华股份	3.45	7.48	4.94	9.49	2.69	2.03	0.66
海康威视	14.74	17.86	12.46	19.62	2.60	2.97	0.70

　　（9）按照以净资产收益率为核心的杜邦分析体系，以上运行结果显示，海康威视的盈利及营运能力表现强劲，大华股份虽与其同处行业前列，但总体表现弱于海康威视。为了更好地展示两者的对比情况，可以通过雷达图展示两者的差距。

【In】
```
from pyecharts.charts import Radar
from pyecharts import options as opts
radar = Radar()
data_dh = pro_compare.iloc[3,:].T.tolist()
data_hk = pro_compare.iloc[4,:].T.tolist()
radar.add_schema(
    schema=[
        opts.RadarIndicatorItem(name='销售毛利率',max_=20),
        opts.RadarIndicatorItem(name='营业利润率',max_=20),
        opts.RadarIndicatorItem(name='总资产利润率',max_=20),
        opts.RadarIndicatorItem(name='净资产收益率',max_=20),
        opts.RadarIndicatorItem(name='存货周转率',max_=10),
        opts.RadarIndicatorItem(name='应收账款周转率',max_=10),
        opts.RadarIndicatorItem(name='总资产周转率',max_=10)]
)
radar.add('大华股份', [[data_dh[0], data_dh[1], data_dh[2], data_dh[3],
data_dh[4], data_dh[5], data_dh[6]]], color='blue')
radar.add('海康威视', [[data_hk[0], data_hk[1], data_hk[2], data_hk[3],
data_hk[4], data_hk[5], data_hk[6]]], color='red')
radar.set_series_opts(label_opts=opts.LabelOpts(is_show=False))
radar.set_global_opts(
        title_opts=opts.TitleOpts(title='大华vs海康盈利及营运能力比较',
pos_right='center'),
```

```
                legend_opts=opts.LegendOpts(legend_icon='roundRect', align='left',
            pos_left='7%', pos_bottom='14%', orient='vertical')
                )
            radar.render_notebook()
```

【Out】

大华vs海康盈利及营运能力比较

（10）也可以通过matplotlib绘制复合图，将海康威视2022年度的财务指标数据与行业均值、行业中位数、大华股份及行业最大值进行对比。

【In】
```
from matplotlib import pyplot as plt
# 设置中文字体为黑体、中文状态下负号正常显示
plt.rcParams['font.family'] = 'Simhei'
plt.rcParams['axes.unicode_minus'] = False
plt.rcParams['font.size'] = 14
plt.figure(figsize=(25,15))
plt.subplot(2,2,1)
plt.bar(x=dt_pro_st.columns,height=dt_pro_st.loc['mean',:],label='行业
均值',width = 0.6, alpha = 0.7,color='b' )
plt.plot(pro_compare.columns,pro_compare.loc['海康威视',:],'r',linestyle =
'--', marker = '*', label = '海康威视')
plt.title('2022年海康威视 vs 行业均值')
plt.subplot(2,2,2)
plt.bar(x=dt_pro_st.columns,height=dt_pro_st.loc['50%',:],label='行业
中位数',width = 0.6, alpha = 0.7 ,color='g')
plt.plot(pro_compare.columns,pro_compare.loc['海康威视',:],'r',linestyle =
'   ', marker = '*', label = '海康威视')
plt.title('2022年海康威视 vs 行业中位数')
plt.subplot(2,2,3)
plt.bar(x=dt_pro_st.columns,height=pro_compare.loc['大华股份',:],label=
'大华股份',width = 0.6, alpha = 0.9 )
plt.plot(pro_compare.columns,pro_compare.loc['海康威视',:],'r',linestyle =
'--', marker = '*', label = '海康威视')
plt.title('2022年海康威视 vs 大华股份')
plt.subplot(2,2,4)
```

```
plt.bar(x=dt_pro_st.columns,height=pro_compare.loc['max',:],label='行业
最大值',width = 0.6, alpha = 0.9 ,color='y')
plt.plot(pro_compare.columns,pro_compare.loc['海康威视',:],'r',linestyle =
'--', marker = '*', label = '海康威视')
plt.title('2022年海康威视 vs 行业最大值')
plt.show()
```

【Out】

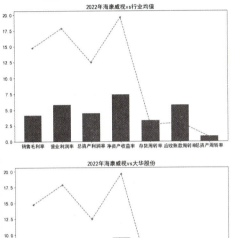

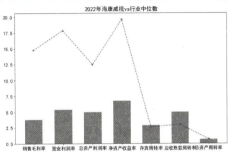

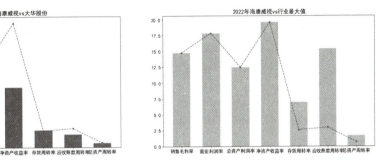

（11）结合杜邦分析法的财务指标体系做进一步分析。相关计算公式如下。

① 净资产收益率=资产净利率×权益乘数

$$=（净利润/总资产）×（总资产/总权益资本）×100\%$$

② 资产净利率=销售净利率×资产周转率

$$=（净利润/营业总收入）×（营业总收入/总资产）×100\%$$

由前面运行结果可知，海康威视的多项财务指标处于行业标杆水平。根据以上公式可以发现，海康威视的盈利及营运贡献主要来自其较高的销售净利率。下面我们对海康威视做进一步分析，查看其2007—2022年的净资产收益率、总资产利润率、营业利润率的发展曲线[①]。

首先，获取海康威视2007—2022年的盈利及营运能力数据，并完成清洗和加工。

【In】
```
tables=pd.read_html('https://s.askci.com/stock/financialanalysis/
002415/', header=0)
df_pro_hk=tables[1]
# 2006年净资产收益率存在缺失数据，选取 2007—2022 年的数据
df_pro_hk=df_pro_hk[df_pro_hk['类别\年份']>2006]
df_pro_hk=df_pro_hk.replace({'%':''}, regex = True )      # 替换掉百分号
df_pro_hk=df_pro_hk.iloc[:,1:].astype(float)                  # 转换为浮点数
df_pro_hk.index=range(2007,2023)
df_pro_hk.columns=['销售毛利率','营业利润率','总资产利润率','净资产收益率',
'存货周转率','应收账款周转率','总资产周转率']
df_pro_hk
```

---

① 2006年净资产收益率存在缺失数据，限于篇幅，不再重复进行数据清洗，直接选取2007—2022年的数据进行分析。

【Out】

	销售毛利率	营业利润率	总资产利润率	净资产收益率	存货周转率	应收账款周转率	总资产周转率
2007	29.03	32.91	44.72	80.76	3.42	13.10	1.36
2008	30.83	34.73	44.16	76.27	3.87	15.31	1.27
2009	31.40	36.44	34.87	60.18	3.29	10.97	0.96
2010	27.24	31.71	17.45	27.35	3.42	9.21	0.55
2011	28.12	33.01	20.76	23.98	3.78	7.07	0.63
2012	27.59	32.08	21.85	27.70	4.10	5.67	0.68
2013	27.06	31.51	24.06	30.92	4.60	4.80	0.76
2014	24.51	30.21	24.45	36.27	5.15	4.81	0.81
2015	21.21	26.71	22.27	35.28	5.92	4.07	0.83
2016	21.40	26.03	20.11	34.56	5.61	3.30	0.77
2017	20.72	25.03	20.34	34.96	5.35	3.23	0.81
2018	20.43	24.96	19.59	33.99	5.15	3.18	0.78
2019	20.39	23.86	18.25	30.53	3.67	3.04	0.77
2020	19.90	24.05	17.22	27.72	2.99	2.93	0.72
2021	19.25	22.68	17.78	28.99	3.08	3.38	0.78
2022	14.74	17.86	12.46	19.62	2.60	2.97	0.70

绘制组合图，查看海康威视2007—2022年主要盈利和营运能力的发展趋势。

【In】
```python
from pyecharts import options as opts
from pyecharts.charts import Bar, Grid, Line
bar1 = (
    Bar()
    .add_xaxis(df_pro_hk.index.tolist())
    .add_yaxis('销售毛利率', df_pro_hk['销售毛利率'].tolist())
    .add_yaxis('营业利润率', df_pro_hk['营业利润率'].tolist())
    .add_yaxis('总资产利润率', df_pro_hk['总资产利润率'].tolist())
    .add_yaxis('净资产收益率', df_pro_hk['净资产收益率'].tolist())
    .set_global_opts(title_opts=opts.TitleOpts(title='海康威视 2007—2022
年盈利能力变化'),
                     legend_opts=opts.LegendOpts(pos_bottom=' 90% ',pos_
right='10%'))
)
bar1.set_series_opts(markpoint_opts=opts.MarkPointOpts(
    data=[opts.MarkPointItem(type_='max', name='最大值')]))
bar1.set_series_opts(label_opts=opts.LabelOpts(is_show=False))
bar2 = (
    Bar()
    .add_xaxis(df_pro_hk.index.tolist())
    .add_yaxis('存货周转率', df_pro_hk['存货周转率'].tolist())
    .add_yaxis('应收账款周转率', df_pro_hk['应收账款周转率'].tolist())
    .add_yaxis('总资产周转率', df_pro_hk['总资产周转率'].tolist())
    .set_global_opts(
        title_opts=opts.TitleOpts(title='海康威视 2007—2022 年营运能力变化',
pos_top='48%'),
```

```
            legend_opts=opts.LegendOpts(pos_top='50%',pos_right='10%')
        )
    )
    bar2.set_series_opts(markpoint_opts=opts.MarkPointOpts(
        data=[opts.MarkPointItem(type_='max', name='最大值')]))
    bar2.set_series_opts(label_opts=opts.LabelOpts(is_show=False))
    grid = (
        Grid()
        .add(bar1, grid_opts=opts.GridOpts(pos_bottom='60%'))
        .add(bar2, grid_opts=opts.GridOpts(pos_top='60%'))
    )
    grid.render_notebook()
```

【Out】

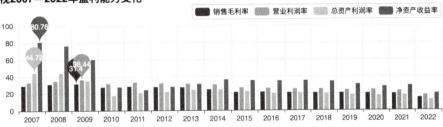

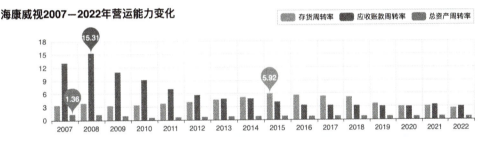

（12）南丁格尔玫瑰图可以直观地展示数据的变化趋势，且美观度优于基础图。下面绘制南丁格尔玫瑰图，展示海康威视2007—2022年营业利润率的变化情况。

【In】
```
    from pyecharts import options as opts
    from pyecharts.charts import Pie
    pie = (
        Pie()
        .add('营业利润率', [list(z) for z in zip(df_pro_hk.index.tolist(),
    df_pro_hk['营业利润率'].tolist())],
            rosetype='radius',
            radius=['30%', '65%'],
            label_opts=opts.LabelOpts(formatter='{b}: {c}')  # 设置标签格式
        )
    )
    pie.set_global_opts(
        title_opts=opts.TitleOpts(title='海康威视2007—2022年营业利润率变
    化', pos_left='30%', pos_top='5%'),
        legend_opts=opts.LegendOpts(is_show=False)
    )
    pie.render_notebook()
```

【Out】

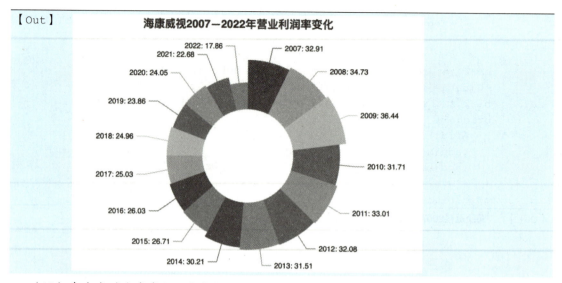

（13）在完成对海康威视历史数据的纵向比较后，下面对其2022年4个季度的表现做进一步分析。通过中商产业研究院季度财务数据查询页面，我们可以看到海康威视近些年的主要经济指标数据，下面对其展开季度数据分析。

① 读取海康威视2022年各季度财务数据，包括营业收入、营业利润、利润总额、净利润等。

【In】
```
tables=pd.read_html( ' https://s.askci.com/stock/financialanalysis/002415/
quarter/ ', header=0)
df_quarter=tables[0]
df_quarter.set_index([ '类别\年份'],inplace=True)
df_quarter=df_quarter.loc[[202212,202209,202206,202203]]
df_quarter
```

【Out】

类别\年份	营业收入（元）	营业收入同比（%）	营业利润（元）	营业利润同比（%）	利润总额（元）	利润总额同比（%）	净利润（元）	净利润同比
202212	831.66亿	2.14	147.83亿	-19.98	148.55亿	-19.56	135.57亿	--
202209	597.22亿	7.36	104.48亿	-17.91	105.11亿	-17.32	93.74亿	--
202206	372.58亿	9.90	67.40亿	-7.15	67.67亿	-7.07	61.38亿	--
202203	165.22亿	18.12	28.47亿	-1.83	28.66亿	-1.51	24.16亿	--

② 提取营业收入、营业利润、利润总额等数据的绝对值，并进行数据清洗。

【In】
```
df_quarter=df_quarter[['营业收入（元）','营业利润（元）','利润总额（元）']]
df_quarter.columns=['营业收入','营业利润','利润总额']        # 更新列名
df_quarter.index=[ '2022Q4','2022Q3','2022Q2','2022Q1']
df_quarter = df_quarter.replace( '亿', '', regex=True)
# 删除数据中的 "亿"，便于后续分析
df_quarter
```

【Out】

	营业收入	营业利润	利润总额
2022Q4	831.66	147.83	148.55
2022Q3	597.22	104.48	105.11
2022Q2	372.58	67.40	67.67
2022Q1	165.22	28.47	28.66

③ 绘制环形图，比较2022年4个季度营业收入、营业利润、利润总额的贡献情况。

【In】
```
from pyecharts.charts import Pie,Tab
from pyecharts import options as opts
pie1 = Pie()
pie1.add('',[list(z) for z in zip(df_quarter.index,df_quarter['营业收入'].tolist())],radius=['30%','80%'])
pie1.set_global_opts(title_opts=opts.TitleOpts(title='2022年各季度营业收入贡献率'))
pie1.set_series_opts(label_opts=opts.LabelOpts(formatter='{b}:{d}%'))
pie2 = Pie()
pie2.add('',[list(z) for z in zip(df_quarter.index,df_quarter['营业利润'].tolist())],radius=['30%','80%'])
pie2.set_global_opts(title_opts=opts.TitleOpts(title='2022年各季度营业利润贡献率'))
pie2.set_series_opts(label_opts=opts.LabelOpts(formatter='{b}:{d}%'))
pie3 = Pie()
pie3.add('',[list(z) for z in zip(df_quarter.index,df_quarter['利润总额'].tolist())],radius=['30%','80%'])
pie3.set_global_opts(title_opts=opts.TitleOpts(title='2022年各季度利润总额贡献率'))
pie3.set_series_opts(label_opts=opts.LabelOpts(formatter='{b}:{d}%'))
tab = (
    Tab()
    .add(pie1,'2022年各季度营业收入贡献率')
    .add(pie2,'2022年各季度营业利润贡献率')
    .add(pie3,'2022年各季度利润总额贡献率')
)
tab.render_notebook()
```

【Out】
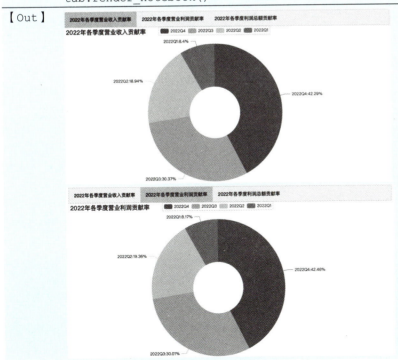

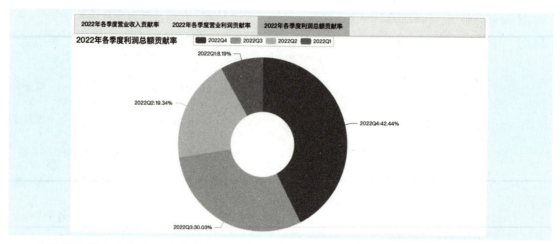

从运行结果可以看出，海康威视2022年4个季度的营业收入、营业利润、利润总额贡献存在显著差异。从3个指标趋势来看，4个季度在稳步增长，且呈现相同的走势。第二季度的营业利润贡献率优于营业收入的贡献率，可以对其成本结构做更深入的分析和挖掘，找出原因，优化产品的成本结构。

（14）同理，可以获取季度偿债能力指标、成本费用数据进行比较分析。

① 获取2022年各季度的偿债能力指标。

【In】
```
df_debt_hk=tables[2]
df_debt_hk=df_debt_hk[(df_debt_hk['类别\年份']>=202203)&
(df_debt_hk['类别\年份']<=202212)]
df_debt_hk
```

【Out】

	类别\年份	资产负债率（%）	股东权益比率（%）	流动比率	速动比率
3	202212	38.80	61.20	2.85	2.23
4	202209	38.44	61.56	2.95	2.22
5	202206	38.61	61.39	2.71	1.96
6	202203	34.86	65.14	3.07	2.32

② 进行偿债能力的可视化分析。为进一步学习pyecharts的配置，采用不同的展示方式。

【In】
```
from pyecharts import options as opts
from pyecharts.charts import Bar, Grid, Line
df_debt_hk.columns=['季度','资产负债率','股东权益比率','流动比率','速动
比率']                        #更新列名
df_debt_hk.index=['2022Q4','2022Q3','2022Q2','2022Q1']
bar1 = (
    Bar()
    .add_xaxis(df_debt_hk.index.tolist())
    .add_yaxis('资产负债率', df_debt_hk['资产负债率'].tolist())
    .add_yaxis('股东权益比率', df_debt_hk['股东权益比率'].tolist())
    .set_global_opts(title_opts=opts.TitleOpts(title='2022年各季度资产
负债率与股东权益比率',pos_left='3%'),
                    legend_opts=opts.LegendOpts(pos_top='8%', pos_right=
'60%'),
```

```
                        yaxis_opts=opts.AxisOpts(axislabel_opts=opts.
LabelOpts(formatter='{value}%'))
# 设置坐标轴显示百分比，这里为了展示 pyecharts 的高级配置，两幅图采用不同的参数
    )
)
bar1.set_series_opts(label_opts=opts.LabelOpts(is_show=False))
bar2 = (
    Bar()
    .add_xaxis(df_debt_hk.index.tolist())
    .add_yaxis('流动比率', df_debt_hk['流动比率'].tolist())
    .add_yaxis('速动比率', df_debt_hk['速动比率'].tolist())

    .set_global_opts(
        title_opts=opts.TitleOpts(title='2022年各季度流动比率与速动比率',
pos_right='10%'),
        legend_opts=opts.LegendOpts(pos_top='8%', pos_right='10%'),
        yaxis_opts=opts.AxisOpts(axislabel_opts=opts.LabelOpts(is_
show=False))
    )
)
bar2.set_series_opts(label_opts=opts.LabelOpts(position='top',
formatter='{c}'))              # 设置数据标签的位置和格式
grid = (
    Grid(init_opts=opts.InitOpts(width='800px',height='400px'))
    .add(bar1, grid_opts=opts.GridOpts(pos_right='60%'))
    .add(bar2, grid_opts=opts.GridOpts(pos_left='55%'))
)
grid.render_notebook()
```

【Out】

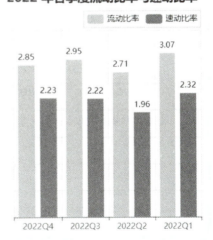

③ 获取2022年4个季度成本费用数据，进行比较分析。

【In】
```
df_cost_hk=tables[3]                          # 获取 2022 年成本费用数据
df_cost_hk=df_cost_hk[(df_cost_hk['类别\年份']>=202203)&
(df_cost_hk['类别\年份']<=202212)]
df_cost_hk
```

【Out】

	类别\年份	营业成本（元）	销售费用（元）	管理费用（元）	财务费用（元）
3	202212	709.11亿	97.73亿	26.42亿	-9.90亿
4	202209	510.08亿	71.05亿	19.34亿	-9.37亿
5	202206	315.67亿	45.37亿	12.00亿	-7.85亿
6	202203	141.09亿	19.74亿	5.29亿	510.72万

④ 由于采集到的数据单位不一致，对数据进行整理和清洗。成本费用的清洗，采用自定义函数的方式。

【In】
```
df_cost_hk.columns=['季度','营业成本','销售费用','管理费用','财务费用']
                        # 更新列名
df_cost_hk.index=['2022Q4','2022Q3','2022Q2','2022Q1']
# 定义一个函数，将单位"亿"和"万"转换为"万元"
def convert_to_wan(val):
    if '亿' in val:
        return (float(val.replace('亿','')) * 10000)
    elif '万' in val:
        return (float(val.replace('万','')))
    else:
        return float(val)
# 使用apply()函数将convert_to_wan()函数应用到相关列
df_cost_hk['营业成本'] = df_cost_hk['营业成本'].apply(convert_to_wan)
df_cost_hk['销售费用'] = df_cost_hk['销售费用'].apply(convert_to_wan)
df_cost_hk['管理费用'] = df_cost_hk['管理费用'].apply(convert_to_wan)
df_cost_hk['财务费用'] = df_cost_hk['财务费用'].apply(convert_to_wan)
df_cost_hk
```

【Out】

	季度	营业成本	销售费用	管理费用	财务费用
2022Q4	202212	7091100.00	977300.00	264200.00	-99000.00
2022Q3	202209	5100800.00	710500.00	193400.00	-93700.00
2022Q2	202206	3156700.00	453700.00	120000.00	-78500.00
2022Q1	202203	1410900.00	197400.00	52900.00	510.72

⑤ 进行海康威视2022年成本费用季度变化的可视化展示。

【In】
```
from pyecharts import options as opts
from pyecharts.charts import Bar, Grid, Line
bar = (
    Bar()
    .add_xaxis(df_cost_hk.index.tolist())
    .add_yaxis('营业成本', df_cost_hk['营业成本'].tolist())
    .add_yaxis('销售费用', df_cost_hk['销售费用'].tolist())
    .add_yaxis('管理费用', df_cost_hk['管理费用'].tolist())
    .add_yaxis('财务费用', df_cost_hk['财务费用'].tolist())
    .set_global_opts(title_opts=opts.TitleOpts(title='海康威视2022成本
费用季度变化'),
                     legend_opts=opts.LegendOpts(pos_top='5%',pos_
right='20%'))
```

```
)
bar.set_series_opts(
    markline_opts=opts.MarkLineOpts(
        data=[opts.MarkLineItem(type_='max', name='最大值')],
        label_opts=opts.LabelOpts(color='#000000')
    )
)
bar.set_series_opts(label_opts=opts.LabelOpts(is_show=False))
bar.render_notebook()
```

【Out】

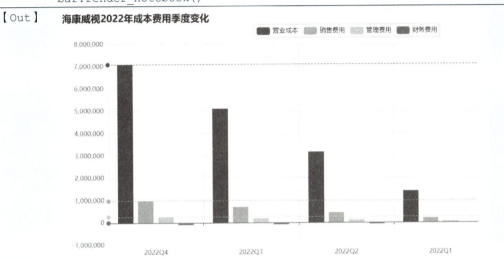

海康威视2022年成本费用季度变化

在财务数据的可视化分析中，有多种不同的展示方式。在选择合适的图表样式进行展示时，需要考虑数据的类型和特点、分析需求等，如财务能力的对比分析，可以采用柱形图、折线图、散点图等，每种图表都有其独特的优势和适用场景。同时，数据采集和清洗也是可视化分析的重要前提，需要确保数据的准确性、完整性和一致性，才能得出正确的分析结论。

其他财务能力的对比分析，可根据实际需求，选择合适的数据采集和清洗方式，以及恰当的图表样式进行展示，此处不赘述。

业务总结

Python在财务分析中的应用具有广泛性和可重复使用性。无论是针对计算机通信行业还是其他行业，只要获取到企业列表和财报数据，就可以使用Python的第三方模块进行自动化的数据获取、处理和分析，避免手动收集和整理数据的烦琐过程，提高分析效率。同时，Python提供强大的数据处理和分析功能，可以快速地计算各项财务指标并进行可视化展示，帮助企业和投资者更直观地了解财务状况和经营绩效。这种分析逻辑可以应用于各种行业，帮助企业和投资者快速了解行业的整体发展状况、竞争格局和潜在投资机会。

无论是企业决策者还是个人投资者，都应了解企业的经营情况、财务状况和业务范围等信息。需要注意的是，由于上市公司财务报表是一套数据集合，不仅具有标准化的、结构化的"四表一注"数据，还有很多非结构化的数据，以及许多不在财务报表中的数据，都需要进行深度解读和价值挖掘。随着Python在财务中的应用进一步深入，可以通过文本挖掘、机器学习、自然语言识别等方式，进一步挖掘完整版财务报告和非财务数据的数据价值。

知识拓展9-2

利用 matplotlib 进行行业数据可视化分析

拓展思考

1. 在当今复杂多变的商业环境中，财务预测和风险管理对于企业的可持续发展至关重要。Python作为强大的编程语言，在财务领域中展现了其广泛的应用价值。请结合企业的业务场景，列举一些具体的应用案例，说明Python在财务预测和风险管理中的实际应用。

2. 工匠精神在不同领域有不同的表现，比如制造业发扬工匠精神，可积极学习和使用大数据、云计算、人工智能等新技术，将其用于产业结构升级调整，培育数字赋能的制造业生态。那么，财会人员的工匠精神是如何在工作中体现的？你是如何理解要努力成为"财会数智工匠"这一说法的？

3. 假设你是一家上市公司的财务分析师，需要分析公司2020—2024年的财务指标，包括净资产收益率和每股收益，具体数据如下。请编写一个Python程序，要求使用matplotlib模块绘制净资产收益率随时间变化的趋势图和每股收益的折线图，并且要有适当的标题和标签。

年份	净资产收益率	每股收益/元
2020	0.15	2.5
2021	0.16	2.6
2022	0.14	2.4
2023	0.17	2.8
2024	0.18	3